Ronald Reng

Barça

RONALD RENG

BARÇA

Die Entdeckung des schönen Fußballs

PIPER
München Berlin Zürich

Mehr über unsere Autoren und Bücher:
www.piper.de

Von Ronald Reng liegen im Piper Verlag vor:
Robert Enke. Ein allzu kurzes Leben
Spieltage. Die andere Geschichte der Bundesliga
Mroskos Talente. Das erstaunliche Leben eines Bundesliga-Scouts
Barça – Die Entdeckung des schönen Fußballs
Gebrauchsanweisung für London

FSC
www.fsc.org
MIX
Papier aus verantwortungsvollen Quellen
FSC® C083411

ISBN 978-3-492-06050-9
Aktualisierte und erweiterte Paperbackausgabe
August 2016

Satz: Kösel Media GmbH, Krugzell
Gesetzt aus der Sabon
Druck und Bindung: CPI books GmbH, Leck
Printed in Germany

Für meinen Sohn Theo,
der den Ball passt, wie es Barça lehrt

Die Entdeckung des schönen Fußballs. Ein Vorwort

Ich war ein junger Fußballreporter in London, nicht ganz so blond und stur wie der legendäre Bernd Schuster, aber doch auch durchdrungen vom Hochmut der Jugend, alles anders machen zu können als die anderen. Als mich zum Beispiel ein Magazin fest als Redakteur anstellen wollte, fiel ich mit der Frage durch, ob ich da denn jeden Tag um zehn Uhr im Büro sein müsse. Ich verdiente als selbstständiger Journalist wenig und war glücklich in London. Es gab nur ein Problem: Meine damalige Freundin und jetzige Frau weigerte sich, nach England zu ziehen. Sie arbeitete damals in Hamburg, und schon aus einer Art Gleichberechtigung – um nicht zu sagen: Trotz – lehnte ich es dann ab, dorthin zu ziehen. Wir waren also nicht sehr weit gekommen bei unserer Suche nach einem gemeinsamen Wohnort, als ich im November 2001 den Fußballprofi Markus Babbel interviewen sollte. Markus spielte damals für den FC Liverpool. Ich wollte mit ihm über seinen

Traum reden, einmal – nur einmal – in der Heavy-Metal-Band Metallica aufzutreten.

Warum käme ich nicht nächsten Dienstag nach Liverpool, schlug Markus vor, da könne ich abends das Champions-League-Spiel Liverpool gegen den FC Barcelona ansehen, und am folgenden Morgen würden wir dann über Metallica reden.

So machten wir es.

Markus selbst konnte damals wegen einer Verletzung nicht an dem Spiel mitwirken, und so traf ich ihn kurz vor Anpfiff auf der Tribüne an der Anfield Road. Neben ihm stand ein Mann mit blond gefärbten Haaren und unterhielt sich auf Deutsch mit Markus. Ich weiß leider nicht mehr, was genau der Mann erzählte, ich erinnere mich nur noch, dass es großer Unfug über Fußball war.

»Was war das denn für ein Vogel?«, fragte ich Markus Babbel, als der junge Mann sich verabschiedet hatte. »Das war Campino, der Sänger von den Toten Hosen!«, flüsterte Markus. Dann begann das Spiel, das mein Leben veränderte.

Ich hatte so etwas noch nie gesehen. Im modernen Fußball ist es wichtig, kompakt zu verteidigen und dann so schnell wie möglich nach vorne zu spielen, um den Gegner zu überraschen. Dachte ich. Bis ich dem FC Barcelona an diesem Abend zuschaute. Sie kümmerten sich überhaupt nicht um die angeblichen taktischen Weisheiten des modernen Spiels. Ich suchte ihre kompakte Verteidigung und entdeckte auf den ersten Blick gar keine Abwehr. Bis ich merkte, dass sie die Abwehrreihe dorthin schoben, wo bei anderen Teams das Mittelfeld war, extrem weit vorne, was doch Liverpool viel Platz zu kontern ließ – das war doch verrückt! Oder? Irgendwann bemerkte ich staunend, dass Liverpool kaum aus dem Zentrum des Spiels vorwärts kam. Weil ihnen Barças geballte Verteidigung im Mittelfeld schon dort den Raum zum Vorwärtsspielen nahm.

Was das schnelle Angriffsspiel betraf, so spazierte Barça gemächlich in den Angriff. Permanent passten sie den Ball hin und her. Normale Teams passten vielleicht drei-, viermal den Ball, bis sie im Angriff waren, Barça passte zehnmal, 15-mal hin und her. Und zwar so gut, so genau, so sicher, dass Liverpool nur dem Ball hinterherrannte. Dann plötzlich, unvorhergesehen, nahm Barças Passspiel Fahrt auf.

Sechs Minuten vor Ende jener Champions-League-Partie führte der FC Barcelona 2:1 in Liverpool. Xavi, ihr Pass-Obermeister im Mittelfeld, passte zu Rivaldo, der zu Rochemback, und ich begann zu begreifen, was Ewigkeit ist: 34 Pässe reihten sie aneinander, ehe ein Liverpudlian zum Einwurf klärte. Overmars warf ein, und Barças Passspiel ging wieder los. Bis Overmars Pass Nummer 24 zum 1:3 nutzte.

Die Fans des FC Liverpool vergaßen, ihre Elf anzufeuern. 45 000 an der Anfield Road starrten auf das Spielfeld, und man glaubte, einen Gedanken aus 45 000 Gehirnen auf den Rasen fallen zu hören: Das ist kein Fußball mehr. Das ist Wahnsinn.

Am nächsten Tag rief ich meine Frau an: »Ich weiß, wo wir gemeinsam wohnen werden. In Barcelona.« Einen Monat später trafen wir uns mit ein paar Koffern in der Hand am Flughafen Barcelona. Wir wollten ein Jahr bleiben, damit ich diesen eigenartigen Fußball studieren konnte, und blieben zwölf Jahre. Ich erlebte den Triumphzug einer Sehnsucht: Der schönste Fußball kann doch der erfolgreichste sein.

Das *jogo bonito,* das schöne Spiel, war schon für tot erklärt worden, seit das Brasilien von Zico und Socrates mit seiner bedingungslosen Hingabe an die Spielfreude bei der Weltmeisterschaft 1982 gegen Italien seine grausame Niederlage erlitt. Fortan setzte sich der Fußball, der Risiken zu minimieren versucht, auf breiter Basis durch, und spätestens die Weltmeisterschaft 2006 in Deutschland mit ihren grauen Partien verdeutlichte, wie der moderne Fußball Gefahr lief, Opfer seiner eigenen Qualität zu werden: Weil die Profis mittlerweile technisch so präzise, so schnell spielen konnten, wurde die Angst, dem Gegner nur keine entscheidende Blöße zu geben, zum Grundgedanken. Heute ist der Fußball allgemein wieder attraktiver, angriffslustiger geworden. Doch geht es den meisten Teams darum, so schnell wie möglich vor des Gegners Tor zu kommen: Über die Hälfte aller Tore fällt in zwölf oder weniger Sekunden, nachdem der Ball vom Gegner erobert wurde. Gerade im deutschen Fußball hat die von Ralf Rangnick angeführte *Stuttgarter Schule* die Schnelligkeit zum obersten Gebot gemacht: Den Gegner möglichst weit vorne auf dem Spielfeld attackieren, damit der Weg zum Tor bei Ballgewinn nicht mehr weit ist, und dann, schnell, schnell, bam, bam, bam, zum Abschluss kommen. Borussia Dortmund in den Anfangsjahren unter Trainer Jürgen Klopp und Bayer 04 Leverkusen unter Roger Schmidt waren und sind die Fahnenträger dieses »Heavy-Metal-Fußballs«, wie ihn Klopp taufte: Schnellkraft ist die Leitkultur. Entgegen diesen Trends beharrt Barça seit Jahrzehnten stur darauf, nach der anmutigen Melodie von Violinen zu spielen: Genauigkeit geht vor Schnelligkeit.

Lange schien das nicht mehr als eine verwegene (oder,

ehrlich gesagt: verzweifelte) Idee. Vor 15 Jahren, in meiner Anfangszeit in Barcelona, scheiterte Barça meist grandios. Doch eigensinnig und geduldig setzten sie ihr vermeintlich antiquiertes, ausgiebiges Passspiel fort. Und dann ... gewann Barça zwischen 2006 und 2015 viermal die Champions League. Die spanische Nationalelf, die Barças Fußballer genauso wie Barças Spiel vom Passen und Weiterpassen adoptierte, siegte als erste Auswahl bei drei Meisterschaften hintereinander, bei der Weltmeisterschaft 2010 genauso wie bei der Europameisterschaft 2008 und 2012.

Im modernen Fußball dauert eine Epoche oft nicht länger als drei Jahre, so rasend schnell wechseln die Protagonisten, so geschwind werden Sieger vom Thron gestoßen. Barça jedoch gelingt es seit über einem Jahrzehnt immer wieder zu triumphieren; die Barça-Helden wechseln, die Spielidee, der wahre Held, bleibt: Von der Barça-Elf des Lächelns um Ronaldinho und Deco über das Barça Guardiolas zum Barça der kongenialen Stürmer Lionel Messi, Luis Suárez und Neymar. Viele von uns werden in 20 oder 40 Jahren zurückblicken und sagen: Es war der beste Fußball, den wir je sahen.

Wie bei allen Siegerteams wartete allerdings auch bei Barça ein Teil des Publikums nach einigen Jahren ungeduldig darauf, sie endlich fallen zu sehen. Niemand sieht sich schneller am Gewohnten satt als Fußballfans. Barças permanenter Ballbesitz langweile, verkündeten die Grantler. Diese Kritik war zu einem Teil berechtigt, weil die spanische Nationalelf wie bisweilen auch Barça in den späten Jahren ihrer Dominanz von der Dekadenz nicht frei blieb und den Ballbesitz zu oft nur noch zu einem Verwaltungsfußball einsetzte. Ohne Wagnis und Hochtempo passten sie ihn nun über weite Strecken hin und her. Aber im Kern blieb die Kritik an Barças Spiel absurd: Man kritisierte sie dafür, dass sie so dominant, so perfekt waren. Gerade in nördlichen Ländern wie Deutschland oder England schlägt Barça von einem Teil des Publikums Verachtung entgegen. Es sind Länder, in denen Fußball von jeher mehr als Kampf denn als Spiel geliebt wird. Einen Gegner zu überwinden, ihn mit Leidenschaft zu bezwingen begeistert dort Fans, auch weil es ihnen das Gefühl gibt, mit ihren leidenschaftlichen Gesängen mitzukämpfen, mitzusiegen. Ich verbrachte, bis ich spontan nach Barcelona zog, mein ganzes Leben in England und Deutschland, auch ich liebte das Gefühl, im Regen, im Matsch eine Fußballschlacht zu gewinnen. Aber nach wenigen Jahren als Barças Beobachter hatte ich das Gefühl, beim FC Barcelona eine höhere Stufe des Fußballs zu erleben: Aus dem eigenen Strafraum bis vor das Tor des Gegners mit vielen flachen, eleganten Pässen zu kommen ist nicht nur die schwierigste Art, Fußball zu spielen. Es erinnert auch auf wunderbare Weise daran, was Fußball sein sollte: ein Spiel. Barças Fußball ist eine Ode an die Spielfreude, an das Spielerische im Menschen.

Deshalb habe ich mich entschlossen, eine Vielzahl meiner damaligen Zeitungs- und Zeitschriftenartikel in diesem Werk leicht bearbeitet zusammenzutragen, um noch einmal daran zu erinnern, wie besonders Barças Fußball ist. Er ist es wert, dass wir uns an ihn erinnern, dass etwas von ihm bleibt.

Schwere Anfangsjahre

Der Moment, als alles begann: Liverpool, 2001 – Von Leberwürsten hergespielt

Leise rieselte der Applaus. Es fiel dem Publikum nicht leicht zu klatschen, doch dann plötzlich, als habe jemand die 41 000 Zuschauer kollektiv mit einem Schlag auf den Rücken ermuntert, wurde es lauter und lauter. Als Patrick Kluivert bei seiner Auswechslung die Seitenlinie erreichte, applaudierte die halbe Arena; ihm, dem Gegner. Das zumindest zeigte der FC Liverpool dem FC Barcelona am Dienstagabend zum Auftakt der Champions-League-Zwischenrunde im berühmten Stadion an der Anfield Road: wie man verliert. Respektvoll würdigten die Fans des erfolgreichsten englischen Fußballklubs die Aufführung von Stürmer Kluivert und Kollegen. Die Liverpooler Spieler gingen, als die 1:3-Niederlage im Duell der Gruppenfavoriten amtlich war, spontan zu ihren Kontrahenten, um ihnen zu gratulieren; Liverpools norwegischer Verteidiger John Arne Riise zeigte Barcelonas Philippe Christanval zwar zunächst noch mal, wo genau an der Wade ihn der Gegner getreten hatte, doch dann umarmte er den Franzosen lachend.

Wie anders war es doch im April gewesen, als Liverpool die Katalanen im Halbfinale des UEFA-Cups besiegte und Barcelona entrüstet über die Gewinner herfiel. »Wie kann Liverpool nur so langweilig spielen?«, erzürnte sich Barças Flügelstürmer Marc Overmars über die Defensivtaktik der Engländer, und »die katalanischen Zeitungen schrieben, wir hätten den Fußball ermordet«, erinnert sich Liverpools Spielmacher Gary McAllister: »Es war ein Fall von beleidigten Leberwürsten.« Die Unfähigkeit, einfach mal die Leistung des Gegners anzuerkennen, ist tief im spanischen Fußball verwurzelt, für einen Klub wie Barcelona, die selbst erklärte Bastion der Ästhetik, nichtsdestotrotz beschämend. So mögen sie sich bei ihrer nächsten Niederlage an die Liverpooler Vorführung erinnern, wie man verliert; die wichtigere Demonstration allerdings zeigte in der Dienstagnacht Barcelona: wie man gewinnt.

Barças Passspiel, inspiriert vom 21-jährigen Xavi und der hängenden Spitze Kluivert, hatte Stil, hatte Klasse. All ihre drei Tore, durch Kluivert, Fabio Rochemback und Overmars, entsprangen eleganten Kombinationen, wobei der deutsche Schiedsrichter Hellmut Krug bei seinem letzten internationalen Auftritt ein bisschen nachhalf, als er bei Kluiverts Tor zum 1:1 kurz vor der Halbzeit genauso wie bei Overmars' Treffer zum 1:3 im Abseitszweifel für den Stürmer entschied.

Nur Feiglinge laufen. Das ist das Motto von Barças Spiel, »die Leute sagen immer: Du musst mehr laufen als der Gegner. Was für ein Unsinn«, sagte Trainer Carles Rexach: »Du musst einfach besser Fußball spielen als der Gegner.« Er hat seiner Elf ein extremes Passspiel verordnet, und an Tagen wie Dienstag, wenn es funktioniert, hebt es Fußball auf ein neues Niveau. Die drei Stürmer lassen sich tief zurückfallen, die Außenverteidiger rücken vor, und dann passen sich im Mittelfeld acht Spieler den Ball zu, meist ohne Stoppen. Liverpool, sonst so schwer auszuheben, hätte jemanden wie Dietmar Hamann gebraucht, um den Spielfluss zu unterbrechen – doch ihr zuletzt so überzeugender defensiver Mittelfeldspieler sah von der Tribüne aus zu, gesperrt wegen dreier Gelber Karten. Und in dem Moment, da man sich nach 15 oder 20 Barça-Pässen im Mittelfeld mit offenem Mund fragte: »Wollen sie denn gar nicht vors Tor?«, schlichen sich ihre Angreifer Kluivert und Rivaldo in den Strafraum, und ansatzlos kam der eine, entscheidende Steilpass. »Du hättest uns mal am letzten Wochenende gegen Las Palmas sehen sollen«, sagte Patrik Andersson, der vergangene Saison noch Bayern Münchens Abwehr organisierte: »70 Prozent Ballbesitz in der ersten Halbzeit, aber nur eine Torchance – so sind wir.«

Im Gegensatz zur vergangenen Saison funktioniert es, weil die Einkäufe Andersson, Christanval sowie Torwart Bonano die Abwehr stabilisiert haben. Mit Andersson und dem Niederländer Frank de Boer dürfte Barcelona die langsamste Innenverteidigung des Spitzenfußballs haben; einmal, als der schnellste Angreifer des Weltfußballs, Michael Owen, de Boer entwischte und Liverpool nach 27 Minuten 1:0 in Front brachte, war es ein Nachteil. Ansonsten bewies ihr Auftritt an der Anfield Road jedoch, was für ein Unsinn das Gerede von lahmen Verteidigern ist: Den Besten – wie etwa Andersson – reichen ein überragendes Stellungsspiel und geistige Schnelligkeit.

In dieser Form ist Barcelona, der chronische Versager der Champions League, in der Lage, zehn Jahre nach dem ersten und einzigen Gewinn von Europas Meisterwettbewerb den Triumph zu wiederholen. Bloß steht zu befürchten, dass sie mit dieser Art Fußball kaum lernen, mit Anstand zu verlieren. Weil sie ständig gewinnen werden. |||| November 2001 ||||

Die Realitätsverweigerer: Wie der FC Barcelona und die spanische Nationalelf zum Hort des anmutigen Spiels wurden

Nach gut einem halben Jahrhundert Eheleben weiß Iñaki Sáez, was seine Frau mit ihrer Liebe alles anrichten kann. Er hat es sich im gepolsterten Bambussessel auf der Terrasse des Hotel Santa Catarina in Las Palmas gemütlich gemacht, hemdsärmelig in der ewig milden Luft der Kanaren. Aber nun hat sich seine Frau zum Nachmittagskaffee dazugesetzt, und die Liebe geht manchmal mit ihr durch. Die Liebe zum Fußball. »Nein!«, fällt Mari Carmen ihrem Iñaki ins Wort, als er anmerkt, wie schwierig es für junge Trainer sei. »Bei meiner Mutter!«, unterbricht sie ihn, als er die Gemeinheiten der Boulevardpresse abmildert. Und irgendwann sagt Mari Carmen, die Augenlider mit Ende sechzig wie eh und je strahlend blau geschminkt, die Stimme vom Zigarettenrauch betörend rau und bedrohlich herb: »Erzähl doch mal von den Betten in Nigeria.«

Da schlägt Iñaki Sáez die Augen nieder. Er war ein stürmender Außenverteidiger bei Athletic Bilbao, ein Mann, ein

Klub ein Leben lang. Später prägte er als Juniorennationaltrainer von 1996 bis zur Rente 2008 den Stil und die Spieler, mit denen Spanien vergangenes Jahr endlich die Weltmeisterschaft gewann. Zwischendurch war er sogar zwei Jahre Nationaltrainer. Aber, also, die Anekdote von den Betten in Nigeria ist ihm unangenehm, sie könnte seine Spieler, Spaniens Sieger, fälschlicherweise als Schnösel erscheinen lassen. »Auf geht's!«, insistiert Mari Carmen, und, na gut, er erzählt ja schon.

1999 landete er mit der spanischen Auswahl bei der Junioren-Weltmeisterschaft in Nigeria in einem ärmlichen Hotel, Xavi Hernández, Iker Casillas und Carlos Marchena waren dabei, Protagonisten von morgen. An den Zimmerwänden liefen riesige Eidechsen rauf und runter. Vor dem Speisesaal lungerten Kinder herum, um die Reste zu essen, die sie auf den Tellern ließen. Aber am meisten hätten seine jungen Spieler die Betten verstört: Zu zweit mussten sie in schmalen Ehebetten schlafen. »Das tat ihnen gut«, ruft Mari Carmen, »dass sie mal erlebten, wie es auch auf der Welt zugeht!« Und da will Iñaki Sáez auch gar nicht widersprechen. Die auffällige Demut der spanischen Weltmeister ist für ihn ein Grund ihres Erfolgs. So haben auch die Betten von Nigeria ihren kleinen Beitrag dazu geleistet, dass Spanien heute den schönsten Fußball spielt, den wir je sahen.

In Wahrheit glauben die meisten von uns natürlich alle paar Jahre, gerade den besten Fußball aller Zeiten zu sehen. Das Fußballpublikum hat kein Gedächtnis. Doch ist es auch nicht so wichtig, ob die spanische Nationalelf und der FC Barcelona toller sind als das Milan von Arrigo Sacchi aus den Achtzigern oder das Ajax der Siebziger mit Johan Cruyff. Die

Frage ist: Wie konnten Spanien und Barça gegen alle Expertenmeinungen und Entwicklungen mit endlosem Kombinationsfußball alle Preise abräumen, Champions-League-Sieger 2006 und 2009, Europameister 2008 und Weltmeister 2010 werden? Warum hielt ein Land jahrzehntelang an dem Stil vom barocken Passspiel fest, obwohl niemand mehr damit Erfolg zu haben schien?

Die Fußballwelt hatte das schöne Spiel schon aufgegeben. Selbst Brasilien, das Synonym für sprühende Spielfreude, hatte sich dem ökonomischen, vorsichtigen *Realpolitikfußball* zugewandt, traumatisiert von den grausamen Niederlagen ihrer Ästheten Zico und Socrates in den Achtzigern. Nur in Spanien verweigern sie sich dieser Realität.

Sie sind die letzten Brasilianer.

Sie passen weiter, oft langsam und quer und dann plötzlich schnell, steil. *El toque* tauften sie ihre Methode. Die Berührung des Balls. »Italien hatte jahrzehntelang seinen *Catenaccio,* England seine langen Pässe, Deutschland seinen Libero und das kraftvolle Spiel. Spanien hatte nie einen Stil«, sagt Sáez. »Nun ist unser Moment gekommen. *Fútbol y arte,* Fußball und Kunst, wurde unser Standard.« Sáez könnte viel von seiner Pionierarbeit erzählen. Aber er sagt: Im Prinzip wurden er und Spanien einfach vom FC Barcelona zu ihrem Stil und Glück gezwungen.

Ein Tennisklub ist das Hauptquartier von Barças Fußballrevolutionären. Die Kellner in der Klubcafeteria tragen Fliege. Die Aufnahmegebühr in den Reial Club de Tenis in Barcelonas Oberstadt kostet kolportierte 25 000 Euro. Hier treffen sich die Alten und die Guten aus Barças Geschichte zum Tennisspiel; und vor allem zum Philosophieren danach in der Dusche oder Cafeteria. Am Tisch mit Charly Rexach muss man die Getränke in Sicherheit bringen. Seine Finger malen abrupt und energisch Spielzüge auf den Tisch. Später ist Rexach mit Barças aktuellem Trainer Pep Guardiola zum Tennis verabredet. Hat er gegen ihn eine Chance? »Ich habe da meine Wege«, sagt Rexach. Guardiola ist 40. Rexach 64.

Niemand überlebte länger bei Barça als Charly Rexach. *El noi de Pedralbes,* der Junge aus Barcelonas Oberstadt, spielte 17 Jahre und 452-mal für die erste Elf, ein schneller Außenstürmer, der Europapokale gewann und angeblich zur Halbzeit gerne den Flügel wechselte, um immer im Schatten zu spielen. Danach diente er dem Klub weitere 27 Jahre lang. Er war der Jugendakademieleiter, der einem 13-Jährigen aus Argentinien namens Leo Messi einen Vertrag gab, nachdem er ihn fünf Minuten gesehen hatte. Und er war der Trainer des Barça-Teams, das 2001 bei einer Partie in Liverpool 24 Pässe aneinanderreihte, ehe Marc Overmars den Wahnsinn mit einem Tor veredelte. »Ehrlich gesagt«, sagt Rexach, »haben wir *el toque* einfach aus Holland importiert.« Der niederländische Trainer Rinus Michels war 1971 der Erste, der die heutigen Standardwerte wie das feste Positionsspiel oder die Flügelstürmer in Barças Spiel einfügte. »Und Michels bekam ziemliche Probleme, weil seine Taktik anfangs nicht aufging.«

Aber sagen Klubhistoriker nicht, dass Barça immer schon dem schönen Spiel zugeneigt war?

»Ach. Zu mir sagen die Leute auch die ganze Zeit: ›Mensch, Charly, Barças Fußball zu deiner Zeit war der Wahnsinn!‹ So ein Unsinn. Barça war das Chaos. Der Klub jagte jeder Mode hinterher. Plötzlich mussten wir die ganze Zeit Ausdauerläufe in den Bergen machen, was für mich als schnellen Spieler Gift war. Im nächsten Jahr war dann auf einmal nur Gewichttraining angesagt. Die Trainer hatten damals Spitznamen wie Herr Peitsche oder Señor Stahl. ›Ihr müsst bereit sein, für den Verein zu sterben!‹, schrien sie. Ich war 20 – ich wollte nicht sterben, ich wollte den Ball spielen. Aber Barça hatte 30 Jahre keinen anderen Plan, außer den individuellen Stärken seiner Spieler zu vertrauen.«

Rinus Michels änderte das alles?

»Nicht über Nacht. Nachdem er 1975 Abschied nahm, durchlebten wir erneut, was ich die konfusen Jahre nennen würde. Ein neuer Trainer kam, und schlagartig wurde wieder alles geändert. Ein Jahr hatten wir den Deutschen Lattek, der uns Manndeckung spielen ließ, und im nächsten den Engländer Venables, der lange Pässe forderte. Wir hatten Diego Maradona und Bernd Schuster im selben Team, der eine spielte den Ball kurz, der andere lang. Die Dinge kamen nie zusammen. Ich denke, die Basis für den heutigen Stil wurde erst gelegt, als Johan Cruyff 1988 Trainer wurde.«

Hart ausgedrückt, war Cruyff ein Snob. Er akzeptierte nur einen Stil, den rauschenden Angriffsfußball seiner Ajax-Elf aus den Siebzigern. In Barcelona implantierte er die Amsterdamer Gebote bis hinunter in die Jugendteams: Jede Trainingsübung fand fortan mit Ball statt, meistens auf reduzierten Spielfeldern. In Spanien wurde geflüstert: »Bei Cruyff trainieren sie gar nicht richtig, die machen nur lockere Spielchen«, erinnert sich Sáez und lacht: Die wenigsten verstanden damals, dass jeder Spieler durch die Enge und Schnelligkeit beim Kleinfeldspiel in jedem Detail des Fußballspiels viel mehr gefordert wird als beim traditionellen, gesonderten Ausdauer- oder Torschusstraining.

Unbeirrbar entwickelten Cruyff und sein Assistenztrainer Rexach aus dem alten Ajax-Stil die Barça-Schule. Manchmal ließen sie im Training den Torwart Zubizarreta Außenstürmer spielen. Sie wollten der Mannschaft beweisen, dass es nicht so wichtig war, wer wo spielte, sondern dass die Spieler ihre Position einhielten. So wusste der Mann am Ball immer, wo er seine Partner finden würde. Er konnte passen, ohne zu schauen; er war dem Gegner in Gedanken stets voraus.

Die große Erfindung von Cruyff und Rexach war das System der drei Spielmacher: jeweils einer in Abwehr, Mittelfeld und Angriff. Fußball war im Innersten ein Zusammenspiel, also musste doch die Elf am besten sein, die überall auf dem Spielfeld den Ball sicher passte, nicht nur wie üblich im Mittelfeld. Sie kauften zwei technisch begabte Mittelfeldspieler. Sie machten den einen, Ronald Koeman, zu seinem Schreck zum Abwehrchef und den anderen, Michael Laudrup, zum Mittelstürmer. Überall sonst wurden Stürmer damals wie heute hauptsächlich als Torjäger betrachtet. Doch wenn sie auf der Mittelstürmerposition einen Spieler mit dem Blick eines Regisseurs einsetzten, konnte der mit kurzen Pässen in der engsten Spielfeldzone Freiraum schaffen. Die nach innen ziehenden Außenstürmer wären dann in einer viel besseren Schussposition als der Mittelstürmer, der meistens mit dem Rücken zum Tor steht und sich erst umständlich drehen muss. Bis heute spielt Barça ohne klassische Nummer 9. Es hat mit dem kleinen Leo Messi als spielmachendem Mittelstürmer in den ersten fünf Monaten dieser Saison nie gesehene 102 Tore erzielt.

»Die Basis unserer Passspiel-Ideologie ist: Wenn du den Ball hast, kann dir der Gegner nicht wehtun«, sagt Rexach. »Und gerade heute, wo im Fußball nichts schwieriger ist, als Freiraum zu schaffen, geht das Spiel auf. Jede Defensive ist heutzutage so gut organisiert, dass du nur durch schnelles, präzises Passen Erfolg hast.«

Rexach spricht Spanisch mit starkem Akzent. Es ist eine Fremdsprache für ihn geblieben. Er verbrachte sein ganzes Leben in Barcelonas Oberstadt, hier ist das nationalistisch-katalanische Bürgertum zu Hause. Bei ihnen im Reial Club de Tenis bekommt man ein Gefühl, warum Barça jahrzehntelang eigensinnig an einem vermeintlich antiquierten Spielstil festhielt. Zu beweisen, dass sie eine eigene, besondere Identität haben, ist eine katalanische Besessenheit. Barça muss diese Sehnsucht bedienen.

Acht Jahre, nachdem Cruyff in Barcelona seine Dogmen ausgerufen hatte, schien die Fußballwelt allerdings auf ewig unverändert. Es war 1996, Deutschland wurde mit Libero Europameister, die Engländer verschossen weiterhin Elfmeter, und Spanien spielte wie nie und scheiterte wie immer. »Spanien muss sich endlich entscheiden, ob es Torero oder Stier sein will«, sagte der argentinische Weltmeistertrainer Luis Menotti: Sie hatten elegante Fußballer, versuchten aber, wuchtiger denn je zu spielen. Iñaki Sáez wurde zum spanischen Verband gelotst, um in den Jugendauswahlen das körperbetonte Spiel von Athletic Bilbao einzuführen. Spanien wollte Stier sein. Sáez traf auf die erste Generation von 17-, 18-jährigen Fußballern aus Barcelona, die ausschließlich unter der Cruyff-Doktrin aufgewachsen war. Sie waren oft klein, langsam, wenig muskulös. »Ihre technische Qualität war jedoch so außergewöhnlich, dass ich bei gesundem Menschenverstand nur das Gegenteil von dem tun konnte, was ich tun sollte«, sagt Sáez: Statt des geplanten athletischen Stils installierte er das geduldige Passspiel mit attackierenden Flügelspielern als Grundregel in den Jugendnationalteams. Die Söhne Barças wurden seine Fixpunkte. In den folgenden Jahren gewann Spanien neun Jugend-Europameisterschaften und 1999 in Nigeria auch die Junioren-WM.

Die Barça-Ideen steckten das ganze Land an. Niemand kopierte sie komplett, denn auch in Spanien fanden die meisten Trainer wie Valencias Rafael Benítez das schöne Spiel schlichtweg halsbrecherisch. Doch Barças Grundgesetze verbreiteten sich, ohne dass es jemand richtig merkte: Überall wurde das Jugendtraining nun auf das Ballspielen konzentriert. So sprossen bei Real Madrid, Espanyol oder Villarreal junge Fußballer, die den Ball exquisit behandeln konnten und sich trotzdem als bescheidene Diener eines Teams sahen. Nicht nur auszubilden, sondern auch zu erziehen wurde die Norm. Die Teams von Sáez begleitete immer ein Schullehrer, der mit den Teenagern auch während einer Europameisterschaft Hausaufgaben machte. Wer bei einem Turnier eine Rote Karte sah, wer den Teamgedanken derart verriet, wurde lange nicht mehr eingeladen.

Im Juli 2010 sieht man klarer denn je, was daraus geworden ist. Spanien steht im Finale der Weltmeisterschaft gegen die Niederlande. In ihrem Quartier in der südafrikanischen Provinzstadt Potchefstroom spricht ihr Passmeister Xavi Hernández über das Spiel, das er bevorzugt: »Manchen gefällt es, den Ball nur mit den Stürmern mitzuschleppen und dann draufzuhauen. Ich mag eher die schnellen Kombinationen.« Er redet vom Tischfußball. Bei ihm geht es immer völlig unprätentiös um Fußball. »Ehrlich gesagt«, sagt Xavi, »ich verstehe diese jungen Fußballer nicht, die sich die Haare färben und 27 Ohrringe tragen. Schau, wir spielen doch nur Fußball. Fuß-baaall!«

Xavi ist die Essenz des neuen spanischen Spiels. 1,65 Meter klein, im Laufen langsam, gedanklich und am Ball blitzschnell, ein Kind Barças. Er kann zwei Sachen auf einmal machen: Während er den Ball annimmt, ändert er durch eine Körperdrehung schon die Richtung des Spiels. Deshalb verlieren Barças Söhne nicht den Ball, so langsam sie auch passen. Als Kind spielte Xavi vor dem Training zu Hause auf dem Stadtplatz mit den Bäumen Doppelpass. »Bloß, der verhurte Baum passte mir den Ball oft nicht zurück.«

In der Elf, die im WM-Finale die Niederlande schließlich 1:0 schlägt, stehen sieben Spieler, die das Spiel bei Barça lernten. Zu Hause in Bilbao nimmt Iñaki Sáez ein Mannschaftsfoto der Weltmeister und malt in verschiedenen Farben Kreise um die Köpfe der Spieler. Er braucht fünf Farben. Auf einem Vortrag »Das Management des Erfolgs« vor Versicherungsvertretern wirft er das Foto an die Leinwand. Aus fünf verschiedenen Altersklassen bildete sich die Siegerelf; aus fünf verschiedenen Nachwuchsnationalteams, die allesamt Jugendtitel gewonnen hatten. Das zeigt, über wie viele Jahre der spanische Fußball kontinuierlich eine Spielidee verfolgte und Gewinner formte, ehe er den großen Triumph landete.

Heute erscheint vieles alltäglich, was das spanische Spiel noch vor drei Jahren einzigartig machte. Das Kleinfeldspiel als Kern des Trainings findet sich nun auch in Mainz oder

Dortmund, den ersten Spielmacher in der Abwehr will längst jedes Profiteam haben, und Barças Angriffspressing gilt als letzter Schrei. Spaniens innerstes Glaubensbekenntnis, dass der präzise Pass im Fußball alles ist, ist Mainstream geworden. Erfolgreiche Ideen werden immer geraubt. Barça und Spanien waren ihrer Zeit bloß 20 Jahre voraus. Sie waren Ballspieler in einem Zeitalter von Athleten. Werden sie ihre gerade erst mühsam erreichte Spitzenstellung halten können, wenn der Rest der Welt sich nun das Beste aus ihren Methoden abschaut und oft sogar verfeinert? »Das ist die Frage: Wie lange stehen wir als Hauptakt auf dem Plakat?«, sagt Sáez.

Er ist in seinen Trainerjahren selbst viel durch die Welt gereist, um sich von der Konkurrenz inspirieren zu lassen, er verbrachte Wochen in Argentinien, er studierte das französische Ausbildungsmodell, das zehn Jahre vor Spanien auf ganz andere Art der große Hit war. Die französischen Klubs schickten ihre Spieler in das Internat des nationalen Fußballverbands nach Clairefontaine. Dort spielten die Talente mit Bleiwesten Fußball. Sie wurden zu Athleten gezüchtet. Und auf einmal, nur wenige Jahre nachdem Frankreich das Modell war, bringt das Land bloß noch beliebige Auswahlen hervor. Hat der Fußball die Franzosen schlichtweg überholt? Oder ist in dieser schnelllebigen Zeit jedes Erfolgsmodell schon morgen altmodisch?

Auf der Hotelterrasse in Las Palmas, wo sie ihre Winterferien verbringen, haben Iñaki und Mari Carmen Sáez mittlerweile beide ihre Stirn in die Hände gelegt. »Mensch, wie hieß der noch mal, der Schüchterne?«, grübelt Iñaki. »Galicier war er«, sagt Mari Carmen und wird jetzt richtig wütend auf sich, weil selbst ihr der Name des Mittelstürmers der Junioren-Weltmeister von 1999 nicht mehr einfällt. Aber um noch einmal auf die Betten von Nigeria zurückzukommen, sagt Iñaki Sáez, da hätte es fast eine Meuterei der Mannschaft gegeben. Sogar Xavi, der Prototyp des gut erzogenen spanischen Ballspielers, habe gesagt: »Trainer, wenn das nicht besser wird, reisen wir ab.« Und das Gespräch auf der Hotelterrasse, das nach Stunden längst in ein sprunghaftes Hervorkramen von Erinnerungen abgeglitten ist, bleibt bei Xavi hängen.

Wenn Xavi über seinen Sport redet, reicht ihm die formale Sprache nicht, um sich auszudrücken. »Also«, sagt Xavi: »Andrés Iniesta zum Beispiel«, sein Zauberpartner im Mittelfeld bei Barça und Spanien, »der hat eine Schnelligkeit am Ball, der geht bam! Dann glaubst du, er bremst, aber zaa!!!, ist er schon wieder weg. Andresito ist spektakulär, er ist absolut buff!« Treffender ist das spanische Spiel nie beschrieben worden. Um etwas nie Gesehenes zu beschreiben, braucht es eine nie gehörte Sprache. IIII September 2010 IIII

Im Steinbruch: Die Ausbildung der besten Fußballer der Welt

14 Jahre nachdem er Weltmeister wurde, bereitet sich Mazinho noch immer professionell auf eine Fußballpartie vor. Er nimmt zum Spiel an diesem Samstagmorgen zwei Bücher und eine Sportzeitung mit in die Ciudad Deportiva, die Sportstadt des FC Barcelona. Damit ihm nicht langweilig wird. Er ist

nun, mit 42, kein Fußballprofi mehr, sondern »ein Vaterprofi«, wie er sagt.

Die Zeitung dient ihm als sorgfältig ausgebreitete Sitzunterlage auf den nackten Betonstufen der Tribüne. Die Frühlingssonne ist noch beim Aufstieg und blendet unbarmherzig die Augen, aber Mazinho, der Vaterprofi, hat auch an die Sonnenbrille gedacht und eine Schirmmütze mit der Aufschrift »Der Welt Meistgefürchteter«. Die Mannschaften, 15-jährige Jungen mit heiligem Ernst in den Gesichtern, wärmen sich auf. Mazinho, der als Mittelfeldspieler zwei Welten verband, Emsigkeit mit Schönheit, der 40-mal berufen war, für Brasilien zu spielen, nimmt nun ein Buch. Er beginnt, darin Kreuzworträtsel zu lösen.

Einer wie er, der alles in diesem Sport erreicht hat, muss wissen, wie gering die Chance ist, dass aus talentierten Kindern Profis werden. Und trotzdem hat er alles aufgegeben, damit seine zwei Söhne, Rafael, 15, und Thiago, 16, beim legendären FC Barcelona als Fußballer ausgebildet werden können. Mazinho schloss seine Fußballschule in Vigo, im Nordwesten Spaniens, wo sie nach seiner Karriere heimisch geworden waren, die ganze Familie zog nach Barcelona. »Ich arbeite jetzt 24 Stunden für meine Kinder«, sagt er und muss über sich selbst lachen. »Ich fahre den einen zum Training, den anderen zur Schule und dann umgekehrt.« Gleich ist Anpfiff, er nimmt das andere Buch. Darin wird er auf einem Formblatt jeden Pass, jede Aktion von Rafael im Spiel der 15-Jährigen notieren.

Während die Euro 2008 noch nicht begonnen hat, lassen sich hier, in Barças Sportstadt im Vorort San Joan Despí, schon die Stars der Euro 2012, 2016 und 2020 betrachten.

Man weiß nur noch nicht ganz genau, wer von all den Jungen es sein wird.

Für das Massenpublikum ist jede Europa- oder Weltmeisterschaft eine Entdeckungsreise, es gehört zu den schönsten Momenten solcher Turniere, wenn scheinbar aus dem Nichts Kindergesichter erscheinen und die Welt und ihren Ball erobern, wie bei der Euro 2004 der Engländer Wayne Rooney. Für die Klubs und ihre Scouts jedoch gibt es bei einer Euro schon lange nichts mehr zu entdecken. Die Talente werden heute im Kindesalter gejagt und gepflegt. Nirgendwo verstehen sie mehr davon als beim FC Barcelona.

»Viele Experten glauben, dass wir die beste Ausbildung der Welt leisten«, sagt Albert Benaiges, der Koordinator von Barças Jugendschule. »Ich glaube, sie haben recht.« Hier wurden Welteroberer wie Leo Messi, Cesc Fàbregas oder Andrés Iniesta großgezogen und knapp die Hälfte von Barças aktueller Profielf. Hier schlüpft gerade schon die nächste Generation aus; und wenn man die Experten fragt, welchem der Kinder die Zukunft gehört, sagen sie, sicher könne man nie sein, aber ein Gefühl hätten sie: Von Rafael und vor allem von Thiago werde man hören.

Es ist ein schwarzer Donnerstagabend, zwei Tage bevor Mazinho mit seinen Kreuzworträtseln in der Morgensonne Platz nehmen wird. Gigantisch, wahrhaftig wie eine eigene Stadt, erhebt sich die Ciudad Deportiva mit ihren elf Fußballplätzen. In ihrer Mitte stehen bröckelnd und einsam noch zwei 100 Jahre alte Häuser; als habe der Denkmalschutz einen Abriss verhindert und Barça die Sportstadt dann einfach drumherum gebaut.

Thiago steht an einem der Trainingsplätze und sieht schon

aus wie ein Star, allerdings nicht wie ein Fußballer, sondern wie ein Rapper. Die weiße Baseballmütze quer auf dem Kopf, dicke Goldkette am Arm, weite, tief sitzende Jeans. Wenn er redet, merkt man, wie Kleidung irreführen kann. Er ist sanft, herzlich, eloquent.

Er hat zwei Altersstufen übersprungen und spielt schon in Barças B-Team, bei den Männern, mit 16. »Kürzlich sagte ein Gegner zu mir: ›Wenn du mich noch einmal umdribbelst, breche ich dir das Bein; ich lasse mich nicht von dir Kind lächerlich machen.‹« Thiago pustet jetzt, Wochen später, noch einmal durch angesichts der Erinnerung. »So ein Spruch geht dir schon durch den Kopf, und du machst erst einmal drei Minuten gar nichts im Spiel.« Dann hat er den Gegner erneut umdribbelt.

Das Talent hat er sicher von seiner Mutter, nicht wahr, Mazinho? Mazinho lacht, Thiago ist außer Hörweite, aber Mazinho antwortet trotzdem väterlich korrekt: »Er hat seine Qualität von niemandem. Er ist einfach er.«

Tatsächlich ist Thiago, ein offensiver Mittelfeldspieler mit blühender Fantasie, als Fußballer weniger ein Sohn Mazinhos als ein Sohn Barças. »Ich war einer für die Schlacht, ein Balleroberer«, sagt Mazinho. Barça dagegen hat seinen einzigartigen Stil, *el toque,* »die Berührung«, das kunstvolle Angriffsspiel mit den endlosen Passkombinationen; und sie lehren ihn mit einmaliger Konsequenz.

Ihr Training besteht zu allergrößten Teilen aus Spielen auf reduziertem Platz, etwa zehn gegen zehn auf 30 Metern, oder Schnellkraftparcours wie jenem, den die Elf der 18-Jährigen gerade vorführt. Einer startet mit einem Pass an der Mittellinie, springt über zwei Hürden, und mittlerweile sind vier

Spieler in den Spielzug involviert, die sprinten, springen, flanken, Slalom laufen, aufs Tor schießen. Claudio Ranieri, heute Trainer von Juventus Turin, besuchte vergangene Saison die Ciudad Deportiva, um sich weiterzubilden, an seiner Seite weilte ein bedauernswerter Mann. Es war Ranieris Privatsekretär, der mit dem Mitschreiben kaum hinterherkam, so schnell und komplex sind die Parcous.

An diesem Donnerstag sieht eine Jungenmannschaft dem Training zu, die dick wattierten Jacken bis über das Kinn gezogen. Es sind die 14-Jährigen des FC Basel. Sie sind an der Costa Dorada im Trainingslager und haben tags zuvor ein Spiel gegen die Gleichaltrigen Barças ausgetragen. Hat das Spaß gemacht? »Spaß?«, fragen die Baseler Jungen entrüstet zurück. Sie haben 0:6 verloren. Was war los? »Die waren schneller und besser«, und plötzlich reden die Jungen durcheinander: »Aber die sind ja auch eine Weltauswahl!« – »Die holen Kinder aus dem Ausland!« – »Die haben lauter Ausländer!« Zumindest was die Ausreden angeht, sind die Baseler Jungen schon recht gute Profis.

Ihr Trainer sieht es ein klein wenig differenzierter. Roger Huber sagt, »die haben Diagonalbälle über 40, 50 Meter geschlagen, die sind immer wieder über die Flügel gekommen, und wir wussten damit nichts anzufangen«. Aber, sagt Huber nicht ohne Stolz, einen Triumph in der Niederlage suchend: »Körperlich waren wir denen sogar voraus.« Da jedoch verkennt er just ein Detail, in dem selbst die in der Nachwuchsförderung durchaus vorbildliche Schweiz noch in Barcelona lernen könnte: In einem Spiel, das immer körperlicher wird, interessieren Barça Muskeln herzlich wenig.

»Fitnesstraining gibt es hier nicht, bis die Kinder 16 sind«, sagt Mazinho. Alles bei Barça ist auf zwei Werte ausgerichtet: Schnelligkeit und technische Präzision. Wer geschwind denken, rennen und sauber passen kann, das ist ihr Credo, setzt sich immer durch, egal, wie klein und schwach er ist. Ihre sagenhafte Profielf ist der beste Beweis. Nirgendwo sonst spielen so viele kleinwüchsige Spieler wie beim großen Barça. »Das Mittelfeld der drei Zwerge«, sagen sie auf den Tribünen des Camp Nou, wenn wieder einmal Xavi (1,68 Meter), Iniesta (1,69 Meter) und Deco (1,74 Meter) zusammenspielen; vor ihnen Messi (1,70 Meter). »Letztens war der eine hier in der Ciudad Deportiva«, sagt Jugendkoordinator Benaiges. Der wer? »Der, na … Iniesta! Da sagte ich zu ihm: ›Hör mal, du Winzling, du siehst aber nicht aus wie ein Fußballer.‹« Es ist ein Witz, aber kein Zufall.

Barça wählt schon seine Kinder anders aus als fast alle anderen Klubs: Sie suchen nicht nach einem guten Außenverteidiger, nach einem Torjäger. Sie schauen zuvorderst, ob der Junge schnell und technisch präzise ist. Deshalb nehmen sie fast nur Offensivspieler in ihrer Jugendschule auf. Etliche von denen werden dann zu schnellen, technisch präzisen Verteidigern umgeschult.

Jeder Pass von Rafael ist ein Strich in Mazinhos Buch am Samstagmorgen, Barças U15 gegen Vilafranca, vier Striche sind ein Quadrat, und unter dem Stichwort *Vollendete kurze Pässe* reiht sich bald Quadrat an Quadrat. Thiago sitzt neben seinem Vater, zur Begrüßung hat er ihn ins Ohr gezwickt. »Mein Bruder ist ein anderer Fußballer als ich«, sagt Thiago, »viel ernsthafter.« Es ist ein Spiel von Teenagern, nicht von Überirdischen, auch hier in Barcelona, voller Fehler. Selbst bei Barça ist Platz für Jungen, die sichtbar keine Ausnahmebegabung besitzen, etwa der schmächtige Kerl im Mittelfeld, der im Zweikampf oft umfällt. Obwohl es bei ihm auch besondere Gründe für sein Mitwirken geben könnte: Es ist Pol, ein Sohn des Vereinspräsidenten Joan Laporta.

Und doch blitzt im Spiel immer wieder ein für dieses Alter atemberaubendes Können auf, wie Rafaels Gespür, permanent am richtigen Ort zu erscheinen. »Er hält sich sehr an die Anweisungen seines Trainers«, sagt Mazinho, und es klingt nach einem Kompliment – bis der Vater weiterredet. »Manchmal macht es mich fertig. Ich denke: ›Super, Rafael, und jetzt dribble los!‹ Und er spielt quer – weil sein Trainer es will.« Mazinho seufzt. »Er ist doch noch ein Kind, er soll doch machen, was ihm gerade einfällt.«

Die Basler Jungen hätten sich bestätigt gefühlt in ihrer Ausrede von der Barceloneser Weltauswahl: Zwei der Besten der Partie gegen Vilafranca sind von fern geholte Kinder, Rafael, der vom anderen Ende Spaniens kam, und der Torwart aus Kamerun. Es ist eine große Frage für Profiklubs in der heutigen Zeit: Wie weit gehen wir bei der Talentsuche? Wann ist es professionell, wann unmenschlich, 13-Jährige aus der weiten Welt zu locken? Sollen wir Teenagern bereits Direktorengehälter zahlen? Barça hat Zeit gebraucht, bis es da seine Linie gefunden hat.

»Wenn wir glauben, da ist ein Spieler, der den Unterschied macht, sind wir bereit, für ihn das Haus aus dem Fenster zu werfen«, sagt Benaiges. Dem mexikanischen Jugend-Weltmeister Giovani dos Santos, der dieses Jahr im Profiteam Aufnahme fand, zahlte Barça bereits mit 17 angeblich 10000 Euro im Monat, man sorgte dafür, dass die gesamte Familie nach Katalonien umzog. Doch es müssen Einzelfälle bleiben. Und es gibt eine Statistik, die beweist, dass die Vernunft in der Sportstadt regiert. 81 Prozent der Jugendspieler sind Katalanen, 15 Prozent kommen aus dem Rest Spaniens und nur vier Prozent aus dem Ausland.

»Wie lange dauert das Spiel denn noch?«, fragt Thiago seinen Vater und scheint froh, als sein Handy klingelt. Gai ist dran, ein Mitspieler aus dem B-Team. Sie wollen heute nachmittag eine Runde in der Stadt drehen. Mazinho macht ein gespielt besorgtes Gesicht. »Nur ein bisschen rumlaufen, Papa«, sagt Thiago. Er denkt kurz nach. »Weißt du, mir gefällt es, Fußball zu spielen. Aber ansonsten interessiert es mich nicht so, immer nur Fußball.«

Als der Schiedsrichter abpfeift, hat Rafaels Elf unbeschwert 3:0 gewonnen. Mazinho klappt das Statistikbuch zu und sagt, wie es sich für einen Weltmeister gehört, der eine Partie von Teenagern ansah, gar nichts zum Spiel. Thiago und er warten in der Sonne, dass Rafael aus der Dusche kommt. Er wird dann die Lieblingsschuhe von Profifußballern tragen, Badeschlappen. Thiago erzählt, dass er in der Jugend-Nationalelf nicht für Brasilien, sondern für Spanien spielt; es ist ihre Heimat geworden.

Neben ihnen haben ein paar 18-Jährige vor ihrem Training zwei knallrote, aus der Bar entführte Plastikstühle aufgestellt. Die Stühle bilden ihr improvisiertes Tennisnetz für eine Partie Fußballtennis. Das Klack-klack ihrer Stollenschuhe beim Spiel auf dem Asphalt ist das Geräusch, das einem noch Tage später vom Besuch in der Sportstadt in den Ohren bleibt. Es klingt, klack, nach Ausgelassenheit, und, klack, wie ein Versprechen für die Euro 2012. IIII Juni 2008 IIII

Fußball spielt man doch mit Ball! – Die Revolution der Trainingslehre beim FC Barcelona

Auf den ersten Blick ist es nicht zu erkennen, dass der Mann an Ronaldinhos Seite die Fitness des berühmtesten Fußballers der Welt verbessert. Sie traben gemeinsam um den Trainingsplatz des FC Barcelona, und Ronaldinho muss fast ins Schritttempo fallen, sonst würde der Mann an seiner Seite nicht mitkommen. Er hat eine steife Hüfte. Das ist Francisco Seirullo, Mittfünfziger, der Fitnesstrainer des spanischen Meisters. Er revolutioniert die Trainingslehre des Profifußballs.

Es geht auf der Laufrunde nur darum, zu sehen, ob der schmerzende Fuß Ronaldinho trägt, da kann Seirullo mitkommen, auch wenn das Joggen so zum schnelleren Spaziergang wird. Aber egal, denn Laufen ist beim FC Barcelona grundsätzlich nicht angesagt. Das Längste, was sie im Jahr rennen, sind drei Minuten; Tempoläufe in der Vorbereitung. Während der Saison absolvieren sie ohne Ball allenfalls Sprints. Es macht nicht mehr als fünf Prozent des Trainings aus.

Ohne eine einzige Dauerlaufeinheit, ohne ein einziges Training im Kraftraum formt Seirullo Barça zur bestaunten Elf einer Epoche. Am heutigen Mittwoch zum Champions-League-Halbfinale gegen den AC Mailand wird wieder die halbe Welt den Fernseher einschalten, zappelig vor Vorfreude auf den von Zauber geküssten Fußball dieser Elf. Im Bann der Eleganz von Ronaldinho, Deco und ihrer Begleitband wird leicht übersehen, dass dies auch eine der physisch stärksten Mannschaften ist. Weder Juventus Turin noch Bayern München raubt dem Gegner öfter den Ball. Niemand spielt ein intensiveres Pressing.

Viele Wege führen zum Ziel, und es soll deshalb auch gar nicht der Anspruch erhoben werden, Barças Training sei das einzige wahre. Aber gerade in einer Zeit, in der Bundestrainer Jürgen Klinsmann mit seinen vermeintlich neuen Trainingsideen aus Amerika Deutschland aufgeschreckt hat, sollte die Bundesliga merken, dass die heißeste Elf der Gegenwart Klinsmanns Vorstellung vom Tempotraining noch viel radikaler umsetzt. Barças Fitnesstraining steht im absoluten Gegensatz zu dem, was Trainer Felix Magath bei Bayern München macht und in der Bundesliga als Maßstab gilt. Magath schickt sein Team Berge hinauf, Kondition wird gebolzt. Barças Spieler merken gar nicht, wenn sie die Physis trainieren, so sehr hat Seirullo die Fitnessschulung ins Balltraining integriert.

Dies ist das erste Mal, dass Seirullo »unser Betriebsgeheimnis« preisgibt. Doch darf er im Weiteren nicht zitiert werden, das war die Bedingung von Barças Pressebüro. Sie hatten Angst, in der überdrehten Welt des Profifußballs könne der Eindruck entstehen, Seirullo, nicht Trainer Frank Rijkaard bestimme die Trainingsinhalte. Seirullo lächelt. Er hat noch nie mit einem Trainer so gut im Team gearbeitet wie mit Rijkaard. Dann beginnt er zu erklären.

Während die meisten Experten Fußball als Ausdauersport definieren, weil die Spieler anderthalb Stunden lang rennen müssen, hält Seirullo Fußball für einen Sprintsport. Die Spieler rennen doch nie länger als ein paar Sekunden am Stück.

Fußball ist beschleunigen, abbremsen, ausweichen, sich abrupt drehen, und alles mit dem Ball am Fuß. Dann müsse man auch genau das trainieren, überlegte Seirullo, Professor an der Sporthochschule INEFC. Zunächst wandte er sein Konzept bei Barças Handballern an; sie gewannen damit zwischen 1995 und 2000 jedes Jahr Champions League und nationale Liga.

Selbst aufs Warmlaufen verzichtet er komplett. Stattdessen spielen sie schon mal eine Art Fangen, da wird gleich das schnelle Reagieren und Denken mit angeregt. Seirullos Königspatent jedoch sind die Parcours. Barça verbringt gut die Hälfte der Trainingszeit damit. Zum Beispiel beginnt ein Spieler an der Mittellinie mit einem Pass nach außen. Dann fliegt er über vier niedrige Hürden, kriegt den Ball zurück, sprintet mit ihm um Slalomstangen usw., bis er zum Torschuss kommt. Seirullo hat davon unzählige raffinierteste Varianten entwickelt. So trainieren die Spieler gleichzeitig Schnellkraft, Ballbeherrschung auf Höchsttempo, anaerobe Ausdauer – und das Beste ist, sie merken es nicht einmal: Ballverliebt, wie Fußballer sind, denken sie nur an den Pass, den Torschuss.

Zudem ist die Erholungszeit nach solchen schnellen Belastungen viel kürzer als bei der herkömmlichen Ausdauerarbeit. Während Magath deshalb klagt, bei drei Spielen pro Woche bleibe keine Zeit für ordentliches Training, trainiert Barça weiter: passen, springen, Zweikampf, Slalom. »Nicht so schnell, das kann ich gar nicht aufzeichnen!«, japste Lars Leese, ein junger deutscher Trainer, als er unlängst beim Praktikum bei Barça mitzuschreiben versuchte. Er trainiert einen Fünftligisten – und war neben Kosta Runjaic, dem Assistenztrainer von Kaiserslauterns Reserve, der einzige deutsche Trainer, der in den letzten zwei Jahren zum Lernen nach Barcelona kam. Was sagt das über die deutschen Trainer? Als Leese japste, lächelte sein Mitpraktikant Claudio Ranieri. Der hat Chelsea und Valencia trainiert – und hatte gut lächeln. Er hatte einen Privatsekretär dabei, der das Aufzeichnen erledigte.

Teams, die ihre Fitness aus dem klassischen Lauf- und Krafttraining ziehen, hielten mit Barça nur 25 Minuten in der ersten und 15 in der zweiten Halbzeit mit, sagt Seirullo, ehe er sich auf den Weg macht. Draußen auf dem Trainingsplatz steht immer noch Ronaldinho mit Deco. Das kann ihnen kein Fitnesstrainer beibringen, das kommt von innen: die Freude am Spiel. 40 Minuten nach Trainingsende bolzen sie noch immer aufs Tor, nun – einfach weil Ronaldinho auf die blöde Idee kam – barfuß.

5. April 2006

Weltfußballer des Jahres: Barça

Auch Xavi Hernández hat eine Meinung, wer der beste Fußballer ist. Er und seine Kollegen vom FC Barcelona, Lionel Messi und Andrés Iniesta, sind die drei Nominierten für die Wahl zum Weltfußballer des Jahres 2010 an diesem Montag in Zürich, und Xavi sagt: »Der wirklich Gute war Mario Rosas. Er war der Beste meiner Generation. Er müsste hier sein.« Iniesta assistiert: »Mario war unglaublich.« Mario Rosas spielt heute mit 30 Jahren für Salamanca in Spaniens zweiter Liga.

Gespräche mit den spanischen Weltmeistern Xavi oder Iniesta landen schnell bei Namen wie Rosas oder Jorge Troiteiro, die sonst niemandem etwas sagen. Aber es ist noch immer ihr ganzer Kosmos: die Welt des FC Barcelona. Die Weggefährten aus Barças Jugendteams wie Rosas oder Troiteiro mögen mittlerweile beliebige Fußballprofis geworden sein, doch für die Champions-League-Sieger Xavi, Iniesta und Messi sind sie noch immer ihresgleichen. Barça-Spieler bleibt man, auch wenn man längst bei Salamanca auf der Ersatzbank sitzt: Die fundamentalistische Schulung des Klubs im schönen Fußball, der bedingungslose Glaube an das ewige Passspiel als einzigen Weg prägt. Und so wird mit der Wahl zum Weltfußballer 2010 nicht nur ein Spieler, sondern vor allem ein Verein geehrt: »Gewinne von uns dreien, wer mag, die Auszeichnung gilt Barça«, sagt Xavi. Alle drei Nominierten, Messi aus Argentinien, Iniesta aus Don Quijotes Heimat La Mancha und Xavi aus Barcelonas Industriegürtel, lernten das Spiel seit dem Kindesalter bei Barça.

Als Barça in den Neunzigern begann, den Offensivfußball mit Spielmachern in Abwehr, Mittelfeld und Angriff als Doktrin zu etablieren, fanden sich weltweit nur wenige, die an dieselben Ideen glaubten. Arsène Wenger beim FC Arsenal und Volker Finke beim SC Freiburg stellten wie Barça im Training das Spiel mit dem Ball auf engstem Raum in den Mittelpunkt. Nun, da Barça das Publikum verzaubert, werden seine Trainingsmethoden oder das Angriffspressing zum letzten Schrei. Der Vortrag von Barças Jugendakademieleiter etwa war ein Höhepunkt der letzten Bundesligatrainertagung. Doch Barça wirklich nachzuahmen traut sich keiner; schafft niemand. Selbst Teams wie Arsenal oder die deutsche

Nationalelf, denen angesichts ihrer blitzschnellen Kombinationen oft applaudiert wird: »Das war wie Barça!«, leben in Wirklichkeit ihre Angriffe viel weniger aus; es muss rasend nach vorne gehen, um den freien Spielraum auszuschlachten. Barça lässt sich Zeit, passt und passt und wird dann plötzlich schnell, schafft Spielraum, wo keiner war.

Messi, Xavi, Iniesta sind der höchste Ausdruck eines Vereins, der lange auf seinen Ertrag warten musste, aber am schönen, schwierigen Spiel festhielt, auch wenn er damit allein stand. Als Klub ist Barça deswegen nicht integrer als andere, auch hier gibt es Mauscheleien, Mobbing, Missgunst. Doch Barça hat seine Spieler nicht nur selbst ausgebildet – oft stehen in der Elf acht Profis, die man großzog –, der Klub hat sie auch erzogen. Messi, Xavi, Iniesta haben verinnerlicht, dass der beste Fußballer nicht der ist, der sich Weltfußballer nennen darf, sondern jener, der seine Mitspieler durch seine Aktionen besser macht. »Götter, ganz normal«, schreibt *El País*. Wenn es eine Logik bei der Wahl gibt, wird Xavi Weltfußballer, der als Passmeister grundsätzlichen Einfluss auf Spaniens WM-Sieg 2010 nahm. Seine Dankesrede würde dann wohl wieder so ähnlich klingen: »Ich hatte Glück, so weit zu kommen«, sagte er einmal, »und wenn ich an Mario Rosas denke, weiß ich, wie viel Glück ich hatte.« |||| Januar 2010 ||||

Barças unglückliche Jahre 2002–2004

Der Rauswurf des armen Bauern

»Bis morgen!«, rief Louis van Gaal, als er am Montagabend nach Arbeitsschluss das Stadion Camp Nou des FC Barcelona verließ. Aber es gab kein Morgen mehr. Noch in derselben Nacht bekam der niederländische Trainer in seinem Haus im Seebad Sitges Besuch von zwei Angestellten des Fußballklubs, die ihm die jüngste Verfügung des Präsidiums beizubringen versuchten: seine Entlassung.

Etwas ging zu Ende in jener Nacht; mehr als das bloße Arbeitsverhältnis zwischen einem der berühmtesten Vereine der Welt und einem der erfolgreichsten Trainer der Zunft. Die Reputation von Barça als Klub genauso wie die von van Gaal als Fachmann nahm einen Schaden, von dem sich beide nicht so schnell erholen werden. Verflogen ist die Illusion, dass dieser Trainer, der spätestens seit seinem Champions-League-Gewinn 1995 mit Ajax Amsterdam als taktischer

Meister galt, auch aus mittelprächtigen Spielern eine große Mannschaft basteln kann – verloren die Hoffnung, dass diese Vereinsführung unter Präsident Joan Gaspart irgendwann einmal irgendetwas richtig machen wird.

Den Kopf voll von verklärten Erinnerungen, holte Gaspart im vergangenen Sommer van Gaal zurück, der auf einer ersten Etappe von 1998 bis 2001 Barcelona die bis heute letzten zwei seiner 16 spanischen Meisterschaften beschert hatte. Sieben Monate später steht Barça, nach dem eigenen Motto »mehr als ein Klub«, auf Platz zwölf der Primera División, nur drei Punkte von den Abstiegsrängen entfernt, und schon Wochen vor der 0:2-Niederlage am Sonntag bei Celta Vigo wollten etliche Präsidiumsmitglieder, einige Spieler sowie die meisten Kommentatoren van Gaal Auf Nimmerwiedersehen sagen. Es ist der übliche Reflex einer Branche, die einfache Wahrheiten bevorzugt: Der Trainer ist schuld.

Tatsächlich hat van Gaal seinen Teil zum sportlichen Niedergang beigetragen, seit Wochen schon diktierte die Angst vor der Niederlage seine Mannschaftsaufstellungen, die immer haarsträubender wurden. Er verrannte sich in einem eskalierenden Konflikt mit dem argentinischen Spielmacher Román Riquelme, und am Ende machte er den größten Fehler von Trainern in der Not: Er suchte zu große Nähe zu den Profis, ließ sie bei taktischen Entscheidungen mitbestimmen, etwa bei der, in Vigo mit drei statt zwei Stürmern anzugreifen. Doch in Wahrheit war van Gaal – all seinen Fehlern zum Trotz – nur der ärmste Bauer in einem Schachspiel, in dem das Präsidium einen selbstzerstörerischen Zug nach dem anderen setzte.

Kein Trainer der Welt hätte mit dem vorhandenen Personal die Ansprüche Barças erfüllt, die spanische Liga und die Champions League zu gewinnen. Denn die Spielertransfers von Präsident Joan Gaspart brachten dem Verein 44 Millionen Euro Schulden (nach offiziellen Angaben – spanische Zeitungen schreiben sogar beharrlich von 180 Millionen) und nahmen dem Team immer mehr Qualität. Klasse Leute wie Luís Figo, Rivaldo und Emmanuel Petit wurden in den zurückliegenden beiden Jahren verkauft, stattdessen für horrende Ablösezahlungen Profis wie die Brasilianer Geovanni und Rochemback verpflichtet, die Fußball anarchistisch spielen. Einen einzigen Zugang, Gaizka Mendieta, durfte sich van Gaal selber aussuchen. Als er nun im Winter händeringend um Verstärkung bat, betrog ihn das Präsidium regelrecht: Man hielt van Gaal zwar noch im Amt, vertraute ihm aber schon nicht mehr genug, um ihm noch neue Kräfte zu finanzieren.

Ehrenhaft schweigend nahm der Trainer solche Brüskierungen hin – wohl auch in der Selbstüberschätzung, er könne durch geschickte taktische Organisation den Mangel an individueller Klasse wettmachen. Dass nun Charly Rexach, der als Sportdirektor die misslungene Transferpolitik zum Großteil mitzuverantworten hat, übergangsweise den Trainerposten übernimmt, hat seine eigene Ironie; auch wenn man daran denkt, dass Rexach bereits vergangene Saison Barças Trainer war und von Gaspart mit den deftigen Worten (»Seine Berufung war ein Fehler«) auf den Direktorposten abgeschoben wurde. Spätestens im Sommer soll dann ein neuer Trainer kommen, nicht auszuschließen, dass es der Deutsche Bernd Schuster sein wird, der derzeit den Zweitligisten Xerez mit passablem Erfolg trainiert.

Doch egal, wie der neue Trainer heißt, er wird wenig ändern können, wenn sich nicht das Präsidium oder zumindest dessen Politik gravierend ändert. Der vergangene Montag war noch einmal ein Paradebeispiel für die Zustände. Die Entlassung schien nach dem 0:2 vom Vortag unvermeidbar zu sein, doch am Mittag leitete Louis van Gaal noch immer das Training, als sei nichts gewesen. Denn Präsident Gaspart, Teilhaber einer Hotelkette, weilte auf einer Tourismuskonferenz in Madrid – es war bis spätabends niemand da, der van Gaals Rauswurf verfügen konnte. |||| 29. Januar 2003 ||||

Das Erfolgsrezept des Anti-Copperfield

Meine Damen und Herren, verehrtes Publikum, hereinspaziert und willkommen beim größten Verwandlungskünstler der Welt, hier werden Steine zu Blumen, Topfpflanzen zu Bäumen, hier ist – »Antić. Ich bin Antić und nicht Copperfield. Und ich bin weder Zauberer, noch schaffe ich Wunder.«

Seit drei Wochen ist Radomir Antić schon Trainer des FC Barcelona, doch nach einer magischen Nacht hielt es der 54-jährige Serbe am Dienstag für nötig, sich noch einmal vorzustellen. Um Verwechslungen auszuschließen. Denn die Häutung, die die Elf des 16-maligen spanischen Meisters verwirklichte, ließ manchen der 80000 Betrachter im Stadion Camp Nou glauben, hier seien höhere Mächte im Spiel; oder zumindest der berühmte Trickser David Copperfield.

Mit zauberhaft schönem und bewundernswert effizientem Fußball dominierte Barcelona bei seinem 3:0-Sieg in der

Champions-League-Zwischenrunde einen der großen Favoriten, Inter Mailand. Eine Mannschaft, die nach serienweise entsetzlichen Auftritten als Tabellenelfter in Spanien den Abstiegsrängen noch immer nahe ist, stellt in der europäischen Liga einen Rekord auf, der »lange, lange Jahre Bestand haben wird«, wie Antić glaubt: Der Triumph über Inter war der elfte Sieg im elften Champions-League-Match dieser Saison.

Unergründlich ist das Unterbewusstsein von Fußballern; ob es die Erkennungsmelodie der Champions League ist, die Barcelonas Profis verwandelt, ob das Flutlicht in europäischen Nächten sie verzaubert, kann niemand rational erklären. Nicht zum ersten Mal offenbart ein Spitzenteam seine gespaltene Persönlichkeit, Borussia Dortmund etwa war 1997 in der Bundesliga nur noch Durchschnitt und gewann die Champions League; doch in solch extremem Ausmaß schwankte wohl noch nie eine Elf zwischen Biederkeit und Weltklasse.

Deshalb sollte sich auch keiner vorwagen und den Sieg über Mailand als die große Wende unter dem neuen Trainer deuten. Bloß ein paar Indizien ließen sich sammeln, dass Barça mit Antić besser wird, als es unter dem glücklosen Niederländer Louis van Gaal war, der Ende Januar angesichts des Niedergangs in der Primera División entlassen wurde.

Drei Auftritte hat Antić nun verantwortet, und was sich gegen Bilbao (2:2) und Espanyol Barcelona (2:0) andeutete, wurde gegen Inter klar: Er ist der Anti-Copperfield. Er macht keine fantasievollen Tricks – sondern die Dinge nur einfacher. Das war exakt das, was das Team brauchte, nachdem van Gaal, der seit seinem Champions-League-Gewinn 1995 mit Ajax Amsterdam zu Recht als Meister der Taktik galt, mit jeder Niederlage immer ausgefallenere taktische Manöver probierte.

Van Gaal schob Mittelfeldspieler wie Phillip Cocu in die Verteidigung, er wechselte von zwei auf drei Stürmer und wieder zurück und konnte das theoretisch alles fabelhaft erklären; dabei übersah er, dass seine nervlich angeschlagene Elf erst einmal viel simplere Sachen wieder hinkriegen musste.

Antić, der in den 90ern mit wechselndem Glück etliche Teams in Spanien trainierte, mit Atlético Madrid 1996 Meister wurde und vier Jahre später abstieg, gab seiner Elf ein fixes System (4-4-2) sowie eine klare Hackordnung (es spielen fast immer dieselben Elfen) zurück.

Während van Gaal die Spieler wie Schachfiguren herumschob, um seine raffinierte Strategie zur Geltung zu bringen, wählt Antić eine profane Taktik, um die natürlichen Stärken der Spieler hervorzuheben. Welchen Unterschied das macht, sah man an niemandem besser als an Xavi Hernández. Unter van Gaal im defensiven Mittelfeld eingesetzt, war er statistisch der beste Passspieler der spanischen Liga, er trat die meisten Pässe, und die meisten (86,7 Prozent) kamen auch an. Doch mit der Defensivarbeit überfordert, spielte er sie fast alle kurz und quer. Antić stellte ihm den Niederländer Cocu als Zerstörhilfe zur Seite. Cocu war gegen Inter heroisch, der befreite Xavi spielte im halben Dutzend lange, schnelle Pässe in die Tiefe des Raums, wie sie der Deutsche Dietmar Hamann und sonst kaum einer auf der Welt schlägt.

Gleich den ersten nutzte der argentinische Stürmer Javier Saviola nach acht Minuten zum 1:0, die anderen Tore schossen Cocu in der 31. Minute und Patrick Kluivert nach 68 Minuten; es war sichtbar, wie das Selbstvertrauen sie ergriff und hinwegtrug. Sie ließen Inter, vom Weltklassemann in der Verteidigung, Fabio Cannavaro, bis zum Weltklassemann im Sturm, Christian Vieri, gewöhnlich aussehen.

Meine Damen und Herren, verehrtes Publikum, kommen Sie wieder, lassen Sie es sich nicht entgehen, wenn die größte Zauberschau der Welt zurückkehrt, nächsten Mittwoch schon beim Rückspiel in Mailand und dann immer wieder, immer weiter, vielleicht bis zum Champions-League-Finale in Manchester. Und zwischendrin, am Samstag gegen Betis Sevilla, ist dann Abstiegskampf. |||| 20. Februar 2003 ||||

Das Ende der Flitterwochen

Mitten im März ist es wieder Januar im Camp Nou. Als habe jemand den Kalender zurückgeblättert, gleichen die Eindrücke vom Vereinsgelände des FC Barcelona denen, die man dort vor sechs, sieben Wochen gewinnen konnte. Ein Trainer, der die enttäuschenden Ergebnisse mit den vielen verletzten Spielern zu rechtfertigen versucht, Profis, die auf dem Weg zum Training den Blick kaum vom Boden aufrichten. Die Mannschaft des FC Barcelona ist auf einer Zeitreise zurück in ihre schwärzeste Stunde.

Bei Barça, das 16 Mal spanischer Meister war, aber sich in der Rolle des tragisch Leidenden schon immer gut gefallen hat, sind sie grundsätzlich schneller deprimiert als in anderen Fußballvereinen. Doch der jüngste Rückfall in düstere Gedanken hat weniger mit dem institutionalisierten Selbstmitleid des Klubs zu tun, sondern er hat eine reale Grundlage. Die

Flitterwochen mit dem neuen Trainer Radomir Antić sind nach einem Monat vorüber – und was den ganzen Februar lang wie ein euphorischer Aufbruch wirkte, droht sich nun als falscher Frühlingsanfang zu entpuppen.

Zwar ist Antić nach neun Spielen noch immer ungeschlagen, doch mit fünf Siegen und vier Unentschieden hat sich die Elf in Wahrheit weiter von ihren Zielen entfernt. Als der 54-jährige Serbe, dessen beste Zeit als Meistertrainer von Atlético Madrid bereits ein Jahrzehnt zurückliegt, den glücklosen Niederländer Louis van Gaal ablöste, betrug der Abstand auf die ersten vier der spanischen Liga zwölf Punkte. Jetzt sind es für den Tabellenneunten bis zu den Rängen, die die Qualifikation für die Champions League bedeuten, 14 Zähler.

So erhält das Europapokalspiel gegen Bayer Leverkusen am Dienstag im Camp Nou auf einmal eine unerwartete Dimension. Eine Partie, in der es für die bereits ausgeschiedenen Deutschen nichts mehr zu gewinnen gibt und dem 16-maligen spanischen Meister bereits ein Unentschieden zum Gruppensieg in der Zwischenrunde genügt, nennt Antić »ein großes Finale«. Denn der neue Trainer muss dringend beweisen, dass die Rückkehr des Januars, mit ernüchternden Unentschieden in der Liga gegen die Mittelgewichtsteams Osasuna und Valladolid, nur ein sporadischer Einbruch war.

Kurzfristig hat Antić das meiste richtig gemacht, in der Mannschaft ein Gefühl von Befreiung und Neuanfang geschaffen und dafür geradezu unheimliche erste Erfolge geerntet, etwa das überwältigende 3:0 gegen Inter Mailand in der Champions League. »Es sind ja immer wieder dieselben Abläufe im Fußball«, sagt Robert Enke, Barças deutscher Ersatztorwart: »Ein neuer Trainer kommt mit positiver Stimmung, es wird wieder gelacht im Training, die Klammer in den Köpfen löst sich.« Antić half der Elf mit einigen simplen, aber klugen taktischen Entscheidungen. Er gab vor, den Ball mehr steil in den freien Raum statt in den Fuß zu spielen, er ordnete ein paar Positionen neu, stellte etwa Phillip Cocu, den van Gaal mal hier, mal dort eingesetzt hatte, als Fixpunkt ins defensive Mittelfeld, was dem Team mehr Gleichgewicht gab. Bloß vier Wochen danach und einige Verletzungen später scheint Antić am selben Punkt angelangt wie van Gaal: Barças Spielerkader hat nicht genug Substanz, Patrick Kluivert, der einzige unbestrittene Weltklassespieler des Teams, ist derzeit nicht in Form, und Román Riquelme, der vermeintlich größte Star, ist nur ein großes Problem. Für elf Millionen Euro zu Saisonbeginn bei River Plate Buenos Aires ausgelöst, steht der argentinische Spielmacher – unschuldigerweise – für alles, was falsch mit diesem Barça ist. Die Elf hatte bereits ein Überangebot an technisch versierten, reinen Offensivspielern, aber wie ein Kind im Spielzeugladen kaufte der mittlerweile zurückgetretene Präsident Joan Gaspart Riquelme ohne Rücksprache mit dem Trainer trotzdem. Für genügend Defensivkräfte war dann kein Geld mehr da. Nun hat Antić keinen Ersatz für den verletzten Cocu und einen Riquelme, der von der andauernden Diskussion über seine Rolle zermürbt ist. Als ihn Antić am Samstag gegen Valladolid auswechselte, verweigerte Riquelme den Handschlag.

»Über uns liegt ein Fluch«, klagt Antić angesichts der nicht endenden Misere des Traditionsvereins. Niemand kann ihm vorwerfen, dass er nicht versucht hat, die Dinge zu ändern – aber am Ende waren seine Neuerungen vielleicht nur kosmetisch: Auf den Charterflügen zu den Auswärtsspielen sitzt Antić stets in der ersten Reihe. Van Gaal saß immer am Notausgang.

17. März 2003

Die Spaßverderber sind zurück: Juventus konfrontiert Barcelona mit seiner Schwäche

Stille kann schreien, Farblosigkeit ist schrill, Leere hat Gewicht. Man brauchte nur in Roberto Bonanos Gesicht zu schauen. Da war alles, dort war vor allem eines: nichts. Der Schlusspfiff war schon lange vorbei, aber der Torwart des FC Barcelona schlich noch immer durch die Dienstagnacht und die Katakomben des Stadions Camp Nou, als sei ihm ein Gespenst begegnet. Die Leute machten, ihm vorauseilend, Platz, denn sie wussten, was Bonano widerfahren war: Er hatte die Wahrheit gesehen.

Solange diese Fußballsaison schon dauert, hatte der FC Barcelona die Realität immer wieder verdrängt, er hatte Haken um sie geschlagen, sich ihr verweigert. Doch am Dienstag schlug ihnen die Wahrheit brutal ins Gesicht. Es gab kein Ausweichen mehr. Nach dem 1:2 nach Verlängerung gegen den italienischen Meister Juventus Turin, dem Aus im Champions-League-Viertelfinale, schrie es die Stille in die Nacht: Sie sind dieses Jahr einfach nicht gut genug.

»Wir haben einen Traum verloren«, sagte Bonano. Doch war es in Wahrheit nicht schon lange nur noch eine Illusion? Die erfolgreichen Auftritte im Europapokal, wo Barça bis zum Dienstag von 15 Partien keine einzige verloren hatte, waren nichts als Fata Morganas gewesen; als Tabellenzwölfter, mit sagenhaften 24 Punkten Rückstand auf den Ersten, Real Madrid, krebst der 16-malige spanische Meister durch die spanische Liga. Die Mannschaft ist dank einer naiven Transferpolitik defensiv krass unterbesetzt, zu viele vermeintliche Führungsspieler haben nur die Kraft für Klasse in kurzen Phasen – und der Klub ist mit offiziell 44 Millionen Euro Schulden, aber ohne gewählten Präsidenten quasi handlungsunfähig. Doch sie haben nur die Champions League gesehen, sie haben gedacht, sie könnten sie wirklich gewinnen, und alles wäre gut. Man könnte über ihre Naivität lächeln. Bloß war den meisten, die in der Dienstagnacht zusahen, eher zum Fluchen zumute – dazu musste man Barça gar nicht mögen.

Hart knallte die Wahrheit all jenen ins Gesicht, die naiv genug waren zu glauben, erfolgreicher Fußball sei im 21. Jahrhundert immer auch mutig und elegant. Die Spielverderber sind zurück. Mit diesem schrecklichen Pragmatismus, der den italienischen Fußball schon seit Jahrzehnten prägt, erreichte Juventus genauso wie Inter Mailand, das im anderen Duell vom Dienstag den FC Valencia ausschaltete, das Halbfinale. Seit Ajax Amsterdam beim Gewinn der Champions League 1995 mit seinem schonungslos offensiven Spiel ein Signal setzte, schien die Übermacht des skrupellos erfolgsorientieren Fußballs gebrochen. Manchester United, Real Madrid, Dynamo Kiew, Bayer Leverkusen, sogar Bayern München – es waren die Mannschaften, die nicht nur gewinnen, sondern auch spielen wollten, die zuletzt den Europacup prägten. Als der AC Mailand zu Beginn dieser Saison plötzlich betörende Fantasie in sein Spiel mischte, sah es so aus, als würden selbst aus den italienischen Zynikern noch Romantiker. Welch ein Trugschluss, welch eine Enttäuschung. Milan spielt längst wieder seinen schematischen Stiefel, und diese sterile Passivität, dieses aufreizende Sichbeschränken auf ein paar Gelegenheiten, mit denen sich Inter sowie Juventus am Dienstag durchsetzten, trieb einem die Wut ins Gesicht; die Wut der Machtlosen. Denn Sieger haben immer recht.

»Ich weiß, wir waren nicht spektakulär, aber wo ist das Problem?«, fragte Juventus' Trainer Marcello Lippi. »Das Entscheidende sind nicht die Torchancen, die du hast, sondern die des Gegners, die du nicht zulässt.« Sie erstickten Barças Dominanz mit einigen überragenden Individualisten wie Rechtsverteidiger Lilian Thuram, vor allem aber mit einer exzellenten Staffelung ihrer Reihen in der eigenen Spielhälfte. Zwei schnelle Konter, zwei Tore, durch Pavel Nedvĕd und sechs Minuten vor Ende der Verlängerung durch Marcelo Zalayeta, genügten, der zwischenzeitliche Ausgleich durch Xavi Hernández blieb wertlos. »Es war ungerecht, es war grausam«, sagte Barças Trainer Antić und war doch realistisch genug, das eigene Versagen zu sehen: »Wer den Gegner verschont, wird selber bestraft.«

Was bleibt, wurde Antić gefragt und wusste selber: für Barça nichts mehr. Es ist ihre schrecklichste Saison seit Menschengedenken, vermutlich werden sie sich nicht einmal für den UEFA-Cup qualifizieren, und der Trainer wird schon wieder gehen müssen.

»Was bleibt?«, fragte Antić also zurück: »Das Aufstehen morgen früh.« Torwart Bonano mit seinem leeren Blick stapfte vorbei, und man ahnte schon, was für ein Morgen das für ihn werden würde. Der Wecker klingelt, er zieht die Decke über den Kopf.

23. April 2003

Die Epoche des Lächelns

Ronaldinho ist da, und alles wird gut

Ronaldinhos Magen rumort, es ist in ganz Spanien zu hören. Die Radiosender übermitteln die Nachricht live vom Trainingsplatz des FC Barcelona: Er fehlt schon den zweiten Tag hintereinander beim Training, eine Magenverstimmung. Jedes halbe Jahr gelten solche Nichtigkeiten als Weltsensation, eine Woche lang, immer bevor Real Madrid und der FC Barcelona im größten Hahnenkampf des Fußballs aufeinandertreffen. Diesen Sonntag wieder in Madrid, wenn für den Tabellenzweiten Real sieben Spieltage vor Abschluss der spanischen Liga nur ein Sieg zählt, will Real das bereits neun Punkte enteilte Barça noch stoppen.

Eine Woche lang erscheint jedes Detail um die beiden Teams wichtig und niemand wichtiger als der Brasilianer Ronaldinho, 25, hängende Spitze, Weltfußballer 2004, und natürlich trotz Magenrumorens am Sonntag im Einsatz. Er beherrscht Tricks, von denen keiner – auch er nicht – wusste, dass sie möglich sind. In Serie gewann er vorige Saison die

Partien für Barça. Sie wurden Zweiter. Damit Barcelona nun dem ersten spanischen Titel seit fünf Jahren zustreben kann, musste Ronaldinho schlechter werden – es klingt nur auf den ersten Blick paradox.

Was eine Ein-Mann-Elf war, ist nun eine Solidargemeinschaft der Künstler. Ronaldinho hat diese Saison neben dem verlässlichen Juniorpartner Xavi drei neue hochklassige Kollegen in Deco, Samuel Eto'o und Giuly; es ist ihr Zusammenspiel, das Gewebe aus ihren Direktpässen, die Synchronisation ihrer Bewegungen, was sie zur spektakulärsten Elf der jüngeren Geschichte macht. Dafür musste Ronaldinho einen guten Teil seines Künstlertums opfern, selbst die Statistik belegt es: Vergangene Saison schoss er 22 Tore, diese bislang neun. Wo er sich an Einzelaktionen wie seinen Slalomdribblings über den halben Platz berauschte, fügt er sich nun oft mit einem einfachen Pass ins große, ganze Kunstwerk. Ronaldinho, den Wunderspieler, der jüngst beim Champions-League-Spiel gegen Chelsea die Massen verzauberte, gibt es nur noch selten – aber im Grunde ist es ein Fortschritt: Er ist ein Weltklassespieler geworden, der dafür sorgt, dass alle neben ihm auch wie Weltklasse aussehen.

Das ist es, was einzigartige Fußballer auszeichnet: Sie stecken an; die Mannschaft, den Klub, die ganze Stadt. »Ronaldinho ist eine Naturgewalt«, sagt sein Trainer Frank Rijkaard: »Er überträgt Energie.« Es spricht für seine Klasse, dass er erkannte, dass er in einem verstärkten Team nicht mehr den Alleinunterhalter spielen sollte. Seine Wunder zeigt er trotzdem noch – er versteckt sie nun im Detail. Wenn er lossprintet, schaut er geradeaus ins Nirgendwo, gar nicht auf den Ball, den er am Fuß führt, das hat man noch nie bei einem

Fußballer gesehen: Er spielt blind! Und während er rennt, legt er den Ball mal nach rechts, mal nach links, wie ein Specht hämmert sein Fuß auf den Ball ein, links, rechts, links, rechts. »Er kommt auf vier Ballberührungen in einer Viertelsekunde«, schätzt sein ehemaliger Mitspieler, der Holländer Phillip Cocu, »wenn ich das probiere, breche ich mir den Fuß.« Als seien seine Sehnen aus Gummi, biegt Ronaldinho den Fuß, links, rechts, links, rechts. »Der Verteidiger weiß nicht, was geschieht«, sagt er, »und ich, ehrlich gesagt, auch nicht.« Er lacht. Er hört nie auf zu lächeln, selbst wenn er spielt. »Ich würde mich den glücklichen Fußballer nennen«, sagt er.

Er kann ein Spieler werden, wie es nur zwei gab, Maradona und Pelé. Auch wenn am Ende dieser Saison bei den Wahlen zum besten Fußballer der Liga wohl nicht er, sondern einer der Kollegen Deco oder Eto'o gewählt wird, so ist es ein Jahr, in dem Ronaldinhos Spiel eine andere Dimension gewonnen hat. Seine Pässe, seine Ideen – er entscheidet nicht mehr so viel, aber er infiziert.

»Er wird bei Barça eine Ära prägen«, prophezeit sein Kollege aus der brasilianischen Nationalelf Roberto Carlos. Jeden Abend auf einem beliebigen Sportplatz in Barcelona sieht man es schon: Kinder, die versuchen, seine Tricks zu imitieren. Die Fußballsprache hatte nicht genug Worte, um zu beschreiben, was er macht. Es mussten neue Ausdrücke für ihn erfunden werden. Etwa: Den Ball mit der Schulter stoppen, sich um die eigene Achse drehen und volley ins Tor schießen. La Espaldinha, tauften sie den Trick. Zu deutsch: der Schultinho.

IIII 9. April 2005 IIII

Ode an die Eleganz: Endlich wieder spanischer Fußballmeister

Ronaldinho hatte sich nicht viel Zeit genommen, um sich für die Feier schick zu machen. Er hatte sich eine Krawatte geliehen; dass sie gut saß, konnte man nicht behaupten: Er hatte sie sich um den Kopf gebunden. Ansonsten war er am Morgen danach bei der Ankunft auf dem Flughafen von Barcelona noch genauso gekleidet wie sechs Stunden zuvor im Stadion in Valencia: in Trikot und kurzer Hose; sogar die Schienbeinschoner hatte er noch an.

Mit Nebensächlichkeiten wie Umziehen wollte sich niemand aufhalten. Dieser Verein hatte lange genug gewartet. Sechs Jahre danach wurde der FC Barcelona am Samstag endlich wieder und zum 17. Mal spanischer Meister, und das war dem Fest, das folgte, vor allem anzusehen: wie lange sie schon nichts mehr zu feiern gehabt hatten. Eine Million Fans stand Spalier, als die Mannschaft um Ronaldinho, den Weltfußballer des Jahres, am Sonntag im offenen Doppeldeckerbus ihren Triumphzug durch die Stadt nahm.

Barça, einer der fünf größten Fußballklubs der Welt, ist in seinem Selbstverständnis immer der schwer leidende Außenseiter geblieben, dem kein Missgeschick erspart bleibt, ehe er irgendwann doch für seine Aufopferung belohnt wird. »Barça-Fan zu sein schweißt zusammen«, sagte ein glühender Fan in der Meisternacht, »denn wir müssen uns für unsere Triumphe so viel mehr anstrengen.« Es war Spaniens Regierungspräsident José Luis Zapatero. Er musste noch etwas loswerden: »Heute haben alle Madridistas ihre Mobiltelefone ausgeschaltet!« Sie schaffen es in Barcelona nicht, ohne Schadenfreude zu feiern. Bei jedem Triumph geht es auch darum, dass der ewige Rivale Real Madrid nichts zu lachen hat. Es war nicht jedermanns Geschmack, als Samuel Eto'o, mit 24 Liga-Toren der überragende Stürmer, live im Fernsehen sang: »Madrid, du Hurensohn, huldige dem Meister!«

Sosehr der Mythos vom Lohn nach langen Jahren des Leidens auch strapaziert wurde, so war diese Meisterschaft doch ein Triumph der Leichtigkeit. Barça spielte in einer Klasse für sich. Mit sieben Siegen in Serie gelang es Real Madrid in den jüngsten Wochen zwar wenigstens, eine Ahnung von Spannung aufrechtzuerhalten. Doch als Reals Hetzjagd am Samstag mit einem 2:2 beim FC Sevilla aufgehalten wurde, reichte Barça ein 1:1 in Valencia bei UD Levante. Zwei Spieltage vor Saisonschluss sind sie uneinholbar. In Erinnerung wird dieses Barça als die Mannschaft bleiben, die Fußball zum Kinderspiel machte.

Wer ihnen zusieht, kommt mit dem Atmen nicht mehr hinterher. So schnell rollt der Ball, so flink wechseln sie die Positionen. Eine Elf wie eine Ode an die Eleganz. Die Rolle der klassischen Nummer 10, im Zentrum direkt hinter den Stürmern, bleibt im System von Trainer Frank Rijkaard unbesetzt, es war ein entscheidender Faktor des Erfolgs, vor allem aber ein Symbol: In diesem Barça haben fünf, sechs die Fähigkeiten des Königsspielers. Ronaldinho, Xavi, Iniesta, Giuly, Eto'o und der, der den Rhythmus setzt, der Kaiser unter Königen, Deco, passen und dribbeln wie in sterblichen Teams nur einer. Ihr System ist das des Perpetuum mobile: ein niemals endender Fluss von Energie. So entstand ein Angriffsfußball, der auch die beste Verteidigung war: Barça schoss in der Liga bislang nicht nur die meisten Tore (70), sondern kassierte auch die wenigsten (26).

2004/05 war auch das Jahr, als die Galaxis verglühte, das Projekt von Madrids Präsident Florentino Pérez, nur mit *galácticos,* Weltstars, und Spielern aus dem eigenen Jugendteam eine einmalige Elf zu gründen. Niemandem scheint aufgefallen zu sein, dass neues Leben in der Galaxis ist: Wie die Japaner Autos oder Taschenrechner des Westens, so hat Barça Pérez' Konzept kopiert und perfektioniert: Galaktische wie Ronaldinho und Deco geholt und der Jugend eine Chance gegeben. 11 der 20 Spieler, die gegen Levante im Aufgebot standen, bildete Barça selber aus, unter anderem Kapitän Carles Puyol, Torwart Victor Valdés und Xavi. Davon redet Bayern Münchens Präsident Karl-Heinz Rummenigge nie, wenn er sagt, die Bundesliga brauche mehr Geld vom Fernsehen, um Stars wie jene bei Barça kaufen zu können.

Noch ist die schönste Elf nicht die beste, das bewies ihr Ausscheiden im Champions-League-Achtelfinale gegen Chelsea, das kein Zufall war. Barça muss lernen, gegen ihresgleichen, die absolute Spitze, ein besseres Gleichgewicht zwischen Vorsicht und Attacke zu finden. Eine Ära im heutigen Spitzenfußball ist meist nur von lächerlich kurzem Verweil. Doch das Beste liegt noch vor diesem Barça.

Es war halb fünf am Morgen, als sie am Sonntag landeten, und über 10 000 Barcelonistas waren hellwach, um sie zu empfangen. Es wurde eine Triumphfahrt zum Camp Nou. Ronaldinho kam das gelegen. Er konnte, sieben Stunden nach dem Schlusspfiff, dort dann noch schnell duschen.

17. Mai 2005

Vorstadtbuddha ohne Heiligtum: Frank Rijkaard schafft ein Spitzenteam

Was Frank Rijkaard an Sportreportern besonders schätzt, ist ihr Hang zur schlechten Ernährung. Das ermuntert ihn, sich in ihrer Umgebung ohne Hemmungen seinen Lastern hinzugeben. Fünf Zigaretten raucht er in der Regel mindestens während eines 30-minütigen Interviews in seinem aufgeräumten Büro tief im Bauch des Stadions Camp Nou und trinkt dazu Coca-Cola light. Damit wären seine Hauptnahrungsmittel schon genannt: Zigaretten und Cola. Wobei, der Pizzadienst steuert den Camp Nou nun auch öfters an, seit Rijkaard vor zwei Jahren überraschend Trainer des FC Barcelona wurde.

Es gibt viele Arten zu rauchen, verwegen wie James Dean, elegant wie Humphrey Bogart. Die meisten Fußballtrainer, die der Zigarette verfallen sind, paffen: Hektisch und abrupt stoßen sie mit dem Rauch die Anspannung aus und atmen sie doch mit jedem Zug wieder ein. Frank Rijkaard raucht gelassen, mit Genuss – ach, und dann halt noch eine, weil er gerade so gemütlich sitzt. »Ich bevorzuge es, bei meiner Arbeit so wenig Stress wie möglich zu haben«, sagt er mit seiner dünnen, leisen Stimme, und spätestens da muss es einem auffallen: Etwas fehlt in seinem Büro. Von der überdrehten Aufgeregtheit, der pompösen Wichtigkeit, die den modernen Fußball kennzeichnet, keine Spur. Er nehme seine Arbeit sehr ernst, stellt Rijkaard klar; aber deswegen sich selbst noch lange nicht zu wichtig. »Eine einzelne Person ist niemals für den Erfolg eines Fußballteams verantwortlich – auch ich nicht.«

In einer Ära, in der der Posten des Trainers eine Überhöhung wie noch nie erfährt, ist das ein geradezu schockierendes Bekenntnis. Dies ist die Zeit, in der das System die Stars ersetzt, die Strategien der Trainer machen aus kleinen Teams große Sieger. Europameister 2004 wird Griechenland, die Champions League gewinnt im selben Jahr der FC Porto und im folgenden der FC Liverpool, die fünftbeste Elf der englischen Liga. Der neue Übertrainer wie der Portugiese José Mourinho oder der Spanier Rafael Benítez, entdeckt man, braucht keine Ausnahmefußballer mehr – er ist selber Star; ein Feldherr, der dank seiner systematischen Taktik aus einer guten Elf eine besondere macht.

Der Fußball allerdings hat sich schon immer einen besonderen Spaß daraus gemacht, Moden gerade dann zu entkräften, wenn alle Welt an sie glaubt. Also kommt der Niederländer Frank Rijkaard, der vor rund 15 Jahren im Mittelfeld des AC Mailand Weltklasse personifizierte, gibt mit 42 statt den großen Strategen bloß den freundlichen Helfer seines Teams und formt in Barcelona nicht nur den spanischen Meister, sondern die spektakulärste Mannschaft der Gegenwart.

Es ist Pfingsten, als das Scheinwerferlicht endlich auf Rijkaard gerichtet ist. 100 000 Zuschauer füllen den Camp Nou, sie sind in diesem Moment nur eine dunkle Masse. Das gesamte Licht ist auf einen kleinen Fleck unten auf dem Rasen konzentriert. Dort steht Frank Rijkaard, um die Huldigungen der hunderttausend entgegenzunehmen. Barça, der große, legendäre Klub, der allen Triumphen zum Trotz sich selbst noch immer als der von Real Madrid unterdrückte

Außenseiter sieht, ist am Tag zuvor zum 17. Mal und zum ersten Mal seit sechs Jahren wieder spanischer Meister geworden. Frenetisch fordert die dunkle Masse auf der Siegesfeier ein Triumphzeichen ihres Meistertrainers ein. Rijkaard jedoch schenkt ihnen nur eine Geste: Er verbeugt sich vor seinen Spielern. Als die Feier in einen Rausch gerät, die Fußballer herumblödeln und die hunderttausend sich mit dem Schlachtruf »Madrid, du Scheißverein, huldige dem Meister!« in Ekstase brüllen, entflieht Rijkaard heimlich dem Scheinwerferlicht. Er setzt sich auf die Trainerbank und beobachtet regungslos den Trubel. Sein Gesichtsausdruck ist kaum zu erkennen. Er deutet das schüchterne, glückliche Lächeln nur an.

»Ich bin, als Trainer wie im Privatleben, zuallererst Beobachter. Ich sehe und höre lieber anderen zu. Das ist doch viel spannender, als sich selber reden zu hören. Ich weiß doch schon, was ich denke«, sagt er. »Deshalb habe ich mich auf die Trainerbank zurückgezogen und mich am Glück der Spieler erfreut. Die Feier war ihre Belohnung.« Die eigene Zurückhaltung hat Rijkaard zum wichtigsten Eckpfeiler seiner Arbeit gemacht. Anders als die neuen Übertrainer, die jede Bewegung auf dem Platz nach ihren Vorstellungen synchronisieren wollen, glaubt er: »Die Taktik ist kein Heiligtum. Der Trainer gibt sie vor. Aber es sind die Spieler, die sie interpretieren.«

In zwei aufwühlenden Winternächten wurde der ganze Unterschied deutlich: Der FC Barcelona maß sich in der Champions League mit dem FC Chelsea, ein Achtelfinale mit dem Flair eines Finales. Chelseas Trainer Mourinho, der Prototyp des neuen Supertrainers, steuert sein Team fern, die

Spieler sind Diener seiner Strategie, aufgepiekste Schmetterlinge auf den Positionen, die ihnen Mourinho zuweist. Rijkaard dagegen weist seinem Team nur die Richtung. 4-3-3-System, aggressives Forechecking, das ist bei ihm ein Rahmen, den die Spieler frei fliegend wie Schmetterlinge in der Natur füllen. Mourinho will der beste Trainer sein. Der Motor. Rijkaard will nur das Beste in seinen Spielern stimulieren. Der Katalysator sein.

Es wurden bekanntlich unvergessliche Nächte. In der Halbzeit des Hinspiels sprach Rijkaard Schiedsrichter Anders Frisk an. Frisk vermutete, dass Rijkaard sich über Chelseas abseitsverdächtiges erstes Tor beklagen wollte, und wies den Trainer zurück. Rijkaard akzeptierte das. Man ging getrennte Wege. Der Kontakt hatte circa zehn Sekunden gedauert, außer ein paar netten Begrüßungsfloskeln war kein Wort gefallen. Nach dem Spiel erschien Mourinho nicht zur Pressekonferenz, ein Novum in einem Jahrzehnt Champions League. Er begründete dies damit, es habe »in der Halbzeit einen Vorfall gegeben«. Die Implikation war, und Mourinho führte die Vorwürfe in den Wochen danach aus: Rijkaard habe Frisk zu beeinflussen versucht.

Die Gerüchte kochten, irgendwann war es so weit, dass verbreitet wurde, Rijkaard sei beim Schiedsrichter in der Umkleidekabine gewesen. Das seien Mourinhos Psychospiele, mit denen er Rijkaard vor dem Rückspiel aus der Bahn werfen wolle, verkündeten nicht ohne Bewunderung selbst seriöse Beobachter wie die Londoner Zeitung *The Guardian*. In Wahrheit war Mourinho – ähnlich wie Jahre vor ihm Christoph Daum – in seiner Besessenheit, jedes Detail zu kontrollieren, dabei, sich auf den Nebenschauplätzen der Eitelkeit zu verzetteln. Wie sachlich Rijkaard auch im Angesicht der Lügen und Beschuldigungen blieb, offenbarte seine menschliche Größe. Doch der sportliche Sieger war zwei Wochen später Chelsea.

Die 2:4-Niederlage in Chelsea legte die Schwäche von Rijkaards Methode des begrenzten Trainereinflusses schonungslos offen: Es waren gravierende taktische Missstände in Barças Spiel, die Chelsea ausnutzte, vor allem die fehlende defensive Ordnung auf den Flügeln, aber auch die schlampige Deckung bei gegnerischen Eckbällen – Basissachen. Und so ist die Frage noch immer offen, ob Rijkaard wirklich so ganz freiwillig seiner Elf viel Freiraum gewährt – oder ob er ein Team taktisch gar nicht so exzellent organisieren könnte wie Mourinho.

Als vor anderthalb Jahren Kosta Runjaic, ein intelligenter 33-jähriger Trainerlehrling aus dem Stab des 1. FC Kaiserslautern, zum Praktikum zu Rijkaard kam, war er »überrascht, wie wenig Strategie trainiert wurde«. Runjaic schränkt ein, dass Rijkaard damals gerade erst bei Barça anfing, sich vielleicht erst zurechtfinden musste, und in der Tat hat Rijkaard in den zurückliegenden anderthalb Jahren bewiesen, dass auch ein Trainer genau wie ein Spieler mit der Erfahrung einfach besser werden kann. Trotzdem sind Runjaics Beobachtungen vielsagend: »Es gab Situationen, als etwa Luis Enrique Ronaldinho den Laufweg versperrte – ein simpler Fehler. Aber Rijkaard korrigierte es nicht.« Weil er Enrique, den damaligen Kapitän, nicht bevormunden wollte? Oder weil er den Fehler gar nicht erkannte? In seinen Notizen, die sich Runjaic von den Praktika bei Roter Stern Belgrad, Aston Villa, Fenerbahçe Istanbul und Barcelona machte, steht unter

Rijkaard: »Er überträgt seine Ideen nicht auf das Spiel der Mannschaft. Es gibt eine Methode Rijkaard, aber keinen Stil Rijkaard.«

Tatsächlich lieferte Rijkaard in seiner Trainerkarriere wenig Anhaltspunkte, dass er ein Visionär ist. Er übernahm die niederländische Nationalelf mit 37 und trat zwei Jahre später ab, als sie im Halbfinale der EM 2000 im eigenen Land an Italien gescheitert war. Von 21 Länderspielen hatte seine Elf ganze sechs gewonnen. »Angsthasen-Fußball«, attestierte ihm etwa der Trainerkollege Ronald Koeman. In seinem zweiten Job stieg Rijkaard mit Sparta Rotterdam gleich im ersten Jahr in die zweite niederländische Liga ab und trat schon wieder zurück. Es war Sommer 2002, und ein altes Urteil galt wieder einmal als bestätigt: Nicht jeder große Fußballer ist halt ein großer Trainer. Als Barcelonas frisch gewählter Präsident Joan Laporta ihm ein Jahr später den Posten bei einem der größten Klubs der Welt antrug, war Rijkaard »überrascht, dass sie auf mich kamen«. Er versicherte sich erst einmal: »Ihr wollt mich aber nicht nur als Platzhalter für ein Jahr, bis Koeman bei Ajax aus seinem Vertrag rauskommt?«

Vielleicht gab es damals nur noch einen einzigen Mann in der ganzen weiten Fußballwelt, der an ihn glaubte. Aber dieser Mann war Johan Cruyff. Die Legende des niederländischen Fußballs und ein Prophet in Barcelona, wo er als Spieler Triumphe feierte und als Trainer Barças einzigen Sieg im Europacup der Landesmeister übersah. Er empfahl Laporta seinen ehemaligen Spieler Rijkaard. Nach einem halben Jahr hätten sie ihn fast fortgejagt, die Anfangsergebnisse erinnerten zu stark an die von Sparta Rotterdam. Heute sagt noch immer niemand, dies sei ein Trainer, der überall Erfolg hätte – bloß genau der richtige für diese vor Kreativität berstende Elf: Mit seiner Gelassenheit und viel Verständnis für seine Spieler hat Rijkaard in diesem für sinnlose Aufgeregtheiten chronisch anfälligen Verein ein nie gekanntes konstruktives Klima geschaffen.

Beim Training trägt er noch immer die Kleidung der Spieler, kurze Hose und Fußballschuhe. Von ferne scheint er mit 42 weiterhin der Spieler, der mit Milan und Ajax fünf Europapokale gewann. Doch nun steht er am Rand, unbeweglich und scheinbar unbeteiligt, in seiner liebsten Rolle als Beobachter. Als die 22 Spieler des FC Barcelona unlängst von der Sportzeitung *El Mundo Deportivo* gebeten wurden, Rijkaard in drei Worten zu beschreiben, fiel am häufigsten, nämlich 14-mal, das Attribut *tranquilo*. Ruhig. Kein Mensch ist emotional eindimensional, auch Rijkaard nicht. Jeder, der in Barcelona mit ihm arbeitet, hat ihn schon wütend werden sehen, etwa die Spieler, als sie gegen Saisonende glaubten, sie seien schon Meister, oder die Journalisten, als er sie aus der Aula der Universität Vic werfen ließ, weil er gekommen war, um nur vor Studenten zu sprechen. Weil er sonst so ruhig ist, nimmt man die Ausbrüche umso ernster. Respekt war in einer Elf voller Stars und Sternchen für Rijkaard nie ein Problem.

Die Frage der neuen Saison ist die alte: Können Rijkaard und Barça mit ihrem Freistilfußball diesmal gegen die Chelseas und Liverpools die Champions League gewinnen? »Wir müssen einige Sachen verbessern«, sagt Rijkaard, »aber wir werden nichts Grundsätzliches ändern. So, wie wir gespielt haben – wenn wir gut gespielt haben –, können wir jeden Titel gewinnen.« Er weiß, dass man auch mit Gelassenheit und

Freundlichkeit zum Ziel kommt. Wenn er bei einem Interview eine Frage nicht beantworten will, dann erklärt Frank Rijkaard, Zigarette in der Hand, unschuldiges Lächeln im Gesicht, dass er – der exzellent Spanisch und Englisch spricht – diese Frage leider nicht verstanden hat. ⅡⅡ 1. Juli 2005 ⅡⅡ

Auf nach Paris! – Ein Ziel wird zur Besessenheit: endlich wieder die Champions League gewinnen

Auf der Papiertüte, mit der Deco das Stadion Camp Nou nach dem Training verließ, war zu sehen, dass offenbar auch der Profifußball langweilige Momente hat. Er hatte dort mit Kugelschreiber einen prächtigen Tannenbaum gezeichnet, so, wie manche Leute beim Telefonieren gedankenverloren herumkritzeln. Er wird es doch nicht während des Videos getan haben, das Trainer Frank Rijkaard den Spielern des spanischen Meisters FC Barcelona von Werder Bremen zeigte, am heutigen Mittwoch ihr erster Gegner in der diesjährigen Champions League?

Was Deco, der Mittelfeldspieler, und seine Kollegen nach der Filmvorführung über Werder zu berichten hatten, ließ jedenfalls nicht erkennen, dass sie den Deutschen im Detail Aufmerksamkeit geschenkt hätten. Von »ein Gegner, der Respekt verlangt« (Ronaldinho) bis »erschreckt uns nicht« (Rafael Márquez) sagten sie, was sie über jeden Rivalen sagen. Nur Mark van Bommel, der vom PSV Eindhoven neu zu Barça gestoßen ist, wich ab: »Werder?«, fragte er zurück. »Ich werde mal mit meinem Schwiegervater darüber reden.«

Es gehört zur professionellen Selbstinszenierung einer Spitzenelf, öffentlich so zu tun, als interessiere sie der Gegner nicht. Doch Barcelona spielt am Mittwoch nicht nur gegen Werder Bremen, es spielt auch dafür, die Erinnerung zu löschen. Fußballteams, die siegen, erinnern sich vor allem an ihre Niederlagen. So, wie es für Bayern München nach dem 1:2 gegen Manchester United im Finale zur heiligen Berufung wurde, die Champions League doch noch zu erobern, so wurde bei dieser Barça-Elf in einer stürmischen Londoner Aprilnacht der Wunsch, den Pokal zu gewinnen, zur Besessenheit. Der Schmerz über das 2:4 gegen den FC Chelsea im letztjährigen Achtelfinale ist noch immer in ihnen, und sie wissen, es gibt nur eine Möglichkeit, zu vergessen: sich den Pokal dieses Jahr zu holen. »Als ich mit Brasilien Weltmeister wurde, dachte ich, jetzt bist du auf dem Mount Everest«, sagt Mittelfeldspieler Edmílson: »Und nun sehe ich, da ist noch ein höherer Berg: die Champions League.«

Die Teams, an die wir uns erinnern, sagt Arsenals Trainer Arsène Wenger, sind nicht die Mannschaften, die gewinnen, sondern die, die siegen und großartig spielen. Das Real Madrid der Fünfzigerjahre, Ajax in den Siebzigern, der AC Mailand unter Arrigo Sacchi. Der Platz für das erste große Team des 21. Jahrhunderts ist noch frei, nachdem Real Madrids galaktische Elf so effektvoll implodierte. Und nicht Chelsea mit seiner Zinnsoldatentruppe, sondern nur Barça hat das Flair, neben Titeln auch die Träume des Publikums zu erobern. Sie wissen, dass sie seit jenem 2:4 in London Gefahr laufen, auf die schlimmste Art in Erinnerung zu bleiben: als das Team, das zu schön spielte, um etwas zu gewinnen. Sie hoben gegen Chelsea Fußball als Spektakel auf ein neues Niveau, nur um vom Gegner ganz pragmatisch ausgeraubt zu werden. Nun spielen sie für den Beweis: Schönheit kann auch siegen.

Sie werden dafür unspektakulärer agieren, als es ihr Ruf vermuten lässt. Barça ist noch immer ein Team, das den Ball permanent haben will, aber sie sind besser darin geworden, die Herrlichkeit zu dosieren. Kein Team kommt ohne die Pflichten des Fußballs aus, auch die aufregendste Elf der Gegenwart wird auswärts bei einem formidablen Gegner wie Werder auf eine kompakte Defensive achten. All die Vereinfacher, die Barça immer damit abtun, tolle Schau, kann aber nicht verteidigen, werden staunen: Dies ist auch die Elf, die vergangene Saison in Spanien die wenigsten Gegentore kassierte und dieses Jahr in zwei Spielen noch keines; eine Elf, die unheimlich gut darin ist, den Ball zu erobern. Haben sie ihn, ist es, als blitze es: Ihr Passspiel ist elektrisch. Wie gut es ist, wurde am vergangenen Wochenende gegen Mallorca in den schlechtesten Momenten deutlich: Van Bommel war eingewechselt worden, aber er, ein Klassespieler, brachte das Spiel ins Stocken. Er ist das Tempo und die Verwegenheit im Zusammenspiel seiner neuen Kollegen noch nicht gewohnt. Vor allem Deco ist schon seit Monaten in unglaublicher Form – einen besseren Fußballer kann es derzeit kaum geben.

»Auf nach Paris!«, titelte Kataloniens wichtigste Sportzeitung *Mundo Deportivo* am Tag, als Barça nach Bremen flog. In Paris findet im Mai das Finale statt. In Wahrheit haben sie Werder, den vermeintlich nicht beachteten Gegner, natürlich ganz genau studiert, die Eckbälle, die Tendenz des Bremer Mittelfelds, beim Angriff nach innen zu ziehen. Und womöglich hatte van Bommels Schwiegervater Bert auch noch einen Tipp. Der heißt mit Nachnamen van Marwijk und ist Trainer von Borussia Dortmund. ||||| 14. September 2005 |||||

Der Raub der funkelnden Sterne: Der Grundsatzsieg über Chelsea

Er ließ keinen Fluchtweg offen. Hier mussten sie alle vorbei, vom Spielfeld hinunter zu den Umkleidekabinen, breitbeinig versperrte er den Eingang. Seine Hand griff sie sich alle, ob Freund oder Feind. Wenn einer der Fußballer, ganz in Gedanken an das soeben beendete Spiel, seinen Handschlag nicht erwiderte, schlug er ihm die Hand auf die Wange, dem Torhüter des FC Chelsea Petr Čech so fest, dass es einer Ohrfeige glich, obwohl es natürlich ein Tätscheln sein sollte.

José Mourinho, großartiger, selbstherrlicher Meistertrainer, hatte sich entschieden, einmal ein ehrenwerter Verlierer zu sein. Und wenngleich sein Gratulationsüberfall nach dem Ausscheiden seines FC Chelsea beim FC Barcelona im Champions-League-Vergleich der beiden weltbesten Teams etwas zu demonstrativ ausfiel, so blieb es eine schöne Geste. Bis er sich umdrehte und zum Abschied Barcelonas Fans zynisch Kusshändchen zuwarf.

Es war sein üblicher Cocktail aus Verschwörungstheorien, Wahrheitsverfälschung und Bitterkeit, den Mourinho später nach dem 1:1 servierte, das wegen der 1:2-Niederlage im Hinspiel des Achtelfinales zu wenig für Chelsea war. Und schon liefen die Gespräche mit den anderen Protagonisten wieder einmal nur darauf hinaus: »Mourinho hat gesagt... Was sagen Sie dazu?« Es reicht. Zu viele Journalisten lassen sich gedankenlos auf Mourinhos bitteres Geschwätz ein und rechtfertigen es am Ende noch damit, er führe »Psychokriege« gegen seine Gegner. Dabei ist er nur ein toller Trainer und eine traurige Gestalt, die im nunmehr zweiten Gastjahr in London noch immer nicht die größten Werte Englands für sich entdeckt hat: Höflichkeit und Selbstironie. Dienstag war ein guter Zeitpunkt, um Mourinhos Unsinn endlich zu ignorieren. Und der Blick wurde frei auf die wahre Erkenntnis einer wundervollen Nacht.

Der FC Barcelona bewies in aller Endgültigkeit, dass er das Modell dieser Epoche ist. Wer Fußball sehen will, wie er sein soll, sei im Camp Nou willkommen. Das Stadion hob ab, so hoch wurden 99 000 Zuschauer von der Magie von Ronaldinhos Tor zum 1:0 in die Luft gerissen. Durch drei Gegner dribbelte er sich auf engstem Raum hindurch, »und wir waren ja nicht irgendwelche drei«, staunte Chelseas Kapitän John Terry. Das Tor gab dem Spiel den Klecks der Schönheit, für den der spanische Meister zuallererst steht. Doch während das Fernsehen Ronaldinhos Kunststück in fünffacher Wiederholung zeigte, waren es unterdessen im Stadion andere, die das Spiel wirklich für Barça gewannen.

Das Mittelfeld mit Deco, Edmílson und Thiago Motta besetzte Positionen, raubte den Ball und zog los, mit einer Geistesgegenwärtigkeit, mit einer Intensität, dass Chelsea, dieses maschinelle Ungeheuer, qualvoll erstickte. Frank Lampard, Claude Makelele, die besten Mittelfeldspieler der Welt, sagen viele – wie banal sahen sie einen Abend lang aus, in permanente Platz- und Atemnot gebracht von Deco. Als

Duell der Gegensätze war Barça gegen Chelsea angekündigt worden, heiß gegen kalt, mutiger Angriff gegen zynische Konter. Aber dieses Duell gewann Barça, weil sie das bessere Chelsea sind: Sie spielen, es wird angesichts ihres Anmuts zu leicht übersehen, mittlerweile genauso taktisch exzellent wie Mourinhos Elf. Chelsea, das Monster, ernährt sich von den Fehlern der Gegner. Am Dienstag ließ Barça keinen einzigen Eckball zu, keinen Freistoß in Tornähe. Das passt nicht in die Wirklichkeit der Künstlertruppe, die das Fernsehen mit endlosen Zeitlupen von Ronaldinho kreiert. Es war bloß zehnmal wichtiger als jeder Hackentrick des Weltfußballers des Jahres.

Es war mehr als ein Achtelfinale, ein Grundsatzsieg. Im vergangenen Jahr hatte Chelsea Barça mit kalter Präzision aus der Champions League geworfen und, schlimmer, als naive Schönspieler bloßgestellt. »Wir sind reif geworden«, sagte Deco nun. Es ist das Werk eines Trainers. Im Hinspiel, als Chelsea nach einer Roten Karte zu zehnt blieb, hätten fast alle Trainer in der Halbzeit gesagt, wir verrammeln das Mittelfeld und bringen das 0:0 nach Hause, ein tolles Hinspielergebnis. Barças Frank Rijkaard aber hat, was fast alle Spitzentrainer unter dem Druck ihres Berufs verloren: Mut. Er sagte in der Halbzeit: »Das ist eine historische Chance. Wir dürfen die Organisation nicht verlieren, aber wir müssen angreifen. Auf sie drauf!« Und der Rest ist Geschichte.

José Mourinho war schon auf dem Weg zum Flughafen, als Frank Rijkaard mit der ihm üblichen Demut sagte, »ich kenne das Wort Rache nicht«. Wer konnte sich da den Gedanken verkneifen, dass der richtige Trainer gewonnen hat? Ein großes Duell verdiente ein besseres Schlusswort als das

Gekeife von Mourinho. Es fand sich auf dem roten Designer-T-Shirt, in dem Barças Verteidiger Rafael Márquez nach Hause ging. Dort stand: »In einer schwarzen Nacht stahlen wir die funkelnden Sterne.« ||||| 8. März 2006 |||||

Auf Missionsreise: Der Kampf gegen Benfica im Viertelfinale

Mitternacht zog vorbei, langsam nistete sich die Stille nach der Schlacht ein im Stadion Camp Nou. Nur noch eine entscheidende Frage war jetzt offen: Was würde es bei Familie Eto'o zum Abendessen geben? »Ich weiß es nicht«, sagte Samuel Eto'o, »meine Frau kocht.« Im Neonlicht des Kabinengangs rieb er sich kräftig den Bauch: »Mann, habe ich einen Huuunger.« Und, Tugend eines großartigen Stürmers, schon konzentrierte sich Samuel Eto'o wieder mit voller Kraft auf eine einzige Sache: »Tut mir leid, ich kann jetzt nicht an den AC Mailand denken. Ich kann heute nur noch essen.«

Das Beste kommt erst noch, darin war sich die Mannschaft des FC Barcelona am Ende dieses Abends einig; der eine dachte dabei ans Nachtmahl, die meisten anderen an den AC Mailand, der nun in zwei Wochen im Halbfinale der Champions League auf den spanischen Meister wartet. Und vielleicht wird es dann tatsächlich eine Nacht zum Erinnern, falls sich Mailand entscheidet, mal wieder das große Milan zu geben, das mit dem Angriffsflair von Schewtschenko, Kaká und Inzaghi: ein Team, das sich auch über die Mittellinie hinauswagt. Diese Mannschaften sind rar geworden im Camp Nou.

Für ein überbordendes Spiel braucht es zwei, die spielen wollen. Das war das Einzige, was das voll und ganz aufs Zerstören konzentrierte Benfica Lissabon am Mittwoch bei seiner 0:2-Niederlage gegen Barça im Viertelfinale bewies. So aber wurde der Vergleich mit dem portugiesischen Meister für Barça nur zu einer jener Aufgaben, die man halt auch erledigen muss: siegen und vergessen. Unterwegs zu Großem, war dies nur wie ein kurzer Stopp auf einem Provinzbahnhof. Schon bald wird man sich fragen, wie hieß noch mal das Kaff?, oder in diesem Fall: Ach ja, und dann schlugen sie auch Benfica, aber wie ging es noch mal aus? Barça ist auf einer Mission; eine Mannschaft, die weiß, dass sie besser ist als fast alles, was es bisher im Fußball gab. Um das zu belegen, müssen sie dieses Jahr die Champions League gewinnen, das ist ihre Besessenheit. »Das Tor, von dem ich wirklich träume«, sagte Eto'o, der gegen Benfica den ersten Treffer durch Ronaldinho vorbereitet und den zweiten gelandet hatte, »ist das Tor in Paris«, am 17. Mai im Endspiel.

Es sind Duelle wie gegen Milan im Semifinale, in denen Sportgeschichte gemacht wird. Es sind Alltagsaufgaben, Nächte des Leidens wie gegen Benfica, in denen geprüft wird, wie gut dieses Barça wirklich geworden ist. Es war zäh, auch weil ihr größter Trumpf diesmal nicht stach. Ihre blitzenden Pässe, zu ungenau geschlagen, kamen zu oft nicht an. Bei Mark van Bommel ist man das schon gewohnt, der niederländische Ergänzungsspieler tut sich schwer auf Barças Höllentempo. Bayern München hat ihn partout als Nachfolger für

Michael Ballack im Auge, weil er vom Spielertyp eine Kopie Ballacks ist. Aber er ist eine schlechtere Kopie.

Schon seit einigen Wochen jedoch hat bei Barça nicht nur van Bommel zu kämpfen, sondern es spielt ab und an selbst einer wie Deco zu staatstragend. Doch Barças Schönheit hat ein ernsthaftes Gesicht bekommen. Vergaßen sie vergangene Saison, berauscht vom eigenen Schnellpassspiel, schon mal die Basis, wie, die Positionen einzuhalten, so bewegen sie sich dieses Jahr mit der Sicherheit einer Maschine. Sie schnürten Benfica mit unerbittlichem Pressing 30 Meter vor deren Tor ein, ein Nackenschlag – ein verschossener Elfmeter von Ronaldinho nach fünf Minuten – war nur ihr Ansporn. Die intuitiven Läufe, mit denen Eto'o oder Henrik Larsson im rechten Moment am rechten Ort erschienen, waren phänomenal. Sie machten weiter, bis die Pässe doch einmal das gewohnte Spinnennetz woben, in dem sich jeder Gegner verfängt, und welch ein Moment entstand daraus: Als das erlösende 2:0 in der vorletzten Minute fiel, waren 84 000 Fäuste in der Luft; keine ausgestreckten Hände, sondern Fäuste. Zeichen der Anspannung, Symbole der Entschlossenheit.

Es ist nicht mehr November oder Dezember, als die Perfektion Barça als ihr Abbild auf Erden auserkor und Ronaldinhos Elf 18 Siege, 50:8 Tore in Serie hinlegte. »Aber wenn das die schlechten Momente sind, bin ich sehr glücklich«, sagte Trainer Frank Rijkaard. Wer eine bessere Elf finden will, sucht noch immer vergebens. Benfica diente nur dazu, die Besessenheit auf diesen Pokal zu steigern. Was war noch einmal das Ergebnis: 2:0? 9:1 ist das Resultat, an das sich Barcelona erinnert. Neun Mal gewann Real Madrid den Europacup, Barça nur einmal, 1992. Benficas Trainer ist der

Mann, der damals, 1992, im Endspiel in der 111. Minute das Siegtor zum 1:0 für Barça über Sampdoria Genua schoss: Ronald Koeman. Nun, da der Geist von 92 zurückkehrt, versuchte Barças Präsident Joan Laporta, ihn zu fangen: »Ich habe Koemans Bein berührt, mit dem er damals das Tor markierte.« 5. April 2006

Epochaler Machtwechsel: Barcelona übertrifft den AC Mailand

In Barcelona, der am dichtesten besiedelten Stadt Westeuropas, stehen die Häuser so hoch und eng, dass selbst 200 Meter vor dem Camp Nou noch nichts von dem riesigen Stadion zu sehen ist. Aber auf einmal hatte Joan Laporta einen unglaublich guten Ausblick mitten im Häusermeer. »Ich sehe schon den Eiffelturm!«, meldete der Präsident des FC Barcelona aus einem fensterlosen Stadionvorraum, als die Nacht gerade von Mittwoch auf Donnerstag gewechselt war und im Camp Nou alle nur noch mit dem inneren Auge der Fantasie sahen: auf den 17. Mai, wenn sie in Paris gegen den FC Arsenal das Champions-League-Finale bestreiten.

Das Selbstverständnis, mit dem sich Barça als einer der größten Klubs der Welt präsentiert, und die Sonderklasse, mit der seine Elf Fußball spielt, lassen leicht vergessen, dass sie noch immer recht unbescholten sind, was internationale Erfolge betrifft. Ein einziges Mal gewannen sie den Europacup, 1992 gegen Sampdoria Genua. Wer in Barcelona kennt nicht die Minute des goldenen Tors, 111., ein Freistoß von Ronald

Koeman. Ein einziger Spieler in der aktuellen Elf, die seit Monaten wie eine geborene Siegerelf auftritt, hat schon einmal die Champions League gewonnen, Deco, 2004 in Gelsenkirchen mit dem FC Porto. Die Sehnsucht nach dem Sieg in Paris ist so groß, dass 100 000 Zuschauer und ihre Mannschaft am Mittwoch fast übersahen, dass sie gerade eine Machtübergabe erlebt hatten.

Milan geht, Barça kommt. Der Erfolg im Halbfinale über den AC Mailand, nach dem 1:0 im Hinspiel mit einem 0:0 bestätigt, beendete die Zeit der erfolgreichsten Elf der zurückliegenden drei Jahre in Europa. Viel länger, es ist die grausame Realität, kann im heutigen Spitzenfußball offenbar keine Elf mehr auf der Höhe verweilen. Noch einmal präsentierte sich das in die Jahre gekommene Milan mit Costacurta (40), Cafu (35), Rui Costa (34), mit der exzellenten Ordnung, für die es immer stand. Sie hinterließen eine Ahnung, dass der große Fußball noch in ihnen schlummert, wenn Stürmer Andrij Schewtschenko nur eine Hundertstelsekunde brauchte, um sich vom Statisten in pure Weltklasse zu verwandeln. Doch sie konnten den Gesamteindruck nie verwischen: Sie trafen auf Bessere. Selbst Milans Witze waren nur noch hilflos. Der Vereinseigentümer Silvio Berlusconi »hat mich gefragt, ob wir nicht tauschen könnten«, erzählte Laporta, »nur für ein Jahr, unseren Ronaldinho gegen ihren Kaká«. Einer nach dem anderen kamen Milans Spieler nach dem Abpfiff in den Mittelkreis, um Barça zu gratulieren. Es war eine große Geste von Sportlern, die wissen, wie man geht; die wussten: Es ist Zeit.

Man sprach kein Italienisch mehr an diesem Abend. »Ich denke doch nicht daran, der Übersetzerin die Arbeit abzunehmen«, sagte Barças Trainer Frank Rijkaard, der aus seinen fünf Jahren als Spieler bei Milan noch genug Italienisch behalten hat, aber seine Analyse dann nur auf Spanisch, Niederländisch und Englisch vortragen wollte. Er hatte, wie immer nach Abpfiff, erst einmal alleine eine Zigarette geraucht, Luft ausgestoßen und dann alle Aufregung, alle Euphorie relativiert. Das ist sein liebstes Fach: Schlagzeilen töten. Ein heißes Spiel? »Ach ja, ganz interessant.« Barça besessen vom Europacup? »Sag mir einen Klub, der nicht davon besessen ist.« Barça und Arsenal im Finale, ein Sieg des schönen Fußballs? Da wurde er sogar laut. »Das zu sagen ist respektlos, das würde die anderen Teams des Wettbewerbs schlechtmachen.« Der Fragesteller war verwirrt. Er hatte Rijkaard doch nur ein Kompliment machen wollen. Er hätte wissen sollen, dass sie das Gerede vom schönen Spiel in Barcelona nicht mehr interessiert.

Dass ihr Spiel das schönste ist, nehmen sie längst als selbstverständlich an. Sie haben die Schönheit zweckorientiert, das ist ihr Erfolg, selten war es besser zu sehen als gegen Milan: So hat vermutlich noch nie ein Team auf 0:0 gespielt – indem es rauschend attackierte. Dass dann am Ende Mittelstürmer Samuel Eto'o Außenverteidiger spielte, hätte anderen Teams einen Aufschrei eingebracht: defensive Spielverderber. Bei Barça erschien selbst das bewunderswert: diese Leidenschaft, diese Aufopferung.

Manchmal ist Fußball sogar logisch, und wenn er es bis zum 17. Mai bleibt, kann es in Paris nur einen Sieger geben. »Es hat uns viele Jahre gekostet«, sagte Sportdirektor Txiki Begiristain, zwölf seit dem letzten Finale. 1994 verlor Barças legendäres Dream-Team 0:4 gegen Milan, sie hatten, so geht die Legende, in den drei Tagen zuvor die spanische Meisterschaft zu ausgiebig gefeiert. »Eine Epoche endete«, erinnerte sich Präsident Laporta: »Diese Elf ist der Sohn des Dream-Teams. Und vielleicht begann diesmal gegen Milan eine Epoche.« Die Botschaft drang zu Trainer Rijkaard vor, dem sanften Schlagzeilentöter. »Beginn einer Epoche?«, fragte er zurück. »Bitte, wir machen doch keine Poesie.«

IIII 26. April 2006 IIII

Vor dem singenden Berg: Der FC Barcelona holt sich den Champions-League-Pokal

Parfüm gibt es heutzutage mit der Duftrichtung »leidenschaftlich«, Deodorants riechen nach »purer Emotion mit Aprikosengeschmack«. Der Europapokal hatte nun die Geruchsrichtung herb-triumphal angenommen. Früher hätte man gesagt: Er müffelte ein wenig. Die letzten Champagnerperlen glänzten noch in seinem Inneren und hinterließen den Geruch von abgestandenem Alkohol, fettige Fingerabdrücke prangten auf der eingravierten Siegerliste. Und was machst du nun damit, Juliano Belletti? Juliano Belletti, zweiter Nachname Haus, denn mütterlicherseits stammt er aus einer Familie deutscher Einwanderer nach Brasilien, sah den Europapokal aus der Blickrichtung feurig-treu an und sagte: »Ach. Ich streichle ihn ein wenig.«

Der Europapokal ist jetzt in den richtigen Händen, wer konnte daran in der Nacht auf Donnerstag in den Gängen des Pariser Stade de France noch zweifeln? Nicht oft hat es in der

Geschichte des Fußballs Mannschaften gegeben, die den Gewinn der Champions League so eindeutig verdient haben wie der FC Barcelona. Dass der 2:1-Sieg über Arsenal London im Finale in Paris statt höchster Klasse bloß Dramatik bot, nimmt den Spielern nichts von ihrer Größe.

Diese Mannschaft hat bewiesen, was viele schon bezweifelten: dass Fußball anmutig, abenteuerlich, atemberaubend und trotzdem erfolgreich sein kann. Jede herausragende Elf wird sich in Zukunft daran messen lassen müssen: Ja, aber – ist sie auch so gut wie Barça 2005–06, das Barça Ronaldinhos, Decos, Eto'os? Und man ahnt schon, wie die Antwort in den meisten Fällen ausfallen wird. Juliano Haus Belletti, der eingewechselte Außenverteidiger, der Schütze des Siegtores, trug den Pokal aus dem Stadion, »nur bis zum Bus«, sagte er: »Ich habe die Erlaubnis von Ronaldinho!«

Wie ein Flash zog während des Finales die Geschichte Barças an einem vorüber. Ein einziges Mal, 1992, gewannen sie den Europacup, ein Klub von dieser Grandezza, 140000 Mitglieder, verlor die Europacup-Endspiele regelmäßig, 1960, 1986, 1994 – der Gedanke ließ sich nicht verhindern: Barça, Klub des ewig grausamen Scheiterns, war es wieder so weit? Das Spiel als Vergleich zweier strategisch und technisch immenser Teams war in Paris durch den Platzverweis von Arsenals Torwart Jens Lehmann nach 20 Minuten dahin, spätestens nach der Londoner Führung durch Sol Campbell war es nur noch der banale und doch jedes Mal wieder epische Urkampf des Fußballs: Arsenal, alle Mann bis auf Stürmer Thierry Henry um den eigenen Strafraum, versuchte zu überleben. Barça, den Ball immer wieder auf die Flügel, um den Gegner totzulaufen, machte vieles richtig, ohne zu glänzen.

Es brauchte den einen Moment, der alles verändert. Die flehenden Blicke richteten sich auf Ronaldinho, Deco, Eto'o. Dabei hat man ihn schon oft übersehen.

Ode an Henrik Larsson: Er, mit den lachenden Augen, Stürmer klaglos auf der Ersatzbank, er, Henrik Larsson, kommt ins Spiel, und auf einmal sieht alles Schwierige so einfach aus.

Er war es, der schon die Richtung des Achtelfinales in Chelsea veränderte, gegen Barças schwierigsten Rivalen. Mit seinen Läufen, mit seinen kleinen Pässen, die eine große Intuition verrieten, zerriss er die Abwehrordnung. Er wiederholte es in Paris, er gab den Ball zu Eto'os und Bellettis späten Toren, in seinem letzten Spiel für Barcelona, Henrik Larsson geht mit 34 nach Hause nach Helsingborg, obwohl er noch in jeder Elf der Welt spielen könnte. Aber sein Sohn soll endlich in der Heimat groß werden. Henrik Larsson stand nach Schlusspfiff allein vor dem singenden Berg der Fans, es schien endlich die verdiente Würdigung. Aber dann war es wieder nur Zufall. »Ich dachte, wir gehen alle dahin, ich habe zu spät bemerkt, dass die Mitspieler gar nicht hinter mir waren.«

Es sah nicht nach einem Ende, sondern nach Aufbruch aus, als Belletti frisch verliebt den Pokal aus dem Stadion trug. »Diese Elf hat Zukunft«, sagte Kapitän Carles Puyol. Der FC Barcelona, *més que un club*, mehr als ein Klub nach eigener Definition, redet gerne von Epochen, die man prägen will, Anschauungen, für die man steht. Tatsächlich steht Barça heute für Einmaligkeit, von der Mannschaft, die zur Hälfte aus Spielern aus den eigenen Jugendteams bestückt ist, bis zur Vereinspolitik. Statt für eine Firma werde man auf der bislang blütenreinen Trikotbrust in Zukunft für humanitäre

Zwecke werben, sagte Präsident Joan Laporta. »Wir wollen menschlich sein, nicht galaktisch.«

Doch der Fußball rast zu schnell. Die letzte Elf, die den Europacup zweimal hintereinander gewann, war der AC Mailand 1988–90. So sollte Barça, statt von Epochen zu reden, lieber den Moment genießen. 1,5 Millionen Fans standen am Donnerstag in Barcelona am Straßenrand, um den Pokal zu sehen. Dies war ihr Tag. Sie mussten ihn noch nicht einmal mit Rollhockeyspielern teilen. Als Barça vor zwei Wochen auf einer Parade die 18. spanische Meisterschaft feierte, tuckerte ein zweiter Omnibus mit den Rollhockeyspielern des Klubs hinterher. Sie hatten den spanischen Cup errungen. »Mann, Ronaldinho«, sagte der Chef der Rollhockeyabteilung, »habt ihr ein Glück, dass wir den Pokal gewonnen haben, sonst wäre hier gar nichts los.« 17. Mai 2006

Von den Stars und Sternchen des FC Barcelona

Druck? Was ist das? – Ronaldinho spielt, als sei Fußball einfach nur Spaß

Jeden Mittag wird in Barcelona ein Reich übergeben. Die Fußballer gehen, die Gärtner kommen. Mittags ab halb eins gehört der geheiligte Rasen, auf dem die Profispieler des FC Barcelona trainieren, ihnen und ihren Harken. Aber heute trauen sich die vier Gärtner trotz Trainingsende nicht vorwärts. Stramm aufgereiht an der Seitenlinie, die Harken geben ihnen Halt, beäugen sie irritiert, was auf ihrem Rasen vor sich geht. Ein Betreuer sammelt dort die letzten Fußbälle ein. »Was ist los, Gabriel?«, fragt ihn Ronaldinho. »Hast du es eilig?« Dann lacht er sein berühmtes Lachen, der Mund weitet sich, und die riesigen Hasenzähne scheinen noch größer zu werden. Ronaldinho holt sich vier Bälle wieder aus dem Netz, in das Gabriel sie gerade gestopft hatte. Und auf einmal ist Elektrizität in der Luft.

Die Gärtner, die harken wollten, die Fans, die nach Hause wollten, die Journalisten, die zur Pressekonferenz wollten, zwei Mitspieler, die duschen wollten, stehen still. Alles wartet, dass er sich bewegt.

Ein Training mit Ronaldinho ist niemals nur ein Training. La Masía, der Übungsplatz des spanischen Meisters FC Barcelona, ist seine Hexenküche. Hier probiert und studiert er, und wenn man Glück hat, wenn man den richtigen Tag erwischt, das wissen alle, die nun nach offiziellem Trainingsschluss gespannt ausharren, kann man es hier wirklich sehen: wie Wunder entstehen. Gestern erst, es war ein ganz normales Trainingsspiel, schnell und elegant, der Torwart schlug einen langen, hohen Pass, Ronaldinho hätte ihn mit dem Kopf weiterspielen können. Doch auf einen Schlag duckte er sich und passte den Ball nach außen statt wie erwartet nach innen – mit der Schulter. »Einmal«, erzählte er danach, aber das könne er leider nicht auf dem Trainingsplatz zeigen, »schaffte ich es, den Ball in der Luft zu balancieren, während ich mich komplett auszog.« Und er lachte.

Er wurde mit allem dekoriert, was dem Fußball an Auszeichnungen zur Verfügung steht. Weltmeister 2002 mit Brasilien, Weltfußballer des Jahres, Europas Fußballer des Jahres. Kein Zeitungsartikel ohne den Nebensatz »der beste Fußballer der Welt«, kein Lob, das noch nicht ausgesprochen wurde. »Ronaldinho ist Kunst«, sagt Franz Beckenbauer, »mein Thron ist seiner«, sagt Diego Maradona, »dieses Jahr wünsche ich mir nichts vom Weihnachtsmann«, sagt Andrés Iniesta, sein Mitspieler in Barcelona, »er hat mir doch schon Ronaldinho gebracht«. Seine Pässe sind die Hochzeit von Genie und Wahnsinn, seine Tore der Schulterschluss von

Magie und Effektivität. Und doch bleibt das Gefühl zurück, dass ihn nichts, keine Trophäe, kein schönes Wort, gebührend würdigen kann. Ronaldinho ist der Fußballer, der nicht möglich schien.

In einer Zeit, in der Fußball ein durchchoreografiertes Geschäft ist, mit Videoanalysen, die jede Mannschaft durchleuchten, mit Werbemaschinen, die Stars kreieren, arrangiert sich Ronaldinho mit der modernen Realität: Er ist ein verlässlicher Diener all der taktischen Zwänge, die das Video diktiert. Er ist das beste Abziehbild für die Werbeindustrie, dank Ronaldinho-Eis (mit Tuttifruttigeschmack, was immer das ist), Ronaldinho-Comics, Ronaldinho-Kaugummis verdient er mittlerweile sogar mehr als David Beckham, 25 Millionen Euro im Jahr. Und gleichzeitig, das ist das wirklich Phänomenale an ihm, schafft es Ronaldinho, dass Fußball für ihn noch immer ist, was es eigentlich sein sollte: ein Spaß, ein Spiel. Wir werden ihn bei dieser Weltmeisterschaft in Deutschland sehen, den größten Star, und ob wir wollen oder nicht, wir werden glücklich lächeln müssen: über die Unglaublichkeit seiner Tricks, über die Unmöglichkeit seiner Klasse; über die Kindlichkeit seiner Unschuld.

Ronaldinho trägt die vier Bälle über den Trainingsplatz; ohne Netz, und doch alle gleichzeitig. Zwei unter den Armen, die anderen zwei jongliert er gleichzeitig in der Luft. Aber wie soll er schießen, ohne Torwart? Ein Assistenztrainer eilt los, um einen aus der Umkleidekabine zurückzuholen. Ronaldinho überlegt, wie er sich die Zeit inzwischen vertreiben könnte. Er zielt auf die Latte des Tors, aus 30 Metern. Er läuft an: Treffer. Er schwingt die Arme, um die Fans und Gärtner gespielt zu Applaus zu animieren.

Er war ein guter Fußballer bei der vergangenen Weltmeisterschaft, 2002 in Japan und Südkorea, einer von vielen guten. Im Viertelfinale gegen England markierte er das entscheidende Tor mit einem Freistoß aus 35 Metern, der sich sanft ins Toreck senkte, ansonsten fügte er sich brav ein in die brasilianische Angriffsreihe, der Juniorpartner von Ronaldo und Rivaldo. Wie kann es sein, dass er vier Jahre später zur nächsten Weltmeisterschaft Fußball in einer neuen Dimension spielt?

Barcelona. Das ist die Antwort. Ein Verein und eine Stadt setzten sein gesamtes Potenzial frei. »Hier bekommt er die Verehrung, die er braucht«, sagt Joan Golobart, ein ehemaliger Barça-Spieler, der heute als Kolumnist der lokalen Zeitung *La Vanguardia* die Mannschaft analysiert. »Ich bin überzeugt, dass Ronaldinhos große Leistungsexplosion niemals passiert wäre, wenn nicht ein Klub in der Krise einen Retter gesucht hätte.«

In einem Foyer des Hotel Arts, des luxuriösesten Hotels der Stadt, steht der Mann, mit dem alles begann. Sandro Rosell brachte Ronaldinho nach Barcelona, im Jahrhundertsommer 2003. Er hat Parfüm in Dubai verkauft, er war Nike-Manager in Brasilien, 2003 mit 39 war er gerade zum Vizepräsidenten des FC Barcelona gewählt worden. Hinter ihm rauscht ein künstlicher Wasserfall, vor ihm liegt der Tagungssaal Pau Casals mit acht Kronleuchtern und sieben Fernsehkameras. Denen musste er sich gerade stellen, »ich bin immer noch etwas nervös«, sagt Rosell, das Liebe-Jungen-Gesicht dieses eine Mal gerötet, »über Fußballer habe ich ja schon viele Fragen im Leben beantwortet, aber über ein Buch zu reden ist etwas anderes – und dann auch noch eines, das ich geschrieben habe!« Vor 300 Gästen im Saal Pau Casals hat er *Willkommen in der Wirklichkeit* vorgestellt, ein Wirtschaftsbuch, sagt der Verleger, eine Abrechnung mit Joan Laporta, dem Präsidenten des FC Barcelona, sagen alle anderen. Dessen Jugendfreund und wichtigster Stellvertreter war Rosell bis zu seinem verbitterten Rücktritt im vergangenen Jahr. Es war auch Ronaldinho, der sie entzweite: Laportas Neid, dass Rosell für die Verpflichtung des Spielers gefeiert wurde, der aus Barça die spektakulärste Elf dieser Zeit machte – Rosells Eifersucht, dass Laporta hinter seinem Rücken Ronaldinho nach Hause zum Mittagessen einlud. Wo er ihm einen Vertrag bis zum Karriereende anbot und einen Hund namens Feuerball schenkte.

Aber Rosell und Laporta sind noch die besten Partner im jahrhundertheißen Sommer 2003, als sie die Präsidentenwahlen gewinnen – mit dem Versprechen, David Beckham zu Barça zu bringen. Beckham jedoch wechselt von Manchester United zu Real Madrid. Im Sommer 2003, heute scheint es unvorstellbar lange her, hat Barça gerade sechs Jahre lang nichts gewonnen, Real Madrid mit seinem vermeintlich galaktischen Projekt glaubt, in außerirdische Sphären vorzustoßen. Die Sehnsucht in Barcelona nach einer Ikone, die sie da rausholt, wächst ins Unkritische.

Laporta und die sportliche Leitung plädieren für das Triple A: Pablo Aimar, Roberto Ayala und David Albelda sollen vom FC Valencia verpflichtet werden, drei verlässliche Qualitätsspieler. Rosell weiß, dass ein Heiland anders aussieht. »Was wir brauchten«, sagt er, »war nicht nur ein toller Spieler. Sondern einer, der das Gemüt des Klubs und der Stadt aufhellen würde. Und derjenige war Ronaldinho.« Rosell hatte als Nike-Manager die brasilianische Elf während der WM 2002 begleitet. Während der Rest der Welt in Ronaldinho einen von vielen guten Spielern sah, erkannte er deshalb mehr. »Ich fühlte instinktiv, Ronaldinho könnte ein großer Anführer werden. Ich kannte sein Charisma. Sein Lächeln ist ansteckend.«

In Wirklichkeit entstand sein ewiges Lächeln nicht als Ausdruck unendlichen Glücks. Er hat es sich instinktiv zum Schutz antrainiert. Er kann den Mund wegen seiner riesigen Zähne kaum schließen, das reflexartige Lächeln übertüncht die Entstellung. »Junge, als Model könnte ich mein Geld nicht verdienen«, sagte er einmal der Sportzeitung *Marca*. »Aber ich bin zufrieden damit, wie ich aussehe. Ich würde mich den glücklichen Hässlichen nennen.« Reflexartig lächelt er auch heute, wenn er gefoult wird, wenn ihm ein Fehler unterläuft, wenn er eine ernste Sache gefragt wird. Doch selbst wenn es nicht immer Glück ausdrückt, so hat sich das Lachen längst als Symbol seiner Lebenseinstellung verselbstständigt. Unlängst lief ein japanisches Fernsehteam völlig aufgelöst über das Trainingsgelände. Sie hatten ein Interview mit Ronaldinho gemacht. Und er hatte nicht gelacht!

Es ist einfach, glücklich zu sein. Das vor allem strahlt Ronaldinho aus. »Ich bin kein Kind mehr«, sagte er bei einem der vielen Gespräche mit uns Reportern im Gang zur Umkleidekabine, »aber ich habe noch immer Kinderträume.« Ein Spiel gewinnen und dann das Glück in den Gesichtern der Mitspieler, der Zuschauer sehen. Es ist die Erfüllung. Doch 2003 war er eine unverstandene Kinderseele in einem zu ernst gewordenen Erwachsenenspiel, angestellt bei Paris Saint-Germain, wo der Erfolg sich sperrte und sich das klassische

Reizklima des Profisports breitmachte. Denen, die mit Leichtigkeit spielen, wird im Misserfolg reflexartig die Ernsthaftigkeit abgesprochen. Am Ende, erzählt Saint-Germains damaliger Trainer Vahid Halilhodžić, sei 2003 »niemand mehr im Klub gewesen, der sich für Ronaldinhos Verbleib einsetzte. Die anderen Spieler hielten ihn für einen Egoisten, der sich auf ihre Kosten vergnügte.«

Rosell glaubte fest, in Barcelona könnten sie das Lächeln wiederfinden. Barça, von Außenstehenden ehrfürchtig bewundert als einer der größten Vereine der Welt mit Grandezza und Geschichte, mit 18 spanischen Meisterschaften und regelmäßig 100 000 Zuschauern, ist im Inneren ein von permanenten Selbstzweifeln geplagter Klub. So viel sie auch gewinnen, sie können schwer heraus aus dem Komplex, dass die in Madrid immer noch mehr Pokale im Vereinsmuseum haben. So haben sie sich auf die Entgegnung versteift: Aber wir spielen am schönsten. Barça sieht sich als spirituelle Heimat von Spielern wie Ronaldinho. Um ihn von Paris Saint-Germain auszulösen, setzte Rosell eine Operation in Bewegung, die es wert ist, kurz nachgezeichnet zu werden. Sie gibt einen Einblick, welch ein Geschäft Fußball heute ist. »Das erzähle ich aber nicht«, sagt Rosell. »Du sollst es ja in meinem Buch lesen.«

Dort steht es beschrieben wie ein Wirtschaftskrimi. Francis Graille, der Präsident von Paris Saint-Germain, bestellte Rosell in das Hotel Villa Florentine in Lyon, neutraler Boden, auf dem sie hoffentlich niemand erkennen würde. Immer wieder, während der stundenlangen Verhandlungen, entschuldigte sich Graille, ein Anruf, er müsse kurz etwas klären. Was er Rosell nicht sagte, war, was ihn wirklich hinwegrief: Graille verschwand ins Hotel nebenan, wohin er die ebenfalls um Ronaldinho buhlende Delegation von Manchester United bestellt hatte. Irgendwann, als Graille Barcelonas Angebot von 27 Millionen Euro Ablöse angenommen hatte und dann plötzlich wieder 30 Millonen verlangte, ahnte Rosell, was Sache war. »Ihr benutzt uns, ihr spielt mit uns!«, rief er, stand auf, ging und »dachte immer: Gleich muss Graille doch kommen und mich zurückrufen. Aber er kam nicht. Am Boden zerstört flog ich nach Barcelona zurück, überzeugt, dass Ronaldinho nach Manchester ginge.«

Wieder zu Hause, rief Rosell Gott und die Welt an, spanische Politiker und Wirtschaftsbosse, die jemanden kannten, der die Frau vom Besitzer von Paris Saint-Germain kannte. Am Ende all dieser Strippen, die er zog, all dieser wirtschaftlichen Verknüpfungen, glaubt Rosell, war es ein Anruf, der den Ausschlag für Barcelona gab: bei Ronaldinhos Mutter Miguelinha. Denken Sie an das Wetter, Doña Miguelinha: Manchester, und hier die Sonne, das Meer, der Strand, wo wird sich Ihr Sohn wohl wohler fühlen, Doña Miguelinha?

Am 21. Juli 2003 wird Ronaldinho im Stadion Camp Nou als neuer Spieler des FC Barcelona präsentiert. Es ist nur ein kurzer Akt, er zieht das Trikot an, er macht ein, zwei Tricks für die Fotografen. Niemand kann übersehen, dass etwas Großes begonnen hat. 40 000 Zuschauer sind gekommen. Nur um ihm zu demonstrieren: Du bist unsere Hoffnung.

Sie kreischen wieder, drei Jahre später auf dem Trainingsplatz, bei jedem Schuss, den Ronaldinho losschickt, egal, ob er trifft oder nicht. Die Torhüter hatten keine Lust, nach Trainingsschluss noch einmal herauszukommen, um sich den Ball von ihm um die Ohren schießen zu lassen, deshalb musste der Torwarttrainer dran glauben. Er darf offenbar nicht Nein sagen, wenn Ronaldinho nicht aufhören will, Fußball zu spielen. Der Torwarttrainer, Mitte vierzig, ächzt, wenn er sich nach den Schüssen streckt. Ein weiterer Schuss trifft sein Ziel. Die Menschen kreischen: »Ronaldiiiiiiiiiinho!« Ronaldinho lacht.

»Die Liebe, die mir die Leute in Barcelona vom ersten Tag an gaben, ist unglaublich; einmalig«, sagte er eines Abends im Bauch des Stadions Camp Nou. Er hat eine raue, kehlige Stimme, die einen kuriosen Kontrast zu seinem Lächeln und dem sanften brasilianischen Akzent bildet, mit dem er Spanisch spricht. Es war der 21. März 2006, ein Ligaspiel gegen den FC Getafe zu Ende. Zu Beginn des Spiels hatten 70 000, ein ganzes Stadion, angestimmt: *Cumpleaños feliz, cumpleaños feliz!* »Das ist mir noch nie passiert«, sagte Ronaldinho: »Dass sie im Stadion mir zu Ehren ›Zum Geburtstag viel Glück‹ singen! Es war sehr bewegend. Dieser Klub ist eine große Familie. Das motiviert mich nur noch mehr, viele Jahre hierzubleiben und mich anzustrengen, dass jedes Jahr besser als das vorangegangene wird. Manchmal sagen mir die Leute: ›In zwei Jahren bist du in Chelsea.‹ Sie verstehen es nicht; sie kennen mich nicht. Ich will nicht als einer, der auch für Barça spielte, in die Geschichte eingehen. Ich will mein ganzes Leben bleiben. Es gibt keinen Flecken auf Erden, wo es mir besser ergehen könnte. Ich bin der glücklichste Mensch der Welt.«

Die Liebe der Fans ist sein Elixier. Andere Fußballer klagen, die öffentliche Aufmerksamkeit würde sie erdrücken, Ronaldinho findet es wunderbar. »Es ist immer ein großer Spaß, erkannt zu werden. Die Reaktionen der Leute sind wirklich lustig. Manchmal sieht es so aus, als hätten sie plötzlich einen Schwächeanfall. Andere fangen einfach an zu schreien, wenn sie mich sehen.« Viele glauben, es sei Eitelkeit, aber das trifft es nicht: Es ist nicht Schlimmes, geliebt werden zu wollen. Denn es treibt Ronaldinho nur an, noch mehr zurückzugeben. Unmittelbar vor dem Champions-League-Halbfinale gegen den AC Mailand stand er eine kleine Ewigkeit regungslos auf dem Spielfeld. Neben ihm wärmten sich die Kollegen auf. Und er schaute sich fasziniert die Zuschauer an; die Vorfreude, den Enthusiasmus. Dann legte er los. Der mit der größten Freude, der Enthusiastischste.

Er hat keine Freundin, sein einjähriger Sohn, João, lebt mit der Mutter in Brasilien. Ronaldinho hat seine ganze Liebe frei für das Spiel, den Spaß. Aber so viele andere wurden mit ähnlicher Liebe zum Ball Profi. Das, was für Fußballer in ihrer Sprache einfach »der Druck« ist, fraß ihre Natürlichkeit auf. Wer konnte die tiefen Falten auf dem Babygesicht der Teenagersensation Michael Owen übersehen, wem kommt nicht das Mitleid angesichts der chronisch gehetzten Augen des Wunderstürmers Raúl? Er dagegen hat offenbar eine Gabe, die nie aufgezählt wird, wenn über Talent im Fußball geredet wird, die aber ein wahrer Schatz ist: seine Unschuld, vielleicht sollte man sogar sagen: Naivität. Sie macht ihn druckunempfindlich. »Druck?!«, fragte er. »Was ist das?«

Er hat Abgeschiedenheit nie als erstrebenswert empfunden. Sein Haus in Gavà, einem kleinen Vorort am Meer südlich von Barcelona, ist das Heim einer kleinen Kolonie. Die brasilianischen Mitspieler beim FC Barcelona, Deco, Thiago Motta, Juliano Belletti, kommen ständig zum Playstation-

Spielen vorbei, »ich wähle immer mich selber aus als Figur«, sagt Ronaldinho. Cousins und Cousinen wohnen bei ihm, vielleicht nennt er sie auch nur Cousins, und sie sind Freunde. Er hat ihnen allen einen Posten gegeben, einer nennt sich sein Fitnesstrainer, ein anderer gibt den Chauffeur, auch seine Schwester Deisi lebt bei ihm und versucht, als Privatsekretärin sein Leben zu ordnen. Da hat sie zu tun, sagt Ronaldinho: »Letztens wollte mich ein Fernsehteam mit all meinen Trophäen zeigen. Ich hatte gar keine Ahnung, wo ich die hinhabe. Ich bin sehr vergesslich.«

Nun vor der Weltmeisterschaft kommen all die schlauen Magazine, die glauben, ganz neue Seiten von einem Menschen aufdecken zu müssen. Sie suchen wie wild, denn da muss doch was sein, was nicht ins Bild des immer fröhlichen, immer netten, bescheidenen Überfußballers passt. Sie werden nicht viel finden. Ronaldinho mit dem Lachen hat auch Schmerzen erfahren, den Tod seines Vaters, als er acht war. »Ich vermisse ihn heute mehr als damals.« Ronaldinho, den die einfachen Dinge glücklich machen, hat auch ein dickes, teures Auto. Ronaldinho kommt auch regelmäßig zu spät zum Training. Das jedoch ist quasi alles, was er an Statussymbolen eines Stars beansprucht. Als er auf der 100-Jahr-Feier der katalanischen Sportzeitung *El Mundo Deportivo* den alten Barça-Heroen Bernd Schuster traf, sagte er: »Ich habe ein Video mit Ihren Toren und Spielszenen. Ich habe es mir gleich besorgt, als ich nach Barcelona kam.« Und die Zuhörer wussten nicht, worüber sie mehr erstaunt lächeln sollten: dass Ronaldinho Schuster studiert; oder dass er in einem Sport, in dem sich jeder duzt, die alten Helden respektvoll siezt.

Der Torwarttrainer gibt auf. Es reicht, er ist Mitte vierzig, und überhaupt, er hat sich jetzt mindestens 30-mal ächzend nach Ronaldinhos Schüssen geworfen. Ronaldinho schaut sich um. »Hey«, sagt er und zeigt auf einen Zaungast, ein Bekannter wohl, in seinen Dreißigern, Jeans und T-Shirt, »stell du dich mal ins Tor.«

Es mussten neue Ausdrücke erfunden werden, um zu beschreiben, was er alles mit dem Ball macht. *El chicle,* der Kaugummi, heißt ein Trick. Er geht so: Ronaldinho passt sich während des Dribbelns den Ball vom linken auf den rechten Fuß und wieder zurück, so schnell, dass der Ball zäh wie ein Kaugummi zwischen seinen beiden Füßen zu kleben scheint und der Gegner nicht weiß, wo genau der Ball jetzt ist. Des Weiteren gibt es die *Puntinha* (den Spitzinho, geschossen mit der Spitze des großen Zehs), die *Voltinha* (den Drehinho, einmal um die eigene Achse), die *Espaldinha* (den Ball mit dem Schulterblatt gepasst) und sicher auch bei dieser WM etwas Neues.

Das Massenpublikum sieht natürlich vor allem diese Tricks. Doch wenn im Fernsehen die fünfte Wiederholung von seinem Schultinho läuft, geht im Stadion das Spiel weiter, und die Experten staunen mit nicht weniger weit aufgerissenem Mund über seinen Einfluss auf das Spiel. Er hat einen wundervollen Blick für die eine Aktion, die alles ändern kann, ein ausgeprägtes taktisches Verständnis, eine Physis, die es ihm erlaubt zu tricksen, und vor allem den Respekt für die Mitspieler. Die größten Fußballer sind die, die ihre Mitspieler noch größer machen.

Später einmal, wenn zurückgeblickt und in Epochen unterteilt wird, wird über die brasilianische Nationalelf der WM

2006 gesagt werden: Ronaldinhos Brasilien. *Brasilianisch spielen,* das ist ein feststehender Begriff in der Fußballsprache, es meint: den Ball mit Zuneigung behandeln, Schönheit entstehen lassen. Brasilianisch zu spielen, das gilt seit Brasiliens herzzerreißenden Niederlagen bei den Weltmeisterschaften 1982 und 1986 aber auch als Garantie für ein tragisches Scheitern. Ronaldinho kommt nach Deutschland, um zu beweisen, dass die Magie mit der Effektivität kompatibel ist; dass Fußball erfolgreich und trotzdem noch ein Spaß sein kann. »Ich stamme aus der brasilianischen Schule des *jogo bonito,* des schönen Spiels«, sagte er, »doch ich habe verstanden, dass die Taktik notwendig ist. Ich dribble nie nur der Schönheit wegen. Alle meine Aktionen haben ein Ziel: den Erfolg. Ich habe Hunger auf Pokale.«

Mittags um Viertel nach eins, 45 Minuten nach dem offiziellen Trainingsschluss, ist es nicht leicht zu sagen, wer mehr Hunger hat. Ronaldinho schießt noch immer aufs Tor. Ein Gärtner gibt sich endlich einen Ruck: »Ronaldinho, bitte! Wir wollen zum Mittagessen.« |||| 1. Juni 2006 ||||

Das verlorene Lächeln

Ein Lächeln läuft über den Trainingsplatz des FC Barcelona. Der feine Januarregen hat sich zurückgezogen, man kann nun das feuchte Gras riechen. Auf dem Rasen jagen zwei Spieler den Ball, den zehn weitere im Kreis um sie herum passen. Überall in der Fußballwelt ist das ein beliebtes Aufwärmspiel. In Barcelona ist es die tägliche Zaubervorführung.

Gerade lässt Andrés Iniesta regungslos den Ball durch die eigenen Beine rollen – um ihn im letzten Moment mit der Hacke weiterzupassen. »Sir Andrew!«, ruft Silvinho, und das Lächeln läuft weiter, von Mund zu Mund der Fußballprofis. Nur der, der das Lächeln nach Barcelona brachte, ist nicht da.

Alleine blieb Ronaldinho beim Training am vergangenen Freitag im Kraftraum zurück. Das Knie war entzündet, eine alltägliche Berufskrankheit. Doch sein Fehlen auf dem Trainingsplatz war auch das Sinnbild einer größeren, tieferen Abwesenheit: Seit anderthalb Jahren, seit der WM 2006, wird der große Ronaldinho vermisst. Einst brachte seine Kunst die Zuschauer dazu, unkontrolliert zu lachen vor Glück. Diese Saison ist nur noch eines einzigartig: der Weltfußballer 2004 und 2005 auf der Ersatzbank. Dreimal saß er dort bereits. Achtmal wurde er ausgewechselt.

Seine vielen beliebigen Auftritte im vergangenen Spieljahr ließen sich noch erklären. Nach dem Aus mit Brasilien im WM-Viertelfinale »hatte ich zu gar nichts Lust«. Physisch und psychisch ausgebrannt, rannte er sich immer weiter in den Boden. In dieser Saison wollte er alles besser machen. Er verzichtete auf die Südamerikameisterschaft, er bereitete sich gewissenhaft vor – doch die Form lässt sich auf Knopfdruck nicht zur Rückkehr überreden.

Ein Spiel wurde zur Offenbarung. Beim 0:1 gegen Real Madrid am Vorweihnachtsabend versuchten ihn 99 000 im Camp Nou zu erwecken. Das Stadion dampfte vom heißen Atem der Ronaldiiinho-Schreie, und jeder konnte sehen, wie sehr er wollte. Das war das Schlimmste: zu sehen, er will – und es geht nicht. Seine Inspiration war stumpf. Manchmal bot er sich an und wurde vom Mitspieler nicht mehr gesucht. Es war eine Bankrotterklärung: Sie vertrauen ihm nicht mehr. Am Ende pfiffen sie ihn aus.

Danach verzog er sich bis zum Sonntag in den Kraftraum, mindestens zwei weitere Spiele will er noch aussetzen, um sein Knie zu kurieren. Er glaubt, die Zicken des Körpers seien für den Verlust der Magie verantwortlich. Alle anderen sehen, dass ihm das Selbstvertrauen entflogen ist. »Was mit Ronaldinho passiert, geschah in den vergangenen 30 Jahren mit jedem Star bei Barça, mit mir doch auch«, sagt Madrids Trainer Bernd Schuster: »Barcelona verlassen alle Stars durch die Hintertür.« Der einzigartige Druck, die Politisierung des Klubs, der die wichtigste Institution Kataloniens ist, verschleißt seine Helden. Was mit Ronaldinho passiert, ist ein Lehrstück.

Barça, von sieben Punkten Rückstand auf Madrid in der spanischen Liga belastet, summt vor Gerüchten. Zu viele Leute wollen in dem Verein etwas erreichen oder ihn gebrauchen, Medien, Politiker, Berater, Sportler. Ronaldinho ist ihr Spielball geworden. Neidische Mitspieler und profilierungsgeile Vorstandsmitglieder füttern die Medien mit Halbwahrheiten über ihn. Weil die eine katalanische Sportzeitung, *El Mundo Deportivo,* einen exklusiven Zugang zu Ronaldinho hat, schlägt die andere, *Sport,* ohne Angst vor Lügen auf ihn ein. Andere Medien multiplizieren die Kampagne: Wilde Partynächte, Vereinswechsel dichten sie ihm täglich an, einmal gar das Pfeiffersche Drüsenfieber, weil das auf Spanisch so verräterisch schön heißt: *enfermedad del beso.* Kuss-Krankheit.

Vergangene Woche fuhr Trainer Frank Rijkaard seine Elf

beim Frühstück im Hotel in Sevilla an: Wer glaube, Ronaldinho sei zu deprimiert, um zu spielen, und täusche deshalb seine Knieverletzung vor, solle es laut sagen. Einer hatte die Verleumdung an die Presse getragen. Andererseits musste Rijkaard im Dezember den argentinischen Stürmer Leo Messi rüffeln, es gehe nicht, dass er nur noch zu Ronnie abspiele. So sehnlich wollte Messi seinem Freund helfen. Als Mitspieler Edmílson unlängst erklärte, im Team gebe es »schwarze Schafe«, wurden die Worte auf Ronaldinho bezogen. Obwohl nach Edmílsons Zusätzen wohl der Mexikaner Rafael Márquez gemeint war.

In diesem Ambiente muss Ronaldinho sein Lächeln wiederfinden. Freunde sagen, er fühle sich alleingelassen von vielen Mitspielern, vom Trainer, selbst von seinem Bruder und Manager Roberto. Der AC Mailand offeriert einen Fluchtweg zum Saisonende, den einzigen, der für ihn im schlimmsten Fall infrage käme. Aber Ronnie im Milan-Trikot? Es wäre, was immer er dort leisten würde, nur ein müder Abklatsch. Dies ist – oder dies war – sein Team: das einmalige Barça Ronaldinhos; die Elf des Lächelns.

Es ist ein Zauber, wie sie den Ball passen, am Morgen, als die Luft nach feuchtem Gras riecht und gar nicht auffällt, dass einer fehlt.

17. Mai 2010

Die schüchterne Offenbarung: Lionel Messi erscheint auf der Bildfläche

Später werden alle sagen, ich war dort, ich war dabei.

In Wirklichkeit ist seine Einwechslung für die ersten der 35 000 Zuschauer eine willkommene Unterbrechung, aus dem Stadion zu eilen, um den Stau nach Schlusspfiff zu vermeiden. Acht Minuten noch zu spielen im Olympiastadion von Barcelona, 1:0 führt Barça durch ein frühes Tor von Deco im Derby gegen Espanyol. Dieser Spielerwechsel Barças dient nur noch dazu, eine halbe Minute zu vertrödeln, die Zeit bis zum Sieg herunterzuzählen. Das Publikum kaut Sonnenblumenkerne und grummelt, wer kommt jetzt ins Spiel, wie heißt der, nie gehört, wieder einer aus der B-Mannschaft wie Verdú oder Javito, die der Trainer jüngst brachte – aber was ist denn das für einer? Das ist doch ein Kind!

Er trägt das Trikot mit der Rückennummer 30 aus der Hose. Noch einmal steckt er die langen schwarzen Haare hinter die Ohren, als könnte er so die Nervosität wegstecken. Er ist 17 Jahre jung und 1,69 Meter klein. Seine Wangen leuchten rot. Das Publikum wirft Hülsen von Sonnenblumenkernen auf den Boden und murmelt, hier passiert nichts mehr, Espanyol ist zu harmlos, Barça verwaltet das nur noch, vielleicht wird wenigstens noch eine nette Schlägerei zwischen den Espanyol-Hooligans und der Polizei geboten, wie in der Halbzeit, ach komm, lass uns gehen. Er rennt auf das Spielfeld, hinaus auf seine Position am rechten Flügel. Es ist der 16. Oktober 2004. Und in der Atmosphäre entsteht ein neuer Klang.

Es ist ein lachendes Raunen aus Zehntausenden Kehlen, von Zuschauern, die gar nicht merken, dass sie lachen, dass sie raunen, dass sie den Mund nicht mehr zubekommen. In der Zeit, die eine Meise für einen Flügelschlag benötigt, hat Lionel Messi, der Junge mit der Nummer 30, zwei Verteidiger Espanyols ausgedribbelt, die ihm doch gar keinen Manövrierraum ließen. Und schon wieder senkt er den Kopf. Er rast auf Espanyols Außenverteidiger Hugo Ibarra zu, Ibarras Fuß schnappt nach dem Ball, da ändert Messi im Höchsttempo abrupt die Richtung. Der Ball bleibt eng an seinem Fuß, Ibarra reißt es angesichts Messis radikaler Drehung aus dem Gleichgewicht, der schwebt schon dem Tor, als sei es die Sonne, entgegen. Es waren nur acht belanglose letzte Spielminuten, es bleibt beim 1:0 für Barça. Aber wer sagt noch, es sei nichts passiert? »Leo Messi«, schreibt Spaniens angesehenste Zeitung *El País* am nächsten Morgen über das flüchtige Debüt des 17-Jährigen im Profifußball, »spielt wie ein Engel.«

Wir alle kennen das überwältigende Gefühl, wenn wir einen Fußballer zum ersten Mal erleben und schlagartig glauben: So einen habe ich noch nie gesehen. Die Wahrheit ist, dass es uns alle paar Monate so ergeht und dass dieser Spieler wie Lars Ricken, Nicolas Anelka oder selbst Michael Owen dann sehr oft ein recht gewöhnlicher Profi wird; im besten Fall. Das lachende Raunen aber, das Leo Messi mit seinen Dribblings beim achtminütigen Debüt im Profifußball schuf, verweilt. Es steckt an, es wächst, es ergreift selbst das gegnerische Publikum, wo immer er mit dem FC Barcelona derzeit auch vorspielt. Fünf Jahre nach seinem Erscheinen betrachtet ihn die Fußballwelt noch immer mit staunendem Unglauben. »Wo kommt dieser Teufel her?«, fragte im Herbst 2005 Fabio Capello, damals Trainer von Juventus Turin. »Leo Messi«, antwortet heute der Trainer in Barcelona, Pep Guardiola, »ist der einzige Fußballer, der schneller mit Ball rennt als ohne Ball.«

2009 ist noch nicht einmal zur Hälfte vergangen, da scheint schon geklärt, wer am Ende Weltfußballer des Jahres wird. Man sieht Messis überwältigende Auftritte, etwa beim 6:2 gegen Real Madrid, beim 4:0 über Bayern München, und es ist unmöglich, nicht an den anderen kleinen argentinischen Dribbler zu denken. Leo Messi gilt als die moderne Ausgabe von Diego Armando Maradona. Dabei offenbart der Vergleich der beiden nur, wie verschieden sie sind; wie radikal anders der Fußball geworden ist. Maradona blieb am Ball und im Leben immer ein Straßenjunge. Messi gibt uns die Illusion, das Spontane, das Wilde der Straße existiere noch; und ist doch der geplante, der erzogene Paradejunge der modernen Fußballakademien, die Spitzenathleten züchten.

Kann es beim rasenden Verschleiß des modernen Spiels überhaupt jemals wieder einen Fußballer wie Maradona geben, mit einer Karriere auf höchstem Niveau, lang genug, um ihn den Besten aller Zeiten zu nennen? Kann es Leo Messi sein?

Die einzige Frage, die im Oktober 2004 nach diesen acht Minuten interessiert, lautet: Wer ist dieser Messi?

Toni Calvo lacht, als er die Frage am Telefon hört. Treffen wir uns morgen nach dem Training am Ministadion, sagt er.

Ein einziger Zuschauer beobachtet am nächsten Morgen das Training der B-Mannschaft des FC Barcelona, 18-, 19-jährige Jungen, denen man sagt, euch gehört die Zukunft.

Leo Messi war für viele hier vier Jahre lang ein Mitspieler, Toni Calvo und Leo Messi, der eine rechts, der andere links im Angriff, waren die besten Freunde. »Moment«, sagt Calvo, als er schließlich nach dem Training des B-Teams einen roten Plastikstuhl auf der Tribüne mit einem Taschentuch sauber wischt und sich niederlässt, »Freunde: auf dem Fußballplatz. Leo ging nicht ins Kino oder sonst wohin.« Er schien nicht einmal eine Jeans zu besitzen, sagt Calvo, der eine modisch zerrissene Jeans trägt und einen falschen Brillanten in jedem Ohr, die wilden Locken mit Gel gebändigt. Leo Messi sah man nur im Trainingsanzug, weil ihn nur Fußball interessierte.

Messi ist 13, als er zum ersten Mal auf den Trainingsplätzen von Barças Jugendakademie neben dem Ministadion erscheint. In der Umkleidekabine der C-Jugend mit Toni Calvo fällt er sofort auf. Er misst 1,43 Meter. Neunjährige sind größer. Aber sein Kleinwuchs hat ihn überhaupt erst nach Barcelona gebracht. Der Arzt zu Hause in Rosario, Argentiniens nördlicher Metropole, hat ihm Wachstumshormone verschrieben. Sonst werde er die 1,60 Meter nie erreichen, sagt der Arzt. Die Behandlung kostet 900 Dollar im Monat. In Argentinien ist das ein Mittelklassengehalt. Der Vater, der in einem Stahlwerk arbeitet, denkt, da müsse doch ein Fußballklub sein, der sich an den Kosten beteiligt, bei Leos Talent. Sie finden in ganz Argentinien keinen. Ein Agent vermittelt ein Probetraining in Barcelona. »Und da stand ich dann eines Abends mit meiner Elf der 14-Jährigen«, sagt der Trainer Rodolfo Borrell, der einige Jahre später Iraklis Saloniki in der ersten griechischen Liga trainieren wird, aber damals eben die C-1 Barças, »alle um die 1,70 Meter groß, und da kommt dieser Knirps, 30 Zentimeter kleiner als alle anderen.« Im Prinzip, sagt Borrell, spielte Messi an jenem ersten Abend schon so wie heute: »Immer los aufs Tor, niemals feige. Ohne es zu wollen, beleidigt er seine Gegner geradezu mit der Leichtigkeit, mit der er vorbeizieht.«

Später werden viel zu viele sagen, ich habe Leo Messi als Erster gesehen, ich habe ihn entdeckt. Und dann erzählen sie Geschichten, wie ihm Barça nach dem Probetraining sofort einen Vertrag gab, auf einer Serviette, weil kein anderes Papier in der Nähe war. Die Wahrheit ist schmuckloser. Josep María Minguella, ein Barceloneser Fußballagent, vermittelte das Probetraining auf Bitte eines argentinischen Kollegen, ohne Messi jemals gesehen zu haben. Charly Rexach, damals Barças Jugendkoordinator, sah nur ein paar Minuten zu. Dann beschied er: »Den nehmen wir.« Aber ob Rexach wirklich so rasch ging, weil Messi auf den ersten Blick zweifelsfrei überwältigend war, wie die Legende besagt, oder ob der Jugendkoordinator einfach zu faul war, länger zuzusehen, weiß nur er. Barça, der Klub der besten Jugendförderung der Welt, der in den nächsten Jahren reihenweise Welteroberer wie Xavi Hernández, Andrés Iniesta oder Cesc Fàbregas hervorbringen wird, braucht jedenfalls ein halbes Jahr, um sich selbst zu überzeugen, dass das nicht Wahnsinn ist, dass dieses Kind das wert ist: Dann geben sie Leo Messi einen Vertrag, der seiner Familie eine Wohnung, dem Vater ein Einkommen und ihm auch die Hormonbehandlung garantiert. Bis heute hat niemand angesichts der Wachstumskuren gefragt, wo hört eine medizinische Behandlung eigentlich auf, wo fängt Doping an?

Leo Messi ist noch immer 13. Er ernährt nun seine Eltern

und die drei Geschwister. Seinetwegen zieht die ganze Familie nach Barcelona. Nach einem Jahr kehrt die Mutter mit den zwei kleinen Geschwistern zurück nach Argentinien, sie finden das Gefühl, zu Hause zu sein, nicht in Europa. »Gehen wir alle?«, fragt der Vater, und Leo sagt schüchtern, er wolle es doch bei Barça schaffen, Papa.

Als er im Oktober 2004 mit seinem Debüt in der Primera División als Fußballer schlagartig erwachsen wird, ist er noch immer ein Junge; in vielerlei Hinsicht. Barças Pressechef Chemi Terés blockt monatelang alle Interviews ab. Man müsse Messi schützen. Es klingt wie: vor der eigenen Unbedarftheit. Gleichzeitig aber ist Messi schon als Junge immer auch ein Erwachsener. Sein Vater wird, nach ihrem Umzug nach Barcelona, nie wieder arbeiten, die Familie zerteilt sich zwischen Katalonien und Argentinien; er muss, zumindest unterschwellig, so etwas Ähnliches wie Druck oder Verantwortung spüren, dass das Leben der ganzen Familie von seiner Fußballkarriere bestimmt, nach ihm ausgerichtet wird. Er lässt sich nichts anmerken.

Zweimal passiert es ihm, dass ihn Jugendtrainer kurzzeitig nicht mehr aufstellen. Sie sagen, er würde den Ball nicht schnell genug abspielen. Der schnelle Pass ist eine Doktrin in diesem Klub wie nirgendwo sonst. *Toco y me voy,* passen und ab geht's, daran glauben sie wider alle Moden; mit diesem Kurzpassspiel werden sie 2009 die Welt verzücken, und Leo Messi wird ein Musterspieler dieses Stils sein. Als Junge aber verinnerlicht er ihn nur unbewusst und langsam. »Die Trainer sagen, ich soll die Position halten und das alles. Aber wenn du den Ball hast, können sie dir wenig sagen. Der Instinkt brennt mit mir durch.« Wirklich beschweren können die Jugendtrainer sich nicht. Er ist einmalig, oder wie Toni Calvo das sagt: *es la hostia*. Er ist die Hostie. »Einmal, in der A-Jugend gegen Espanyol, musste Leo wegen eines Jochbeinbruchs mit einer Gesichtsmaske spielen. Nach 15 Minuten kam er zur Seitenlinie: ›Trainer, ich sehe nichts mit der Maske, ich setze sie ab, nur zehn Minuten, okay?‹ In den nächsten zehn Minuten hat er dann zwei Tore geschossen, und der Trainer konnte ihn auswechseln.« Von solchen Toren, sagt Toni Calvo, könne er zuhauf erzählen. Und ein wenig klingt da auch bei ihm der Besitzerstolz von Fußballfans auf ihren Lieblingsspieler durch: Ich war dort, ich war dabei; was wollen die Leute mir heute von Messis unglaublichen Toren erzählen, ich habe in den Jugendteams viel unmöglichere von ihm gesehen. In einem Jahr, mit 16, durchläuft Leo Messi vier Mannschaften, von der B-Jugend in die Profielf unter Trainer Frank Rijkaard.

Am 1. Mai 2005 spielt er einen Doppelpass mit Ronaldinho. Messi am Ball, im Strafraum, die Münder von 82000 Zuschauern gehen auf und wissen nicht, ob sie lachen, ob sie raunen sollen. Er hat den Ball über den Torwart von Albacete Balompié zum 2:0-Sieg im Ligaspiel gelupft. Barça kann die erste Meisterschaft seit sieben Jahren schon fühlen. Es ist sein erstes Profitor, noch mit 17, der jüngste Torschütze in der hundertjährigen Klubgeschichte. Das Stadion hebt ab. Unten auf dem Spielfeld steht etwas, es sieht aus wie ein Denkmal. Ronaldinho, der beste Fußballer der Welt, das Publikum ist überzeugt, einen besseren kann es unmöglich je wieder geben, hat Messi auf die Schultern gehoben. »Seht auf diesen Spieler«, sagt er später in den Katakomben des Stadions Camp Nou. »Er wird uns alle übertreffen.«

Jetzt muss er reden. Okay, ein paar Minuten, gibt sich der Pressechef geschlagen, aber nur die paar Korrespondenten, die immer da sind. Und nur ein paar Minuten, okay?

Toni Calvo hatte gewarnt: »Er spricht nicht.« Wie, er spricht nicht? »Ich meine es so, wie ich es sage: Leo saß nach jedem Training in der Umkleidekabine, zog sich geschwind um und verschwand. Später, bei einem Jugendturnier in Viareggio, soll er dann plötzlich an der Playstation aus sich herausgegangen sein, ich war nicht dabei, die Jungs haben es mir nur erzählt: Auf einmal sprudelte er. Aber lange dachten wir, er sei stumm.«

Dramatische Gemälde von untergehenden Schiffen in Seeschlachten hängen in einem Vorraum des Camp Nou an der Wand. Leo Messi steht davor, den Kopf wie die Reling der Schiffe: durchweg nach unten gerichtet. Er redet doch. Allerdings scheint er die Worte, die er ausspricht, gleich wieder aufzuessen. Wenn er von sich selbst erzählt, beginnt er die Sätze oft mit »Ich bin eine Person, die …«. Das beschreibt die innere Sperre ganz gut, die er überwinden muss. Er ist schwierig zu verstehen, so leise spricht er, so sehr nuschelt er. Was auffällt, ist, wie wenig er über Fußball weiß.

Hast du als Junge versucht, dir etwas abzuschauen, wenn du große Dribbler wie Gianfranco Zola im Fernsehen sahst?

»Gianfran-wer?«

Ist es ein Schlüssel eures Erfolgs, dass ihr dieses Jahr einen *Sechser* wie Rafael Márquez habt?

»Sechser? Was meinen Sie damit?«

Paco Peña hat dir ja noch sauber einen mitgegeben.

»Wer?«

Albacetes Verteidiger, der dich am Ende von hinten foulte.

»Weiß ich gar nicht mehr. Ehrlich gesagt, ich merke mir die Namen der Gegner nicht. Ich achte auch nicht darauf, wo ich gerade spiele. Na ja, also, wenn ich was herausheben soll: das Stadion von Real Madrid. Da war was los. Daran erinnere ich mich sehr wohl.« Er wirkt erleichtert, den Journalisten doch noch etwas bieten zu können. Er möchte gerne alle zufriedenstellen, er will niemanden enttäuschen. Er weckt einen Instinkt: Man würde ihn gerne in den Arm nehmen.

Ihn interessiert bis heute am Fußball nur der Moment, in dem er spielt. »Wenn ich den Ball am Fuß habe, denke ich nicht, dann spiele ich nur. Auf dem Spielfeld habe ich nur einen Gedanken: Gebt mir den Ball! Ich erfinde keine Dribblings, ich denke mir keine Spielzüge aus. Mir entschlüpft einfach alles aus meinem Instinkt«, sagt er einmal Luis Martín von der Zeitung *El País,* dem Journalisten, dem die Spieler Barcelonas am meisten erzählen; vermutlich auch, weil er so, nun, besonders aussieht: sicher 100 Kilo schwer, gerne Irokesenhaarschnitt.

Messi ist für alle das Küken. Das Barça Ronaldinhos und Decos, eine Elf voll nie gesehener Spielfreude, erlebt 2006 seine Blüte; als es Winter wird, hören sie gar nicht mehr auf zu gewinnen, 18 Siege in Serie, 50:8 Tore. Leo Messi wird als kleines Schmuckaccessoire einer großen Elf betrachtet. Wenn sein Spiel anonym bleibt, kritisiert ihn niemand, er ist doch das Küken; wenn er mitreißt, heißt es, was für ein Talent, aber die Blicke bleiben nie lange auf ihm hängen, sondern wandern schon wieder zu Ronaldinho.

Der brasilianische Clan um Ronaldinho und Deco nimmt ihn als Ziehsohn auf. Die Besten erkennen ihresgleichen am leichtesten. Ronaldinho lädt ihn in seine Villa in Gavà ein, am Meer vor der Stadt. Sie spielen Fußball mit Feuerball, Schwarzer und Tapfer, Ronnies drei Hunden. Deco nimmt ihn mal mit zum Friseur; aber so viel Mut hat Messi da noch nicht: Er weigert sich, die langen Haare, die ewige Frisur seiner Kindheit, merklich zu kürzen. Sie reden über Fußball und Frauen und machen sich einen liebevollen Spaß aus Messis Unschuld. Als er einmal ins Theater geht, um den argentinischen Schauspieler Ricardo Darín kennenzulernen, nimmt Messi dafür dann allerdings lieber seinen väterlich-ernsten Freund im Team Silvinho mit statt Ronaldinho oder Deco. Aber er begreift Ronaldinhos Freundschaft wie einen Ritterschlag; der beste Fußballer der Welt kümmert sich um ihn. Toni Calvo, der alte Freund aus dem Jugendteam, der im B-Team auf der Ersatzbank sitzt und kurz darauf nach Griechenland auswandern muss, um bei Aris Saloniki erste Liga zu spielen, mag es nur schwer fassen: »Es heißt, er ginge jetzt mit Ronaldinho und Deco sogar ins Café. Er war doch so schüchtern, er sagte nie was! Klar, mit dem Auto und dem Selbstvertrauen, das er jetzt hat, wird er lockerer sein.« Auf den Gedanken, die hereinbrechende Berühmtheit verdrehe ihm den Kopf, kann jedoch niemand kommen. Einmal spielt er mit der argentinischen Nationalelf in Basel gegen Kroatien, und der argentinische Verband hält es offenbar für nötig, 300 Euro zu sparen. Deshalb kehrt Lionel Messi, ohne etwas dabei zu finden, mit der Billigfluglinie EasyJet zurück nach Barcelona.

Nur ab und an lässt sich ein kurzer Einblick erhaschen, dass auch seine Demut nicht endlos ist. »Ich kochte vor Wut, dass mich Rijkaard auf dem rechten Flügel aufstellte«, erzählt er Luis Martín von *El País*. Messi hat immer links außen oder zentral hinter den Stürmern gespielt. Er sieht die Versetzung als Strafe. Dabei ist sie die Offenbarung. Aus diesem Einfall von Barças Profitrainer Frank Rijkaard entschlüpft der Messi, der die Welt erobern wird: Rijkaard stellt den Linksfüßler auf Rechtsaußen, damit er nicht wie gewöhnliche Flügelspieler Flanken schlägt, sondern mit dem Ball nach innen, zum Tor ziehen kann. Allen gilt Rijkaard als Trainer von buddhistischer Sanftheit. Messi sagt: »Ich weinte oft, weil Rijkaard so hart zu mir war.«

Als das Barça Ronaldinhos und Decos im Mai 2006 in Paris die Champions League erobert, sitzt Leo Messi auf der Ersatzbank. Er rückt nach ganz außen auf die Bank, dort gibt es kein Schutzdach mehr, der Regen durchtränkt ihn, aber er bleibt unbeweglich. Der Trotz, hier sitzen und zuschauen zu müssen, gewinnt die Oberhand. Rijkaard hielt ihn nach einem Muskelfaserriss im Oberschenkel noch nicht wieder für fit. Er will es nicht glauben. Erst der Zuspruch Ronaldinhos und – so scheint es auf dem Rückflug von Paris – so etwas wie der erste Alkoholrausch seines Lebens schaffen es, ihn wieder aufzumuntern. »Präsident!«, klingt plötzlich seine Stimme über das Bordmikrofon, und dann redet der schüchterne Junge, der nie etwas sagte: »Gibt es jetzt eine Prämie oder nicht? Präsi, kommen Sie und regeln Sie das mit der Prämie! Und keine Uhren mehr, Präsi. Sie glauben, ich scherze, aber das ist ernst. Wir wollen keine Uhren mehr. Wir wollen Wohnungen, Präsi!«

Schon bald nach Paris lässt das Barça Ronaldinhos plötzlich erste Anzeichen von Dekadenz erkennen. Ronaldinho kommt kaum noch an den Gegnern vorbei, irgendwann hört er auf zu dribbeln. Das Passspiel ist immer noch elegant.

Aber es lahmt. Auch wenn einschneidende Veränderungen fast immer lange, stille Prozesse sind, machen Historiker große Umbrüche gerne an einzelnen Ereignissen fest. Der Tag des Umbruchs, der Tag, als aus den Ronaldinho-Jahren das Messi-Zeitalter wird, ist der 18. April 2007. Der Tag, von dem die ganze Welt sagt, ich war dabei, und wenn auch nur später vor einem YouTube-Video.

Messi in der eigenen Spielhälfte. Doch am besten kommentiert er selbst: »Xavi passt den Ball zu mir. Ich schüttle zwei Gegner ab. Ich sehe den freien Raum vor mir und lege mir den Ball vor. Der Weg zum Tor ist noch weit, aber ich entscheide weiterzurennen. Als ich im Strafraum bin, öffnet mir Samu [Samuel Eto'o] den Raum, indem er mit einem diagonalen Sprint einen Gegner wegzieht, und ich denke schon nur noch daran, den Spielzug mit einem Tor abzuschließen.«

Es ist das 2:0 in der 28. Spielminute im spanischen Königspokal gegen den FC Getafe. Die Mitspieler Samuel Eto'o und Eidur Gudjohnsen jubeln nicht. Sie schlagen die Hände über dem Kopf zusammen. Leo Messi ist über 50 Meter gedribbelt, er hat fünf Gegner ausgespielt. Sein Freund Deco ist der Erste, der es ausspricht, noch auf dem Weg in die Halbzeit: »Das war besser als Maradona.«

Der Vergleich ist geboren.

Maradonas Sprint zu seinem legendären Tor gegen England bei der WM 1986 dauerte elf Sekunden. Messi war gegen Getafe 11,6 Sekunden unterwegs. Beide umdribbelten fünf Spieler. Als am nächsten Tag der katalanische Sender TV3 Messis Tor noch einmal zeigt, lässt er synchron dazu den Kommentar des uruguayischen Kommentators Victor Hugo Morales von Maradonas Tor 1986 laufen; es scheint perfekt zu passen. Nur Getafes deutscher Trainer Bernd Schuster hat mal wieder etwas zu meckern: »Jemand von meinen Spielern hätte Messi umtreten müssen!«

Am Tag danach trägt er eine dunkle Jeans zur himmelblauen Trainingsjacke, beide Kleidungsstücke sehen sackartig aus, was aber nicht an ihnen liegen muss; die Kleidung, die Leo Messi steht, muss noch erfunden werden. »Ich kaufe mir nie Kleidung«, sagt er. »Ich mag Einkaufen nicht.« Er klemmt sich die Haare hinter die Ohren, blickt auf den Boden und wartet. Leo, ruft der erste Reporter, dieses Tor, also, wie Maradona! Leo Messi hält die Augen gesenkt. »Ich dachte nie daran, Diego Maradona zu imitieren. Nicht, als ich das Dribbling startete, nicht, als ich es beendete. Ich dachte nur daran, das Tor zu feiern. Ich habe gelesen und gehört, was die Leute denken, aber ich halte mich raus aus den Vergleichen mit Diego. Ich spiele und lerne weiter, das ist alles. Für mich ist dieses Tor schon vorbei.« Das Tor ist nicht einmal 15 Stunden alt.

Nur einer hält Ronaldinho noch für größer als Messi: Leo Messi. »Für mich bleibt er die Nummer eins.« Er hält das wohl für Treue zum großen Freund. Er ignoriert die Realität: Burn-out-Syndrom, sagt man bei Managern zu dem, was Ronaldinho widerfährt. Mal will er es allen wieder zeigen, dann verlässt ihn am nächsten Tag jegliche Lust. Mal feiert er wild mit Trommeln und Freunden, mal schließt er sich traurig in seiner Villa ein. Barças Vizepräsident Marc Ingla will Messis Vater sprechen. Er warnt ihn, der Brasilianer sei nicht mehr der beste Umgang für den Jungen. Messi schmollt. Was hacken die Leute auf Ronaldinho herum?

Er will nicht wahrhaben, was mit Ronnie passiert – er igelt

sich in dem sehr 21-jährigen Gefühl ein, dass die ganze Welt dem großen Freund unrecht tue. Als Ronaldinho und Deco im Sommer 2008 erniedrigt aus dem Hause Barça weggejagt werden, sagt Messi: »Was Ronnie für meine Integration tat, offenbarte eine wahrhaft gute Seele.« Dann blickt er auf, er blickt einem tatsächlich in die Augen. »Ich werde Ronnie nie vergessen.« Es klingt wie eine Drohung.

Es ist Sommer 2008, Barça sehnt sich danach, die späten, die dekadenten, erfolglosen Jahre Ronaldinhos hinter sich zu lassen. Leo Messi soll das Symbol des neuen Barça sein. Aber er behandelt den Angriffskollegen Bojan Krkić mit demonstrativem Schweigen, der seinen Rekord als jüngster Barça-Torschütze unterboten hat. Er geht nach einem alltäglichen Trainingsfoul auf Mitspieler Rafael Márquez los. Er glaubt zu wissen, wer Ronnie verraten habe. »Leo«, sagt der neue Trainer Pep Guardiola nach einem Training. »Wenn einem etwas nicht passt, muss man es sagen.« Dann reden sie fünf Minuten. So viel wird im Fußball übereinander geredet und so selten miteinander. So leicht ließe sich mancher Groll aus der Welt räumen. Fünf Minuten. Sie reichen, damit Guardiola Messi das Gefühl gibt, egal, was passiert ist, du wirst in diesem Klub geliebt und gebraucht.

Es ist der Friseur, der als Erster erfährt, dass Leo Messi das Gleichgewicht wiedergefunden hat. Er lässt sich zu Saisonbeginn die ewige Kinderfrisur kürzen. Barcelona versteht es als Statement: Er ist erwachsen geworden. Er hat jetzt eine Freundin, er hat sich ein Jackett schneidern lassen, das ihm sogar passt, wenngleich er es immer noch zu sackartigen Jeans trägt. Er hat sich bei Barça die Rückennummer 10 genommen, die Nummer Ronaldinhos; des Anführers.

Im Camp Nou sind die Schiffsgemälde durch plumpe Sponsorenembleme ersetzt worden. Leo Messi steht noch immer da. Er wird noch immer bei ansatzweise kritischen Fragen rot. Wer die üblichen Eigenschaften eines Mannes heranzieht, der eine Gruppe lenken und mitreißen kann, wird bei Messi weder Charisma noch Überzeugungskraft finden. Aber still und schüchtern hat er die Herausforderung angenommen, gegen sein Naturell die Hauptrolle zu spielen. »Ich war immer der Kleinste auf dem Platz. Ich gebe keine Anweisungen. Ich rede nicht viel. Wenn ich etwas zu sagen habe, drücke ich mich mit dem Ball aus.« Im Februar 2009 trägt er die 10 erstmals auch für Argentinien. Das Publikum kann nicht anders, als in ihm den anderen zu erkennen: Er schlüpft ins ewige Trikot Maradonas.

Doch sollten wir bei Messi weniger an Maradona als an Ronaldinho denken. Wer sich an dessen Kunst und seinen Fall erinnert, wird nicht drei Jahre später eilig den nächsten Einzigartigen ausrufen. Der moderne Fußball rast, der Druck, jeden Tag der Beste sein zu müssen, verschleißt; eingesperrt im Ruhm, halten sich seit Jahren die Besten nur sporadisch ganz oben: Ronaldo, Zidane, Kaká. Einen Spieler wie Maradona, der die Illusion weckte, Fußball sei ein Sport für 22 Spieler, und am Ende gewinne doch immer einer alleine, kann es bei dem heutigen Tempo nicht mehr über Jahre oder gar Jahrzehnte geben. Es wäre schon ein Erfolg, wenn Leo Messi nicht Ronaldinho würde.

Und Messi hat den Ball. Ein Doppelpass mitten im Strafraum von Olympique Lyon, Champions League, 86 000 Zuschauer raunen, denn sie können das Tor zum 3:0 schon fühlen. Wer sich in diesem Moment von Messi abwendet, verpasst ein Tor von gewaltiger Schönheit, aber wer stattdessen die Zuschauer betrachtet, gewinnt eine überwältigende Erkenntnis: Messi macht glücklich. Messi schaut auf, Messi schießt, und aus 86 000 Mündern ist es nicht zu überhören: Das Raunen weicht; der Klang seines Spiels ist das Lachen.

IIII 28. Mai 2009 IIII

Art Deco: Ein Mittelfeldspieler setzt Barças Rhythmus

Barcelona liegt Deco zu Füßen. Die Stadt macht sich klein unter seinem Blick, Straßen und Häuser nehmen die Form von Spielzeug an, das Stadion Camp Nou, dieses riesige, mystische Kolosseum, ist zunächst gar nicht zu entdecken und erscheint dann wie eine Puppenbadewanne im Häusermeer. Deco steht im höchsten, dem 42. Stock des Hotel Arts auf dem Balkon. Er hat hier gewohnt, bis er ein Haus in Barcelona fand, er hielt es für einen guten Treffpunkt für das Interview.

Wenn er sich anstrengt, kann er Deutschland schon sehen von hier oben. Die Weltmeisterschaft rückt näher, in seinen Tagträumen ist sie manchmal schon da. Deco, 28, Spielmacher des spanischen Meisters FC Barcelona, Mittelklassenkind aus São Bernardo, brasilianische Provinz, wird bei der WM im Juni in Deutschland der beste brasilianische Mittelfeldspieler sein. Das ist die feste Überzeugung aller, die ihn diese Saison spielen sehen – und es ist die große Ironie dieser WM. Denn Brasiliens bester Mittelfeldspieler spielt nicht für den Weltmeister Brasilien, sondern für Portugal.

Mit 17 wanderte Deco nach Lissabon aus, um es zu schaffen als Fußballprofi, vor drei Jahren ließ er sich einbürgern, um für Portugal zu spielen. Ein Grund – auch wenn er es nie zugeben würde – war, dass er damals glaubte, bei dem Überangebot brasilianischer Klassespieler würde er sowieso nicht in die Weltmeisterelf berufen. Heute wäre Brasilien, die beste Elf der Welt, dankbar, wenn sie auf Deco zählen könnte. Ist das lustig oder ist das traurig?

Die tiefe Frühlingssonne auf dem Hotelbalkon spiegelt sich in seiner riesigen Sonnenbrille, seiner legendären Sonnenbrille. Er trägt sie oft morgens, wenn er bei Barça zum Training erscheint, er steht erst um halb zehn auf, nur ein Joghurt und schnell hinunter in die Stadt in seinem Porsche. Wenn er dann in der Umkleidekabine steht, mit den vom Schlaf zerstrubbelten Haaren und dem hinter den Sonnengläsern halb verborgenen Gesicht, »denken immer alle, ich käme direkt aus einem Nachtklub«. Er erzählt es fröhlich, unprätentiös. Er ist schüchtern, einmal, als das Gespräch auf ein großes Spiel von ihm kommt, wird er rot im Gesicht vor Verlegenheit. Aber er ist auch direkt, offen, er versteckt sich nicht hinter Floskeln. Er sagt: »Ich werde nie aufhören, Brasilianer zu sein. Aber ich bin Portugal zu dankbar, um meine Entscheidung zu bereuen. Portugal hat mich adoptiert, als ich 17 war.«

Er sträubt sich, er weint, als er mit 17 nach Europa soll. Es ist der brutale Alltag des Profifußballs: Private Investoren haben Decos Transferrechte erworben, nun verkaufen sie ihn mit Gewinn an Benfica Lissabon, »sie zwangen mich nicht direkt, aber sie setzten mich unter Druck zu gehen«, er ist 17, woher soll er die Kraft nehmen, sich zu wehren? Er denkt, immerhin ist Benfica ein berühmter Verein. Er weiß nicht, dass Benfica ihn längst an den Vorortklub Alverca weitergegeben hat, einen Zweitligisten. Er mag Lissabon bis heute nicht. Die Stadt, die ihn immer an dieses erste, einsame Jahr erinnert.

Doch er ist hartnäckig. Er ist technisch einer der besten Fußballer, aber er paart seine Geistesblitze, die Gabe großer Spielmacher, mit Dynamik, Kraft und einem Laufpensum, bei dem historische Strategen wie Michel Platini oder Bernd Schuster in Ohnmacht gefallen wären. Johan Cruyff, die niederländische Legende, hat die schönste Ode an Deco verfasst: »Deco ist eine ganze Elf in einem Spieler: Arbeit, Aufopferung, Tore, Technik. Alles. Sein Fußball ist die Wahrheit.« Er arbeitet sich nach oben. Nach einem Jahr in Portugals zweiter Liga verpflichtet ihn der FC Porto. Er gewinnt mit dem Klub den UEFA-Cup und, eine der größten Überraschungen der Fußballgeschichte, 2004 die Champions League. Da entdeckt ihn endlich auch Brasilien. Aber er ist schon Portugiese.

Er findet eine Heimat in sechs Jahren in Porto. »Ich habe dort Freunde gewonnen, all die Dramen erlebt, die zum Erwachsenwerden gehören. Die Leute in Porto gaben mir ihre Liebe. Ich fühlte, für Portugal zu spielen wäre eine Chance, ihnen etwas zurückzugeben.« Er muss lernen, dass nicht jeder Portugiese von seiner Idee begeistert ist. »Die Nationalhymne lernt man nicht, man fühlt sie«, sagt Portugals Kapitän Luís Figo. Deco sagt nur, jeder dürfe seine Meinung haben. Und heute, drei Jahre später, ist Figo Nebendarsteller in einer Nationalelf, die Deco mit seinen Einfällen, seiner Präsenz prägt. Heute wird Figo, der alte Nationalheld, von seinen Landsleuten wegen seiner Selbstgefälligkeit skeptisch beäugt und Deco, der Einwanderer, bewundert. Dass Portugal, das am Verlust seiner Kolonialmacht lange litt, nun ohne Komplexe zu einem Immigranten aufschaut, ist mehr als eine versöhnliche Note: ein Zeichen. Das Land hat sein seelisches Gleichgewicht gefunden.

Portugals Elf in Deutschland wird exakt dieselbe sein, die vor zwei Jahren bei der Europameisterschaft im eigenen Land das Endspiel erreichte, nur um dann 0:1 gegen Griechenland zu verlieren. Cristiano Ronaldo, Andrade, Maniche, all die klingenden Namen sind noch dabei. »Wir kommen mit der Hoffnung nach Deutschland, etwas zu erreichen«, sagt Deco, das mag vage klingen, ist im Code der Fußballer aber eine konkrete Aussage: Portugal, das in der Vorrunde auf Mexiko, Iran und Angola trifft, kann ins Halbfinale kommen – *etwas erreichen* –, aber wohl kaum das Turnier gewinnen. »Die EM 2004 war für Portugal als Land ein unglaublicher Erfolg, die gute Organisation, wir im Finale. Aber als Spieler haben wir im Endspiel eine einmalige Chance verpasst. Der Zweite ist der Erste der Letzten.«

Er hat die Sonnenbrille abgesetzt, verschwunden ist das Coole. Decos Gesicht ist das eines ewigen Jungen. Es lacht über die Frage, ob er diesen Sommer nicht zwei Jahre zu spät nach Deutschland komme. Er hatte 2004, nach seinem internationalen Durchbruch mit Porto, zunächst zwei Angebote, vom FC Chelsea – und von Bayern München. Zu Chelsea hätte er José Mourinho, seinen Trainer aus Porto, begleiten sollen, »aber ich wollte unabhängig werden, ich wollte nicht als Mourinhos Söhnchen gelten, deshalb wäre ich definitiv zu Bayern gegangen. Über den Vertrag waren wir uns schon einig.« Doch dann meldete sich der FC Barcelona. Es war keine Frage, wohin er gehen würde. Barça mit seinem obersten Gebot vom schönen Spiel erschien Deco wie seine Bestimmung.

Barcelona liegt ihm zu Füßen, einige Tage nach dem Interview. Das Flutlicht brennt im Camp Nou, Bilbao ist der Gegner in der spanischen Liga, und 70 000 Zuschauer ziehen das O lang in seinem Namen: »Decooo, Decooo.« Er raubt den Ball, er spielt die Pässe; er scheint sich zu vervielfältigen. Später werden von diesem Ligaspiel in der weiten Welt nur ein paar Schnipsel im Fernsehen zu sehen sein, die meisten von Ronaldinho, Barças Weltfußballer des Jahres, mit seinen Tricks. Und in der weiten Welt werden sie wieder darüber reden, wie unglaublich dieser Ronaldinho sei. In Barcelona aber gehen 70 000, die das ganze Spiel gesehen haben, wieder einmal mit der Erkenntnis nach Hause: Neben Deco ist Ronaldinho, der beste Fußballer der Welt, oft nicht einmal der beste seiner Elf.

IIII Juni 2006 IIII

Der Engel schwebt: Iniesta, der Lieblingsfußballer vieler Fußballprofis

Er trägt den roten Trainingspullover in der Größe Medium. So ist er ihm zu groß. Die Ärmel hängen ihm bis über die Hände. Als das Vormittagstraining beginnt, gibt die Frühlingssonne den Fußballprofis des FC Barcelona einen goldenen Stich, und Andrés Iniesta krallt die Finger in die Pulloverärmel. Als ob er sich irgendwo festhalten müsste. Als ob er sich im eigenen Pullover verstecken wollte.

Andrés Iniesta, 22 Jahre alt und nur 1,69 Meter groß, macht es den Fans am Trainingsplatz leicht, ihn in der Masse der Mitspieler zu übersehen. Statt den Gesten einer Berühmtheit strahlt er nur die Schüchternheit eines Jungen aus. Wenn man nach dem Training des Champions-League-Siegers die Mädchen mit den schrillen Stimmen, die Touristen mit ihren Videokameras, die Behindertenschüler mit dem seligen Lächeln fragen würde: War Iniesta auch da? Sie würden es nicht wissen – und sagen: Aber wir haben Ronaldinho gesehen. Messi! Eto'o! Doch gerade seine Staruntauglichkeit hat Andrés Iniesta berühmt gemacht.

Er ist ein *footballer's footballer,* wie Briten sagen: ein Fußballer der Fußballer. Ein Spieler, der in der Szene gerade deshalb verehrt wird, weil die Massen seinen Wert angeblich nicht erkennen. Alle, die sich dem inneren Zirkel des Fußballs zurechnen – Profispieler, Trainer, Talentesucher, Agenten, Reporter –, sind besessen davon, solche Spieler zu entdecken, ihnen zu huldigen. Denn damit beweisen sie doch ihre tiefe Fachkenntnis. Die Besonderheit eines Ronaldinho kann jeder erkennen. Aber argumentieren zu können, der beste Verteidiger der Welt sei Nemanja Vidić von Manchester United oder Iván Córdoba von Inter Mailand, der kommende deutsche Trainer heiße Robin Dutt von den Stuttgarter Kickers, und in Barças B-Team gebe es einen 17-Jährigen, Bojan Krkić, der sie alle, Rooney, Klose, Eto'o, übertreffen wird – das macht einen zum Insider, hebt einen über die Massen heraus. »Alle meine Freunde fragen mich nach Ronaldinho«, sagt Barças isländischer Stürmer Eidur Gudjohnsen. »Wie er ist, was er macht, ob er mit mir redet. Und ich erzähle ihnen von Iniesta.«

Längst hat Iniestas Popularität absurde Formen angenommen: Hunderte Experten, die ihn als ihren persönlichen Geheimtipp preisen; dabei ist er das offenste Geheimnis des Fußballs geworden. In einer Saison, in der Ronaldinho schnauft, Deco neben sich steht, Eto'o und Messi lange verletzt waren, ist Iniesta regelmäßig Barças Bester. »Der Bonbonverteiler«, taufte ihn sein Trainer Frank Rijkaard. Iniestas Pässe aus dem Mittelfeld sind zuckersüße Geschenke für die Zuschauer wie die Mitspieler. Seine Entscheidungen trifft er mit der Schnelligkeit eines übersinnlichen Denkers. Sein Geist blitzt. Mit welcher Widerstandskraft sein schmächtiger Körper den Ball verteidigt, ist unerklärlich, sein taktisches Verständnis lässt einen an den eigenen Augen zweifeln: »Er ist an so vielen Orten, dass es scheint, es seien zwei Iniestas auf dem Platz«, sagt Rijkaard. Und doch. Barça, das spektakuläre Barça, ist dieses Jahr im Champions-League-Achtelfinale gescheitert, in Spanien noch immer führend, aber längst nicht mehr so übermenschlich wie vergangene Saison. Das zeigt, dass Iniesta – so gut er auch ist – nicht den Wahnwitz Ronaldinhos, nicht die Dominanz Decos hat, um seine Elf mitzureißen auf ein höheres Niveau. Aber welcher Experte will das schon hören?

Er ist der Liebling der Fußballszene, seit er elf war. Damals holte Barça ihn aus den Weiten der Mancha, der dürren Heimat Don Quijotes, ins 700 Kilometer entfernte Barcelona; einen Elfjährigen. Er wurde eine 4. Die Trikotnummer gehört bei Barça dem defensiven Mittelfeldspieler – vor allem aber steht sie mehr als jede andere Position für Barças Stil. Hier ist der defensive Mittelfeldspieler kein Zerstörer, sondern ein technisch brillanter Spieleröffner. »Schau dir mal diesen

Iniesta im Jugendteam an«, sagte Pep Guardiola, der Übervater unter Barças Vierern, eines Tages zum jungen Xavi Hernández: »Xavi, du wirst mich in die Rente schicken. Und Iniesta wird uns alle in den Ruhestand schicken.«

Iniesta lachte, als ihm Xavi das erzählte. »Und du, Xavi, hast Angst bekommen, was?« Sie spielen längst zusammen, oft Iniesta, Xavi (1,65 Meter) mit Deco (1,74 Meter) als: Mittelfeld der drei Zwerge. Endlich zusammen. Zu lange waren zwei seiner Stärken, seine Vielseitigkeit sowie seine Fähigkeit, sich sofort und fehlerlos im hitzigsten Spiel zurechtzufinden, Iniestas Schwäche: Er war, bis zu dieser Saison, Barças idealer zwölfter Mann, der immer eingewechselt wurde, wo etwas zu reparieren war, aber eben selten in der Startelf stand. Ob er oft wütend, traurig war, für seine Stärken mit der Ersatzbank bezahlen zu müssen? »Durch den Kopf gehen einem viele Sachen«, sagt er nur.

Ein Spiel ändert selten die Welt, aber etwas änderte sich in jener Mainacht 2006 in Paris, als Barça im Champions-League-Finale zur Halbzeit 0:1 gegen Arsenal zurücklag und, wieder einmal, Iniesta eingewechselt wurde. Sie gewannen 2:1. Seitdem ist er Stammspieler. »Der glücklichste Fußballer der Welt«, sagt er. Er hat eine in der Sonne Spaniens rare Hautfarbe. Iniestas Gesicht ist schneeweiß wie das der Engel auf mittelalterlichen Kirchengemälden. Und so schwebt er über den Trainingsplatz, die schwierigste Ballkontrolle, die komplizierteste Drehung lässt er einfach aussehen. Ein Engel.

Andrés Iniesta krempelt die zu langen Ärmel seines zu großen Trainingspullovers bis über die Ellenbogen hoch. Für einen Moment wirkt er wie ein entschlossener Kämpfer; ein

Held der Massen. Dann, schon beim nächsten Torschuss, rutschen ihm die Ärmel wieder herunter. 2. Oktober 2007

Iniestas große Frage

Seinen Zweitwohnsitz hat Andrés Iniesta seit dem Sommer in der Andrés-Iniesta-Straße 1. Der Dorfrat von Fuentealbilla, einem Flecken mit 2000 Einwohnern in den Weiten der kastilischen Halbwüste, taufte die Straße nach dem berühmten Sohn des Ortes, und unter der Aufsicht von Iniestas Vater, einem Maurer, entstand ein Haus, das Züge eines Museums trägt. Im Boden des Swimmingpools ist das Wappen von Iniestas Verein FC Barcelona eingelassen, auf dem Eingangstor ist ein Fußballschuh abgebildet, in die Hauswand sind Name und Rückennummer des spanischen Weltklassespielers gemeißelt. Andrés Iniesta, 25 Jahre alt, bescheiden und introvertiert, hat auch die großspurigen Gestaltungsideen des stolzen Vaters still hingenommen.

Die Einweihung des Hauses sollte ein weiterer Höhepunkt in der besten Zeit seines Lebens werden. Kontinuierlich ließ er vergangene Saison beim Fußball die schwierigsten Aktionen leicht aussehen. Das Glück jener Monate, als Barça alles, die Champions League sowie Spaniens Liga und Pokal, gewann, öffnete Iniesta. Er hatte immer nach innen gelebt, und nun glühte er vor Lachen, scherzte und glaubte, so würde es bleiben. »Stattdessen wurde es der schlimmste Sommer meines Lebens«, sagt er. Als der Jubel verklang, als die Ruhe der Ferien ihn ergriff, wurde er plötzlich von einer diffusen

Schwermut befallen, »eine Sache des Körpers, des Lebens, der Natur, ich kann es mir nicht erklären«. Die Melancholie steckte den Körper an, ein Virus legte sein Immunsystem lahm, an Training war nicht zu denken. Als er auf dem Weg zurück war, starb am 8. August sein Freund, der Kapitän von Espanyol Barcelona Dani Jarque, am plötzlichen Herztod. Innerhalb weniger Monate verlor Iniesta zwei weitere Gefährten. Alfonso Larios, ein Kollege aus Zeiten in Barças B-Team, verunglückte mit dem Auto. Robert Enke, mit dem Iniesta 2002 die ersten Schritte als Profi bei Barça gegangen war, nahm sich das Leben. »Du denkst und denkst«, sagte Iniesta der Zeitung *La Vanguardia*. »Du stellst dir die großen Fragen ohne Antwort: Wofür lebst du überhaupt?«

Die Fragen mischen sich noch immer in sein Spiel ein. Ihm unterlaufen kleine Fehler, ihm fehlt, was kein Wissenschaftler messen, aber jeder Fußballer fühlen kann: das entscheidende bisschen Spritzigkeit. 106 Tage hatte er nach dem Champions-League-Finale von Rom kein Spiel bestritten. Während er aufgrund seines anmutigen Spiels vor dem Sommer als ein Favorit für die ersten drei Plätze bei der Wahl zum Weltfußballer des Jahres gilt, ist er gleichzeitig einer von etlichen Gründen, warum der FC Barcelona inzwischen Probleme hat. Heute müssen sie beim Schlager gegen Inter Mailand nach nur einem Sieg in den ersten vier Champions-League-Vorrundenpartien schon mit dem Gedanken an ein mögliches Scheitern fertigwerden.

»Ich muss wieder dieses schöne, einfache Gefühl erlangen, Fußballer zu sein«, sagt Iniesta, und da kommt einem unweigerlich jenes überwältigende Gefühl aus dem Mai in den Sinn, als er im Champions-League-Halbfinale gegen Chelsea den Ball »mit meiner ganzen Seele« in den Torwinkel schoss und Barcelona in der Nachspielzeit doch noch ins Endspiel brachte. Es war nicht Schicksal, es war nicht gerecht, es war bloß die unerklärliche Schönheit des Fußballs.

Andresito, 1,68 Meter klein, das Gesicht eines ewigen Jungen, war schon länger ein Lieblingssohn Barcelonas. Die Stadt wird geduldig auf seine Rückkehr in aller Größe warten. »Ich sah so viele Menschen vor Glück weinen nach jenem Tor«, sagt er. »Das wird mich immer motivieren: keine Wahl zum Fußballer des Jahres, sondern Leute so glücklich zu sehen. Es war der beste Moment meines Lebens.« Und für einen Augenblick sieht Andrés Iniesta wie ein Mensch aus, der seine Antwort gefunden hat auf die große Frage, wofür er lebt.

IIII 29. November 2009 IIII

Barças Perpetuum mobile: Passmeister Xavi Hernández

Ein Stuhl wird jäh gerückt, ein Mann schnellt in die Höhe, aufgeschreckt starren die Gäste der Holanka-Bar am Stuttgarter Schlossplatz zu dem Tisch. Dort sitzt an diesem Nachmittag der deutsche Fußballnationalspieler Thomas Hitzlsperger. Und vor ihm dreht sein aufgesprungener Gesprächspartner eine irre Pirouette. Doch keine Panik, nichts ist passiert; nur das Übliche: Die Worte reichten wieder einmal nicht aus, um Xavi Hernández zu beschreiben. Also versucht Hitzlspergers Besuch aus Barcelona, Xavis ultimativen Trick am Cafétisch nachzustellen: *La Vueltecita*. Das Drehungchen.

Wenn normale Klassespieler mit einem Gegner im Nacken angespielt werden, fahren sie die Schultern aus, um den Ball abzuschirmen. Dann versuchen sie, sich zu drehen. Es sind zwei Bewegungen. Xavi aber dreht sich um den Gegner, während er den Ball annimmt. Es ist ein einziger Fluss. Und schon ist er davon.

Sogar Kollegen, die selbst so viel können wie Hitzlsperger, fragen: Wie macht er das? Xavi Hernández, bald 29, spielt im elften Jahr auf höchstem Niveau im Profiteam des FC Barcelona, aber die Fußballwelt hat ihn nun wie eine Offenbarung entdeckt. Er war der offiziell beste Spieler der EM 2008, und wie damals bei Europameister Spanien ragt der Spielmacher nun im rekordverdächtigen Barça aus der Masse an Weltklasse heraus. Denn Xavi ist nicht bloß ein besonderer Fußballer. Er ist der Standardträger eines Stils. Niemand verkörpert das einzigartige Kurzpassspiel Barças und Spaniens wie er, der Passmeister im Mittelfeld. »Nicht ich, sondern unsere Spielidee wurde prämiert«, sagte er zu seiner Auszeichnung als bester EM-Spieler, »ich bin nur der Repräsentant dieses Passspiels, ich bin ein Lehrling der Schule Barças. Sonst bin ich nichts.«

Noch heute, während Xavi triumphiert, werden überall auf der Welt in den besten Jugendteams Fußballer wie er aussortiert, am Ball eine Ode, aber 1,65 Meter klein, nicht schnell. Moderne Sieger, sagt man ihnen, müssten gigantische Athleten sein. Und vermutlich stimmt das tendenziell sogar. Wahrscheinlich ist der derzeitige Erfolg Spaniens und Barças mit ihrem wagemutigen, anmutigen Angriffsfußball nur die Ausnahme; vielleicht wird der FC Chelsea – der Inbegriff des Athletenfußballs – schon an diesem Dienstag im Champions-

League-Halbfinale die Pracht Barças zermanschen. Der Eindruck, den Spanien und Barça diese Saison machten, wird jedoch bleiben: Dies ist der wahre, schöne, gute Fußball. Dies ist das Jahr Xavis.

Xavi bringt den Zuschauern die Kindheit zurück; egal ob er Fußball spielt oder darüber redet. »Wenn wir passen, geht das pim, pam, pum«, sagte er eines Tages im Stadion Camp Nou, »und dann Andresito am Ball«, Andrés Iniesta, sein Bruder im Geiste des Barça-Passspiels, »spektakulär! Der geht ab – bam! Es scheint, er bremst, aaaber: zack! Er geht ab, er ist schon weg, Andresito, was für eine Maschine!« Xavis Leidenschaft für den Fußball hat etwas wunderbar Altmodisches. Er kann sich daran begeistern, über das Panini-Klebebilderalbum der WM 1994 zu erzählen; mit der Playstation weiß er weniger anzufangen. Als ihm vergangenen Sommer 300 000 Euro für einen Werbeauftritt in Usbekistan geboten wurde, 300 000 Euro für einen einzigen Tag hinfliegen, lächeln, zurückreisen, sagte er ab. Er blieb lieber im Urlaub und redete mit seinem Vater über Fußball.

Er ist auch ein Athlet; doch vor allem ein Spieler. Und wahrscheinlich beweist seine eigene Karriere, wie eng der Platz für Profis wie ihn auf höchstem Niveau geworden ist. Er war stets ein Klassemann, aber er hat 29 werden müssen, bis alles zusammenkam; bis ihn ein Trainer, Frank Rijkaard, 2004 von der defensiven Mittelfeldposition vorschob, bis ihn ein anderer, Nationaltrainer Luis Aragonés, 2005 zum Mittelpunkt aller Spielzüge machte, bis das avantgardistische Spiel seiner Elf so fein gestimmt war, dass seine traumwandlerischen Steilpässe heute immer Empfänger finden. Sein Triumph wird erst komplett sein, wenn seinetwegen irgendwo auf der Welt bei den besten Jugendteams athletisch schwache, technisch raffinierte Jungen weitermachen dürfen.

Niemand spielt so viele Pässe nach vorne wie er, niemand macht dabei so wenig Fehler. Kaum ein zentraler Spieler verliert so selten den Ball. »Wir«, sagt am Schlossplatz in Stuttgart Thomas Hitzlsperger und spricht für so ziemlich alle anderen talentierten Mittelfeldspieler der Welt, »müssen uns erst freilaufen, bevor wir angespielt werden. Barça spielt Xavi an, auch wenn zwei Gegner an ihm hängen.« Weil sie wissen, er macht das Drehungchen, und dann: pim, pam, pum. In der Holanka-Bar in Stuttgart allerdings macht es nur bäng! Ein Tisch wackelt. Hitzlspergers Bekannter hat beim Versuch, das Drehungchen zu kopieren, das Gleichgewicht verloren.

|||| Mai 2009 ||||

Der Torwart, der keiner sein wollte

Plötzlich liegt Victor Valdés am Boden. Das Interview auf dem braunen Ledersofa im Pressezentrum des FC Barcelona ist eine Viertelstunde alt. Statt die unterschiedliche Falltechnik spanischer und deutscher Torhüter zu beschreiben, hat sich Valdés kurzerhand entschlossen, sie praktisch vorzuführen. »Wir Spanier fallen nach einem Sprung einfach wie ein Klops zu Boden, bumm«, sagt er und sinkt demonstrativ auf den Flur, in weiten Jeans und schwarzem T-Shirt mit einem lebensgroßen Adler auf der Brust. »Die Deutschen dagegen«, fährt er fort, immer noch auf dem Boden, »rollen sich so ästhetisch ab«, die dreifache Bodenrolle macht er allerdings nur noch mit beiden Händen in der Luft nach, nicht mehr mit dem ganzen Körper.

Es war unsere erste ausführliche Begegnung, im April 2010, und dort auf dem Boden des Baucontainers, der als Pressezentrum firmierte, schaffte Victor Valdés, was ihm trotz all der Erfolge mit der besten Fußballmannschaft unserer Zeit jahrelang nicht gelungen war: Er öffnete sich, er zeigte etwas von sich und seinen Leidenschaften, etwa für die deutsche Torwartschule. Lange glaubte er, ein Torwart müsse seine Persönlichkeit hinter floskelhaften Antworten und einem eiskalten Gesicht verstecken, ein Torwart dürfe keine Menschlichkeit erkennen lassen, denn menschlich zu sein bedeute doch, schwach und voller Fehler zu sein, oder? »Heute schaffe ich es, mehr von mir preiszugeben«, sagt er. Und so ist Victor Valdés nicht nur ein herausragendes Beispiel, wie sich ein Torwart zwischen 20 und 30 entwickeln kann, sondern auch, wie ein Mensch in dieser Zeit reift.

Wenige sehen ihn unter den besten Torhütern der Welt. Aber kennt jemand einen besseren für Barça? Er ist ein unverrückbarer Part jener Elf um Messi, Xavi und Iniesta, die seit 2006 drei Champions-League-Titel gewann und das Publikum jedes Mal aufs Neue glauben lässt, so einen Fußball noch nie gesehen zu haben. Seit einem Jahrzehnt ist er Barças Nummer eins. In einem Sport, in dem ein Monat mehr verschleißt als ein Jahr im wirklichen Leben, in einem Verein, bei dem sich im Jahrzehnt zuvor von Vítor Baía bis Robert Enke elf Torhüter vergeblich zu etablieren versuchten, ist das eine Epoche.

Als Victor Valdés am 10. Dezember des vergangenen Jahres seinen spektakulärsten Fehler begeht, lässt sich seine

Klasse am besten erkennen. Er spielt Real Madrids Stürmer Ángel di María einen Pass direkt in den Fuß, 16 Sekunden sind im Clásico der spanischen Liga erst gespielt, Real nutzt das Missgeschick zum 1:0 – und Victor Valdés passt danach den Ball in den schwierigsten Situationen, unter Druck von Reals Stürmern, unbeeindruckt so riskant wie stoisch und sicher zu seinen Verteidigern. Er bleibt kühl in der Hitze des Spiels, er agiert sicher, als wäre nichts passiert. Am Ende gewinnt Barça 3:1. Diese Kühle, diese Fähigkeit, eigene Fehler zu ignorieren, muss ein großer Torwart sich antrainieren wie das Fangen und Fausten. Victor Valdés aber konnte irgendwann nicht mehr trennen zwischen Fußballspiel und Leben. Ohne es zu merken, hatte er sich in einen Schauspieler verwandelt, der glaubte, immer und überall die Rolle vom eiskalten Mann spielen zu müssen.

Er war Anfang 20, er trug eine schwarze Lederjacke, die Haare rasierte er sich galeerenkurz. Und das Publikum, auch die Mitspieler, glaubten, dass er wirklich so sei. Zu Hause aber schaute Valdés keine Fußballspiele im Fernsehen an. Er hatte Angst, dass die Aktionen der anderen Torhüter ihn an seine Fehler erinnern könnten. Er muss erst 28 werden, als er sich im Frühling 2010 entschließt, erstmals zu erzählen, wie es wirklich in jungen Jahren in ihm aussah. Michael Robinson will ihn interviewen. Mit *Informe Robinson* produziert der englische Auswanderer im spanischen Fernsehsender Canal+ eine Sendung voller tief gehender Beiträge, die man nur das beste Sportprogramm Europas nennen kann. Die Sendung erscheint Valdés als ideale Plattform, um endlich aus seiner Schauspielrolle zu schlüpfen, um sich frei zu reden. Aber er kann nicht. Er hat sich so daran gewöhnt, sich zu verschließen, dass er sich auch nicht öffnen kann, obwohl er es will. Sie brauchen drei Tage für das Interview. Dann endlich durchbricht Valdés seine Schutzhaut.

»Am Samstag ist wieder ein Spiel – der Gedanke war der Horror«, erzählt er aus seinen Jugendtagen. Die Angst des Torwarts vor einem Fehler, die Frage, warum spiele ich auf dieser Position, wenn ich sie hasse, quälten ihn. »Mein Leben war so voller Druck, dass ich keine Ruhe fand«, sagt Valdés. »Ich litt im Tor.« Sein Vater und seine Brüder sagten ihm, gib nicht auf, du hast ein Talent, das ein Geschenk ist. »Aber weißt du, wovon ich träumte?«, sagt er und antwortet sich selbst: »Ich träumte davon, Feldspieler zu sein.«

Mit 18 ging er zum Psychologen. Die Therapie half ihm, als Torwart weiter zu funktionieren. Befreit von der allgegenwärtigen Anspannung aber hat ihn erst ein halbes Jahrzehnt später das Älterwerden, die Geburt seines Sohnes, das Selbstvertrauen der Fußballerfolge – und ein Trainer. Den wenigsten Profifußballern wird das Glück zuteil, auf einen Trainer wie Pep Guardiola zu treffen. Er will nicht nur irgendwie Erfolg haben. Er will, dass seine Spieler diesen Sport so glühend lieben wie er. Im Sommer 2008 übernahm er Barça. Victor, sagte Pep Guardiola, wenn du so weitermachst, ist irgendwann deine Karriere zu Ende, und du hast diesen wunderbaren Beruf keinen Tag genossen, weil du immer nur angespannt bist, weil du immer nur unbedingt Erfolg willst. Schau dir Fußball im Fernsehen an, versuch, das Spiel zu analysieren, warum zieht der Stürmer nach links, welchen Pass wird der Spielmacher gleich schlagen, und je mehr du vom Fußball verstehst, desto mehr wirst du ihn lieben.

»Pep hat meine Sicht auf den Fußball komplett verändert.«

Früher war Valdés das gesamte Spiel hindurch angespannt, er ballt die Fäuste beim Interview, die Adern treten an den Unterarmen hervor, »meine Art zu spielen war bumm-bumm-bumm, raus-raus-raus. Pep lehrte mich, die Intensität während des Spiels oft herunterzufahren, das Geschehen kalt zu analysieren, statt immer nur grimmig entschlossen zu lauern.«

Heute gibt sich Victor Valdés noch immer gerne die Aura des eiskalten Mannes, die schwarze Kleidung, die raspelkurzen Haare, die den Blick hart machen. Er wird die Manien nicht mehr los, die er sich antrainierte, um die Unsicherheit zu übertünchen. So glaubt Victor Valdés, er müsse stets das grüne oder schwarze, auf keinen Fall aber das graue Torwarttrikot tragen, wolle Barça gewinnen. Aber er hat gelernt, gelassen zu sein, kurze Momente der Angst und Schwäche als menschlich zu akzeptieren.

Das T-Shirt mit dem Adler lässt den Blick auf muskulöse Oberarme frei, seine Schultern sind so breit geworden, dass alles an ihm riesig wirkt, die Hände, der Nacken. Wer die Fotos des 20-jährigen Victor Valdés ansieht, pausbäckig, schmal, langhaarig, mit verkniffenen Augen, erkennt ihn nur schwer wieder. Damals, frisch in Barças erster Elf, unterliefen ihm nicht nur die Fehler der Jugend, sondern er schien bei elementaren Qualitäten wie Fangtechnik und Sprungkraft gravierende Mängel aufzuweisen. Aber die besten Profis hören nie auf, besser zu werden. Victor Valdés ist, während er schon Barças Nummer eins war, erst langsam zu einer wahren Nummer eins geworden. Er hat bewiesen, dass Grundzüge wie eben Fangtechnik und Sprungkraft nicht nur Talent, sondern auch Arbeit sind. Und er hat, auf Anweisung Guardiolas, radikaler als alle anderen den Torhüter der Zukunft entworfen.

In der Elf des schwingenden Angriffsfußballs »gibt es Tage, da spiele ich mehr mit dem Fuß als mit der Hand«, sagt Valdés. Nach Barças Offensivplan muss er weiter vor dem Tor als fast alle anderen Torhüter stehen, um mit gewagten Pässen das Pressing des Gegners zu durchbrechen sowie Konterbälle in den Rücken seiner Abwehr abzufangen. So weit vor dem Tor stehe ein Torwart bei Weitschüssen oder Kontern oft »am Rande des Abgrunds«, sagt er. »Aber das Konzept des Torwarts, der auf das Feld trat, nur um Schüsse zu halten, ist verschwunden. Wir machen viel mehr.« Traumtore von Leo Messi beginnen bei Barça nicht selten mit einem Traumpass des Torwarts am anderen Ende des Spielfelds; Valdés soll der erste Spielmacher der Elf sein.

Er sitzt schon wieder auf dem Sofa, statt auf dem Fußboden zu liegen, und was irgendwann auffällt, ist sein kleiner Finger der linken Hand. Valdés kann ihn nicht mehr strecken und kaum noch beugen. Er hätte ihn schienen müssen, nachdem Sehnen und Kapseln bei einer Torwartaktion rissen. Er stabilisierte ihn nur mit Tapeverband, ein Profi kennt keine Pause, so verkrüppelte der Finger. Torhüter arbeiten mit den Händen, aber sie brauchen nicht alle Finger. Der Daumen sowie Zeige- und Mittelfinger sorgen für den Griff.

Hat er den Beruf des Torwarts mittlerweile lieben gelernt? Lieben ist ein großes Wort, vermutlich auch das falsche. Aber er hat seinen Frieden mit der Torwartposition gemacht. Der Sport, den Victor Valdés wirklich liebt, ist allerdings ein anderer. Das Windsurfen. Jeden Sommer packt er die Bretter ein, in Sotavento auf Fuerteventura hat er seine Kolonie von

Surffreunden, vergangenen Sommer war er wegen der Wellen in Bonaire auf den niederländischen Antillen. Torhüter sind Herren der Lüfte, aber Victor Valdés hat seinen Sohn Dylan getauft, das bedeutet auf Gälisch: Sohn des Meeres.

IIII April 2011 IIII

Der Krieger geht nach Hause: Puyols Körper kann nicht mehr

Es ist früher März, und Carles Puyol sieht aus, als komme er aus dem Sommer. Er trägt nur ein weit ausgeschnittenes T-Shirt, das die kräftigen Unterarme freigibt. Die langen Haare fallen, wie immer nach dem Training, noch nass, ungekämmt und ungebändigt auf seine Schultern.

Carles Puyol hat stets den Eindruck vermittelt, er trotze den Kräften der Natur, kurzärmlig im Winter, im Rekordtempo zurück auf dem Fußballplatz nach jeder noch so schwerwiegenden Verletzung. Aber der durchdringend ernste Blick in seinem Gesicht an diesem Märztag im Presseraum des Stadions Camp Nou verrät, dass die Natur Carles Puyol eingeholt hat; dass der Körper seinen Preis verlangt für all die Partien unter Schmerzen, die ihm Puyol über die Jahre zumutete.

Als der FC Barcelona die Medien an diesem Dienstag im März kurzfristig ins Stadion zu einer Erklärung seines Mannschaftskapitäns Carles Puyol einbestellte, war klar, etwas musste passiert sein; und es war nicht schwer zu erraten, was. »Ich habe mich entschieden, den FC Barcelona zum Saisonende im Juni zu verlassen«, sagte Puyol. »Nach zwei extrem aggressiven Operationen am rechten Knie in den letzten Monaten bereitet es mir große Schwierigkeiten, wieder auf das Niveau zu kommen, das ich selbst von mir erwarte.« Nach 23 Titeln, als Welt- und Europameister sowie dreimaligem Champions-League-Gewinner, gelang Puyol im Abschied noch eine echte Geste: Er verzichtet freiwillig auf die zwei verbliebenen Vertragsjahre bei Barça und damit auch auf etliche Millionen Euro.

Er sprach nicht einmal zwei Minuten auf seiner spontanen Pressekonferenz, er ließ keine Fragen zu, weil er noch keine Abschiedsgeschichten lesen mochte. Schließlich ist er noch ein paar Wochen Spieler einer Mannschaft, die einiges gewinnen will. Zudem hält er sich die Option offen, auf einem weniger anspruchsvollen Niveau weiterzuspielen, vielleicht in New York, wo seine Frau, die Modedesignerin Vanesa Lorenzo, ein Apartment besitzt. Und doch rutscht einem nach seinem angekündigten Abschied schon die Vergangenheitsform heraus, wenn man über ihn schreibt: Er war das Mensch gewordene Beispiel der Motivationsliteratur. »Wer will, der kann.« Carles Puyol schien stets aufs Neue seine natürlichen Grenzen zu überwinden. In der umwerfenden Mannschaft des FC Barcelona, dem Team des schönen Fußballs, war der Verteidiger der unwahrscheinlichste Star, der Rackerer und Kämpfer, der Junge aus der katalanischen Provinz, der mit 17 noch auf dem Dorfplatz spielte statt in Barças Eliteakademie. Sein Äußeres, die riesige Nase, die tiefen Falten schon in jungen Jahren, das ungekämmte, das in die Augen hängende Haar, schien geradezu symbolisch: Auch in der Elf des Schönen war Platz für einen mit Makeln.

Doch nun sieht man, dass diese unermüdliche Selbstüberwindung, für die ihn das Volk und die Motivationsliteraten liebten, nicht nur zu Pokalen und Triumphen führte, sondern auch zu seiner Selbstzerstörung. Nach rund 40 Verletzungen und 25 Operationen kann Carles Puyol mit 35 Jahren nur noch unregelmäßig spielen. Nach fast jedem Einsatz sammelt sich wieder Wasser im rechten Knie, und man möchte sich nicht ausmalen, wie es ihm in 30 Jahren körperlich geht. Puyol wusste, dass er mit seinem exzessiven Einsatz seinem Körper mittelfristig schade, erzählt sein Freund, ein anderer ehemaliger Barça-Kapitän, Luis Enrique. Puyol glaubte nur, er habe keine andere Chance, sich im Profifußball durchzusetzen.

Er wuchs im Bergdorf La Pobla de Segur auf, wo die Elemente der Erde in der Sonne leuchten: die Gipfel der katalanischen Pyrenäen, das Wasser des Flusses Flamisell. Spanisch beherrschen in La Pobla de Segur viele Katalanen allenfalls leidlich. Selbst Barcelona ist nicht nur zwei Stunden, sondern eine Welt entfernt. Als Kind spielte Puyol hier als Torwart. Die Plätze waren aus staubiger Erde oder in der Halle aus Zement unter dünner Kunststoffschicht. Er warf sich rücksichtslos nach den Bällen. Der große Fußball, das Profispiel im fernen Barcelona oder Madrid, faszinierte ihn, erzählte er einmal. »Ich interessierte mich nicht mehr für die Maschinen auf dem Bauernhof meiner Eltern, die Traktoren, die Pflüge.«

Sein Sportlehrer vermittelte ihm eine Probe beim FC Barcelona. Da war Puyol schon 17 und Stürmer. Wer mit 13, 14 nicht von einem großen Klub entdeckt wird, hat zu viele entscheidende Lernjahre verloren, hat keine Chance mehr, hieß es. Puyol bereitete sich mit seinem Sportlehrer die ganzen

Sommerferien auf seine Probe in Barcelona vor, jeden Tag mehrmals Training. Bei Barça sagte der Jugendleiter Oriol Tort, der Junge sei am Ball zu grobschlächtig, er passe nicht in Barças legendäres Konzept der eleganten Passspieler. Aber sie nahmen ihn. Sie hätten noch nie einen Jungen mit solch einer Lust zu lernen gesehen, sagte Tort, mit solch einem Ehrgeiz, besser zu werden.

Rund 15 Jahre später, im Juli 2010, zwei Tage vor dem Weltmeisterschafts-Finale mit Spanien gegen die Niederlande in Johannesburg, saß Carles Puyol im Trainingsquartier in der südafrikanischen Provinz mit dem Reporter Luis Martín von der Tageszeitung *El País* zusammen und sagte einen Satz, der so unscheinbar klang und doch die ganze Wahrheit seiner Karriere beschreibt: »Ich mag es, zu trainieren, mich im Wettkampf zu messen.« Er hat eine natürliche Freude am Einsatz, am Aufwand, die sein Publikum sofort ergreift: Im Clásico gegen Real Madrid von 2009, in einer Nacht, als der Regen nicht nachlassen wollte, schlitterte er dreimal über den Boden und blockte den Torschuss gerade noch ab; der Verteidiger, der bereits am Boden liegt und doch noch die Rettung bringt. Sein Spiel hat auch unfeine Züge, zu oft reklamiert er beim Schiedsrichter, zu schnell lässt er sich fallen, wenn er einen Freistoß erhaschen kann. Aber in Momenten wie im WM-Halbfinale 2010 gegen Deutschland, als er den Ball per Kopf mit geradezu archaischer Vehemenz zum 1:0-Sieg ins Tor wuchtete, spürte jeder fasziniert die schiere Kraft, die Puyol einsetzt. Was niemand sah, war, wie der eigene Einsatz zur Belastung wurde.

»Ich werde dir nichts vormachen«, sagte er 2009 zu Luis Martín, dem Reporter, dem er wie alle Barça-Spieler die großen Interviews gibt: »Ich war so besessen vom Fußball, dass ich viele wichtige Dinge des Lebens aus den Augen verlor. Ich lebte in dauernder Anspannung wegen Nichtigkeiten auf dem Platz oder in der Umkleidekabine.« Diese obsessive Fokussierung auf den Sport hatte ihre Logik. 1999 war es schon beschlossene Sache, dass der 21-jährige Puyol bei Barça keine Zukunft hatte. Er sollte an den FC Málaga ausgeliehen werden, als der Trainer der ersten Mannschaft, Louis van Gaal, den Jungen aus der Reserveelf zufällig entdeckte. Das Gefühl, täglich mit aller Kraft aufs Neue beweisen zu müssen, gut genug für Barça zu sein, setzte ihm zu. Und der Druck blieb, auch weil Puyol mit Barça in den ersten sechs Jahren keinen einzigen Titel gewann. In Interviews benutzte er damals viele Wörter, um nichts zu sagen. Da konnte man erkennen, wie sehr ihn die obsessive Anspannung im Griff hatte; die Angst, einen falschen Schritt, ein falsches Wort zu setzen.

Das Alter befreit Menschen oft von ihren Obsessionen. Sicher war das auch bei Carles Puyol der Fall. Doch bei ihm kam ein kurioser Faktor dazu: Ein neun Jahre jüngerer Kerl half ihm, das innere Gleichgewicht zu finden. Gerard Piqué. Er kehrte 2008 als Puyols Abwehrpartner von Manchester United zu Barça zurück. Er gilt als Junge mit Flausen im Kopf, der nicht stillhalten kann, der mit seinen Freunden abends vor Schnellrestaurants steht, um sein neues Auto vorzuführen. »Aber mir hat seine Art, das Leben zu verstehen, geholfen«, sagte Puyol zum Reporter Martín: »Mit Piqué an meiner Seite habe ich stets ein Lachen im Gesicht. Er infiziert mich mit seiner Lebensfreude.« Auch fußballerisch habe er von seinem Juniorpartner gelernt, vor allem, was das Stellungsspiel angeht. »Früher achtete ich viel mehr auf den Ball und ging mit allem, was ich hatte, in den Zweikampf. Heute habe ich das Auge mehr darauf, den Raum zu verteidigen.« Manchmal sah man sie nun sogar mitten im Spiel kurz lachen, Puyol und Piqué, wenn der eine dem anderen einen markanten Spruch wegen eines kleinen Fehltritts schenkte.

Mit Piqué und dem dritten Fußballer in ihrem Freundesbund, Cesc Fàbregas, lernte Puyol mit Anfang 30 erstmals die Jugend der Nacht kennen. Elf Jahre war er mit seiner Freundin, einer PR-Managerin, zusammen gewesen, und plötzlich hatte er ständig neue Frauen, Models oder Grazien allesamt. In der hysterischen Interpretation vieler Medien wird daraus schnell die Geschichte vom Star, der abhebt. Aber niemand kam darauf, Puyol so darzustellen. Es wäre zu lächerlich gewesen.

Denn dieser Puyol gab Éric Abidal vor der Siegerehrung beim Champions-League-Finale 2011 die Kapitänsbinde, damit statt seiner der Außenverteidiger den Pokal empfangen durfte. Abidal war an Leberkrebs erkrankt gewesen. Puyol befahl zwei Barça-Spielern, Thiago und Dani Alves, ihre einstudierte Tanzeinlage nach einem Tor zum 5:0 über Rayo Vallecano sofort sein zu lassen, weil es die Gegner als Erniedrigung empfinden könnten. Und als sein großer Freund Piqué bei einem Clásico in Madrid von einem Feuerzeug beworfen wurde und das Tatobjekt dem Schiedsrichter übergeben wollte, hielt ihn Puyol davon ab. Piqué solle die Emotionen nicht noch aufpeitschen. Für die Katalanen verkörpert Puyol die Tugend, die sie mit Nationalstolz als ihre reklamieren: »seny«. Vernunft, Besonnenheit, Lebensklugheit.

Die Abschiedsworte, die nun für ihn geschrieben werden, könnten aus der Ratgeberliteratur stammen, wo die Illusion verkauft wird, mit gutem Willen sei alles möglich. »Mir kommt das Abbild eines Kriegers in den Sinn«, schrieb sein Weggefährte Luis Enrique in einem offenen Brief, »natürlich mit der wilden Mähne im Wind, ausgestattet mit übernatürlichen Kräften und der Fähigkeit, seine Horden mit einem Blick zu dirigieren.« Leise darf man skeptisch sein, ob Carles Puyol wirklich das leuchtende Vorbild ist; der Mann, der seine Gesundheit opferte. Puyol selbst bevorzugt sowieso stillere Töne. »Ich habe deine Art, Fußball zu spielen, immer bewundert; stets intensiv, aber ohne einen einzigen schmutzigen Tritt. So hast du uns, die Fußballer, die keine Tore schießen, würdig vertreten«, schrieb Carles Puyol vor fünf Jahren zum Abschied von Paolo Maldini und lieferte, indem er über einen anderen sprach, die treffendsten Worte über sich selbst.

IIII April 2014 IIII

Der Auserwählte, der aus dem Nichts auftauchte

»Heimat« gehört zu den Worten, die niemand im Plural benutzt. »Die Heimaten«, das klingt merkwürdig, grammatikalisch falsch, obwohl es laut Duden korrekt ist. Ivan Rakitić aber kann das Wort »Heimat« nicht im Singular verwenden. »Ich fühle mich kroatisch, ich fühle mich in der Schweiz zu Hause, weil ich dort aufwuchs, und ich fühle mich auch sehr sevillanisch und noch immer als Teil des FC Sevilla, obwohl ich nicht mehr dort spiele«, versuchte er den Journalisten im Trainingszentrum des FC Barcelona seine Zugehörigkeitsgefühle zu erklären, als er sich vor einem Jahr Barça anschloss.

In Zeiten von Massenimmigration und Auslandsjobs ist es für viele Menschen alltäglich geworden, mehrere Heimaten zu haben. Es bleibt aber auf schöne Art verblüffend, dass Ivan Rakitić, der Sohn eines Kroaten und einer Bosnierin aus Möhlin im Kanton Aargau, auch noch hier heimisch wurde: in der Mannschaft des FC Barcelona; in der besten Fußballelf der Welt.

Seit gut einem Jahrzehnt erscheint Barça wie die Elf der Auserwählten: Zunächst Ronaldinho und Deco, dann Xavi, Iniesta und natürlich heute Messi, Neymar und Suárez boten und bieten Fußball von einer überwältigenden künstlerischen Eleganz. In dieser Mannschaft – viermal Champions-League-Sieger in zehn Jahren – ist nur Platz für die absolute Elite unter den Fußballspielern. Ivan Rakitić hätte, bei allem Respekt, bei allem Talent, noch vor drei Jahren kaum jemand in dieser Elf gesehen. Er war durchaus ein feiner Mittelfeldspieler; einer, der in der Champions League mitspielen konnte. Aber ein Barça-Spieler, einer der Auserwählten?

Doch da war Ivan Rakitić am 6. Juni 2015 im berühmten rot-blau gestreiften Trikot, das Champions-League-Finale zwischen Barça und Juventus Turin war gerade vier Minuten alt. Der Ball lief in diesem einzigartigen Barça-Passspiel durch die gesamte Mannschaft, 13 Pässe reihten sich aneinander, ohne dass Juventus stören konnte, jeder einzelne Barça-Feldspieler beteiligte sich an dem Passreigen, Messi schlug an Juventus' Strafraum einen brillanten Flugball vom rechten auf den linken Flügel auf Jordi Alba, Iniesta sprintete mit einem Geistesblitz in den freien Raum, nahm Albas Pass auf und passte weiter. Rakitić berührte als Letzter von Barças Spielern den Ball. Und schoss ihn zum 1:0 ins Tor.

Ein Tor im Champions-League-Finale prägt sich ein, das Tor brachte es auf den Punkt, welch integraler Teil Ivan Rakitić in der besten Mannschaft der Welt geworden ist. Nicht Iniesta, Xavi oder Sergio Busquets, sondern Rakitić absolvierte in dem Spieljahr, als der FC Barcelona Champions League, spanische Meisterschaft und den nationalen Pokalbewerb gewann, die meisten Partien im Mittelfeld. Zumeist spielte er halbrechts; auf der Position, auf der Xavi ein Jahrzehnt lang mit seinen niemals versiegenden Pässen Barças Stil geprägt hatte. »Manchmal«, sagte Rakitić Schweizer Journalisten vor dem 3:1-Sieg über Juventus im Finale von Berlin, »muss ich innehalten und darüber nachdenken, was für ein tolles Leben ich habe. Es ist nicht normal, dass ich da stehe, wo ich jetzt bin.« Dann posierte er mit zwei großen Schätzen für die Fotografen: in einer Hand den Champions-League-Pokal und im anderen Arm seine zweijährige Tochter Althea.

Wer analysiert, wie Ivan Rakitić der letzte, der schwierigste Sprung von einem guten zu einem außergewöhnlichen Fußballer gelang, der landet auch bei Althea, bei der Liebe. In Sevilla, wo er 2011 als einer von vielen aus dem globalen Heer der feinen Fußballer anheuerte, verwandelte sich Rakitić. Dort schuf er sich eigenhändig eine neue Heimat: Er heiratete eine Sevillanerin, er wurde Kapitän des FC Sevilla, und das Glück, der Stolz, in der Fremde heimisch zu werden, halfen ihm, als Fußballer ein neues Niveau zu erreichen. Als ihn ein Reporter des deutschen Fußballmagazins »Kicker« einmal fragte, ob der Wechsel nach Sevilla die beste Entscheidung seiner Karriere gewesen sei, korrigierte Rakitić den Journalisten: »Nicht die beste Entscheidung meiner Karriere. Die beste Entscheidung meines Lebens.«

In den ersten Tagen in Sevilla traute er sich nicht in die Cafés der Stadt. Er dachte, ich kann da nicht reingehen, ich weiß doch nicht einmal, wie man einen Milchkaffee auf Spanisch bestellt. »Ich kam als junger Blonder nach Sevilla, der nichts verstand«, beschrieb er sich später. Auch auf dem Spielfeld fand er sich in Sevilla zunächst nur zögerlich zurecht. Genau wie zuvor bei seinem dreijährigen Engagement beim FC Schalke 04 in der deutschen Bundesliga blitzte sein enormes Talent – die geistesgegenwärtigen Pässe, die gewaltigen Schüsse, die unerschöpfliche Energie – regelmäßig auf, aber des Öfteren fragte sich das Publikum während der Spiele auch, wo ist eigentlich Rakitić?

Statt in die Cafés der Stadt ging er in die Cafeteria seines Hotels, in dem er in Sevilla zunächst wohnte; in Hotels war es doch üblich, sich mit Wortbrocken zu verständigen. Die Kellnerin in der Cafeteria gefiel ihm. Wie fast alle Profifußballer mit Wurzeln im ehemaligen Jugoslawien lernte er Spanisch geschwind, Sprachwissenschaftler sagen, dass im Serbokroatischen außergewöhnlich viele Laute vorkommen, das erleichtere Serben und Kroaten das Erlernen fremder Sprachen. Rakitić sprach Spanisch bald mit einem herrlichen andalusisch-Schwyzerdütsch-kroatischen Akzent und vor allem exzellent. Er heiratete Raquel – die Kellnerin aus der Hotelcafeteria. Die Mitspieler wählten ihn in seiner vierten Saison in Sevilla zum Kapitän, das war ein Ritterschlag: erkoren von den Kollegen. Er eröffnete mit Raquel eine Tapasbar, er wurde Vater, er lief wie ein gewöhnlicher Passant durch das Arbeiterviertel Pino Montano – hier war er doch zu Hause. Das Gefühl beflügelte.

In unserer Arbeitswelt – und nicht nur im Profifußball –

gilt es als cool, ständig weiterzuziehen, immer weiter, vermeintlich höher, aber Ivan Rakitićs Beispiel zeigt, wie wichtig es dabei für die Leistung ist, sich zugehörig, heimisch zu fühlen: Rakitićs Leistung in seinem vierten Jahr in Sevilla schwankte nur noch zwischen gut und sehr gut. Aus dem zentralen Mittelfeld lenkte er das Spiel mit seinen Pässen, seinen Ballgewinnen; er war das Zentrum des Spiels. »*Olé, los huevos de Rakitić!*«, rief Trainer Unai Emery einmal aus, was ungefähr so viel bedeutet wie: »Ein Hoch auf Rakitićs Eier!« Beim Gewinn der Europa League 2014 im Finale gegen Benfica Lissabon bot Rakitić eine seiner besten Leistungen. Er beendete den Satz, den er begonnen hatte: »Ich kam als junger Blonder nach Sevilla, der nichts verstand, ich gehe als Champion, Ehemann, Vater und Kapitän eines Klubs, den ich niemals vergessen werde.«

Er war 26, als er vergangenen Sommer für über 20 Millionen Euro vom FC Barcelona in Sevilla ausgelöst wurde. Das Publikum glaubt instinktiv, ein Spieler, der Barça noch stärker mache, müsse ein 18-jähriges Supertalent oder ein bereits erprobter Megastar wie Luis Suárez sein. Aber Rakitić, der in keines der beiden Profile passte, wurde eine Offenbarung. Er lenkt das Spiel nicht mehr in Barcelona, natürlich nicht, »wenn du Messi neben dir hast«; er hält es am Laufen mit seinem Fleiß, seiner Aufmerksamkeit: Er leitet den Ball stilsicher weiter, er sichert den Raum ab, wenn im Sturm Messi, Neymar, Suárez rocken.

Auch als Champions-League-Sieger interessiert er sich noch für die Ergebnisse der Amateur-Regionalliga in der Nordwestschweiz. Sein Vater hat als Vereinspräsident in Möhlin den kroatischen Fußball-Klub NK Pajde gegründet, sein Bruder Dejan ist Spielertrainer, gerade ist die Mannschaft in die zweite Liga interregional aufgestiegen. Ivan schickt dem Team die Sportkleidung; offenbar so viel, dass sein Bruder mutmaßt, es sollte für die nächsten fünf Jahre reichen.

Seine Familie ist immer in Möhlin geblieben, dem Örtchen mit etwas über 2000 Einwohnern, in einer Kurve des Rheins gelegen. Die Eltern kamen in den Achtzigern in die Schweiz, Jahre vor dem jugoslawischen Bürgerkrieg, der Vater gründete sein eigenes Gipsergeschäft, Wände hochziehen, Häuser isolieren. Er nannte das Geschäft Ridl. R für Rakitić, I für Ivan, D für Dejan, L für Luka, seinen eigenen Vornamen. Dejan hat seinen Sohn Lionel genannt, nach Messi.

Sein Haus hat Ivan Rakitić in Möhlin gebaut. Wo die Familie ist, bleibt immer die innerste aller Heimaten. Er telefoniert aus Barcelona noch regelmäßig mit dem Präsidenten des FC Basel, Bernhard Heusler, beim FC Basel wurde er zum Fußballer. Als er sich 2007 entschied, für die Nationalelf Kroatiens und nicht der Schweiz zu spielen, bekam Vater Luka zu Hause in Möhlin Drohbriefe und nächtliche Anrufe. Vielleicht war es nur ein einzelner Verrückter, aber der Schmerz hat sich beim Vater eingegraben: dass die Leute nicht verstehen, dass sich Ivan für eine Länderelf entscheiden musste. Nichtsdestotrotz fühlt er sich doch auch als Schweizer. Und als Sevillaner. Und als Barça-Familienmitglied.

Lionel Messi hat ihm gleich an einem der ersten Tage in Barças Umkleidekabine erzählt, wo man in Barcelona gut wohnen könne, in Castelldefels oder Gavà an der Küste, da ließ sich die Mehrzahl der Spieler nieder. Ivan Rakitić aber zog lieber in die Stadt. Ein Einkauf dauert nun gefühlt zwei

Stunden statt zehn Minuten, weil er als Barça-Spieler in jeder alltäglichen Situation so viele Autogramme geben, so viele Fragen beantworten muss. Aber er versucht weiterhin, ein normales Leben zu führen, wie in Sevilla, wie in Möhlin. Das ist doch das Wichtigste: sich heimisch zu fühlen.

Juli 2015

Die Schule des Genies: Messi, der Rekordjäger

Wie die Verse eines Gedichts hat Finn Zimmer Leo Messis Bewegungen auswendig gelernt. Die richtungswechselnde Ballannahme, mit der Messi den ersten Gegner ins Leere laufen lässt, das Dribbling, bei dem Messi perfekt im Laufrhythmus den Ball abwechselnd mit dem rechten und linken Fuß vorantreibt, schließlich die kurze Finte mit der Schulter, mit der er den Torwart austrickst.

Hundert, vielleicht auch tausend Mal hat sich Finn Zimmer Leo Messis legendäres Tor von 2007 gegen den FC Getafe auf DVD angesehen, hundert, eher tausend Mal ist er in den Garten gegangen, um es, Bewegung für Bewegung, nachzuspielen. Finn Zimmer ist elf. Er spielte beim 1. FC Köln und nach einem Umzug nun beim Förderprojekt JFC Frankfurt. Erst wenn Kinder wie er groß sind, wird man die sporthistorische Größe Messis messen können: Lässt Messi eine Generation zurück, die seinetwegen Fußball auf eine neue Art spielt? Wird man einmal von der Schule Messis sprechen?

Bis es so weit ist, wird nahezu wöchentlich japsend nach neuen Superlativen gesucht, um seiner Leistung gerecht zu werden. Am Dienstag, als ein stürmischer Wind ging, wurde der Weltfußballer des Jahres mit seinen drei Toren beim 5:3-Sieg des FC Barcelona im Ligaspiel gegen Granada der erfolgreichste Torschütze in Barças pompöser Geschichte. Mit 234 Toren übertraf Messi den bisherigen, 60 Jahre alten Rekord von César Rodríguez. Und er ist erst 24. Er hat, theoretisch, noch mehr Spieljahre vor als hinter sich. Allein 51 Tore erzielte Messi in dieser noch laufenden Saison, und schon japst man wieder: einmalig, irrsinnig…

Der Fußball gibt längst keine Vergleiche mehr her, so wechselte Barças Trainer Pep Guardiola im Pressesaal zum Basketball: Ob man Leo Messi mit Michael Jordan vergleichen könne? »Und dann bin ich Phil Jackson, oder was?«, sagte Guardiola. Jackson, der erfolgreichste amerikanische Basketballtrainer, gilt dank seiner Methodik als der Sportteamcoach schlechthin. »Ja, man kann sie perfekt vergleichen«, sagte Guardiola, wieder ernsthafter, »Messi dominiert den Fußball wie Jordan einst den Basketball. Er ist der Beste in jeder Hinsicht. Er kann alles, und er macht alles alle drei Tage. Wir sind gesegnet, mit ihm zu leben.«

Die Ironie ist, dass er nicht wie ein Torjäger aussieht, dass er nicht spielt, wie man sich bis zu seinem Erscheinen einen Torjäger vorstellte. 1,69 Meter klein, hält er sich gerne vom gegnerischen Strafraum, dem natürlichen Lebensraum der Torjäger, fern. Er schleicht sich heran oder bricht mit Urgewalt auf dem Flügel durch. Frank Rijkaard, der Trainer, der ihm mit 17 sein Debüt bei Barça schenkte, setzte ihn als Linksfüßler auf dem rechten Flügel ein, damit er nach innen ziehen konnte, und es schien seine perfekte Position. Rijkaards Nachfolger Guardiola machte ihn zum falschen Mittelstürmer, der nur punktuell aus dem Hintergrund in die vorderste Stellung rückt, und als es wieder seine perfekte Position schien, verstand man: Er lässt sich nicht mehr mit den herkömmlichen Positionsbegriffen einordnen, Flügelstürmer, Mittelstürmer, Spielmacher, er ist der totale Angreifer, überall zu Hause, nirgendwo zu greifen.

Leo Messi verändert den Fußball. Selbst seine Rivalen macht er besser. Real Madrids Cristiano Ronaldo spielt in seinem unverstellten wie hoffnungslosen Ehrgeiz, Messi zu übertreffen, den Fußball seines Lebens.

Seinen Zuschauern raubt Messi das wahre Alter. Die einen fühlen sich verjüngt, wenn sie ihn sehen, erfrischt von der ewigen Jugend seiner Bewegungen. Die anderen, wie Barcelonas großer Schriftsteller Enrique Vila-Matas, fühlen sich schlagartig viel älter, als sie sind, weil Messi sie daran erinnert, wie viel Zeit vergangen ist, seit sie das letzte Mal einen Fußballer sahen, der ihm nahekam, Maradona, Kubala, Di Stéfano.

Alle zusammen haben Schwierigkeiten, ihm noch zu folgen, selbst seine Mitspieler. Nach seinen fünf Toren jüngst beim 7:1 über Bayer Leverkusen fragte ihn Torwart Victor Valdés in der Umkleidekabine: »Entschuldigung, aber wie viele Tore hast du eigentlich gemacht?« |||| 21. März 2012 ||||

Ein Torwart, der glücklich schien: Robert Enke vor seiner tödlichen Depression

Torwart Robert Enke sieht die Gefahr von links auf sich zukommen. Doch bevor er etwas sagen kann, ist der Kampfhund vom Nebentisch schon bei seiner Frau Teresa. »Lass gehen!«, ruft Enke – zu seiner Frau, nicht zum Hund. Denn das große Risiko sei nicht, dass seine Frau von dem Tier gebissen wird, sondern dass »sie den Hund mit nach Hause nimmt«, erklärt er heiter. Nur der – tatsächlich bereits schwanzwedelnde – Hund schaut irritiert, während alle am Tisch lachen. Die Stimmung ist so an diesem Sommernachmittag im Straßencafé Leticia in Barcelonas Altstadt: aufgeräumt, ausgelassen – und Robert Enke beginnt, sich über sich selbst zu wundern: »Ich weiß auch nicht warum, aber irgendwie finde ich zurzeit einfach alles toll. Die Stadt, den Verein, das Leben.«

Seit gut einem Monat arbeitet der 24-jährige Profifußballer aus Jena nun beim 15-maligen spanischen Meister FC Barcelona. Und auch wenn er sich am Mittwoch beim Saisonauftakt in der Champions-League-Qualifikation gegen Legia Warschau auf die Ersatzbank setzen muss, lässt ihn die Freude darüber noch immer nicht los, 22 Jahre nach Bernd Schuster als zweiter Deutscher beim legendären Barça untergekommen zu sein: »Normal ist das jedenfalls nicht, wie es bei mir gelaufen ist.« Mit 19 Debüt in der Bundesliga bei Borussia Mönchengladbach, freundliche Kritiken und deftige Klatschen, abgestiegen mit rekordverdächtigen 79 Gegentoren.

Danach drei Jahre bei Portugals erfolgreichstem, mittlerweile allerdings chaotischem Klub Benfica Lissabon. »Es gibt in Deutschland sicher Leute, die fragen: Wie, Barcelona hat den Enke verpflichtet – für die B-Jugend oder was?«, vermutet er.

Doch das liegt mehr an den Leuten als an ihm. In den drei Jahren in Portugal ist Enke aus dem Blick der Heimat geraten. Im Sommer hatte er, ein Reflextorhüter mit Reaktionen, wie sie in der Bundesliga höchstens vier, fünf Keeper bieten, diverse Angebote von der Iberischen Halbinsel (von Alavés, Espanyol Barcelona und dem FC Porto), aber die meisten deutschen Klubs hatten seine Entwicklung nicht verfolgt. Enke in Portgual? So weit weg. Eine zweitklassige Liga. Kommt noch nicht einmal im Satellitenfernsehen. Werder Bremen schickte einmal seinen Chefscout Mirko Votava vorbei, der sah sich ein einziges Spiel an, maulte wie ein Stammtischonkel: »Der Enke kriegt fünf Schüsse drauf, drei Tore rein, was soll ich da sagen?« Nein danke, sagte Werder. Der 1. FC Kaiserslautern erkundigte sich bei Enkes ehemaligem Trainer Jupp Heynckes, wollte den Torwart nach Heynckes' wärmsten Empfehlungen auch sofort verpflichten. Und dann doch wieder nicht.

Enke wäre gerne nach Deutschland zurückgegangen. Er ist kein Vagabund, der das Leben in der Fremde grundsätzlich liebt, sondern 1999 dank Heynckes, der ihn von Mönchengladbach nach Lissabon mitnahm, einfach so reingestolpert ins Ausland. Heute ist es kurios, aber vor drei, vier Monaten – als er von Barças Angebot noch nichts ahnte – war es für ihn schmerzhaft, zu merken, dass zu Hause niemand schätzte, was in der Ferne aus ihm geworden ist. An jenem

Tag im April, als Kaiserslauterns Absage kam, fuhr er zum Strand und lief dort ohne Schirm oder Kapuze durch den Regen, um sich abzureagieren.

Nun ist er am Ziel, angestellt bei einem der größten Klubs der Welt. Und doch noch ganz am Anfang. Von Barças Trainingsplatz bis ins Stadion Camp Nou sind es 300 Meter Luftlinie, für Enke ein langer Weg. Es werde ein offener Kampf um die Nummer eins zwischen ihm und Barças etabliertem Schlussmann Roberto Bonano, kündigte Trainer Louis van Gaal an. Gegen Warschau im Tor steht: keiner von beiden. Enke hat das Duell gegen Bonano gewonnen, doch damit nur den Platz auf der Bank. Bonano, bei der WM in Japan für Argentinien dabei, muss auf die Tribüne. Spielen darf erst einmal der eigentlich als dritter Torwart eingeplante Víctor Valdés, 20, der bislang nur mit der Reserve in der dritten Liga agierte. Das trauen sich nicht viele Trainer. Für van Gaal ist es typisch. Es ist seine Art, Enke und Bonano zu zeigen, dass ihn ihre Leistungen in den Testspielen nicht in Ekstase versetzten. Van Gaal will den spielenden Torwart, einen Quasilibero. Dafür wagt sich Enke noch nicht weit genug vor das Tor. »Defizite beim Mitspielen mit dem Fuß«, bemerkt er selbst. Doch daran kann man arbeiten.

Seine Aufbruchsstimmung hat Robert Enke durch die Verbannung auf die Ersatzbank nicht verloren. Heißt ja nicht, dass er dort ewig sitzt. Wenn es nach ihm gehe, werde er lange bei Barça bleiben, sagt er im Café und sieht glücklich aus. Seine Frau hat den Kampfhund schon wieder gehen lassen. Dann müssen die Enkes heim: zu ihren sieben Hunden, die Teresa in Portugal aufgelesen hat. |||| 14. August 2002 ||||

Enkes Reflexe: Wie einer der besten Torhüter Deutschlands in Spaniens zweiter Liga landet

Morgens kauft er sich am Kiosk vor seiner Wohnung zwei Sportzeitungen. Er sieht das Foto gleich, es ist auf der Titelseite der einen Zeitung, rechts im Eck, er fragt sich, warum sie ausgerechnet dieses genommen haben, das Bild ist ein halbes Jahr alt. Er erkennt sich darauf kaum wieder.

Das Foto zeigt ihn im weißen Hemd, zwei Knöpfe offen, es muss ein heißer Tag gewesen sein, natürlich: Istanbul im August. Er ist gerade als Neuzugang beim türkischen Spitzenklub Fenerbahçe Istanbul vorgestellt worden, die eine Hand hat er an der Vereinsfahne, mit der anderen spreizt er den Daumen der Kamera entgegen zum Zeichen, Klasse, dass ich hier bin, stark, dass ich für Fenerbahçe spielen werde. Und sein Gesicht sagt alles andere. Die Wangen rot, der Mund offen, die Augen gehetzt. Wie auf der Flucht. »Schau dir das Bild an«, sagt Robert Enke, »das bin doch nicht ich selbst.«

Er reißt die Seite heraus, um sie aufzuheben. Das Foto erinnert ihn, wie verloren, fremd und bedrängt er sich in der Türkei vom ersten Moment an fühlte. Wenn er das Bild anschaut, weiß er, dass seine Entscheidung richtig war. Selbst wenn er der Einzige sein sollte, der das glaubt: Robert Enke, 26, einer der besten Torhüter Deutschlands, mit unglaublichen Reflexen. Im August vergangenen Jahres unterschreibt er einen Vertrag bei Fenerbahçe Istanbul, der ihm über eine Million Euro brutto im Jahr garantiert – und kündigt den

Kontrakt nach nur einem Meisterschaftsspiel fristlos; wegen eines Gefühls: dass er dort nicht glücklich würde. Sein Agent sagt ihm, er solle bitte nicht überstürzt handeln, Christoph Daum, Fenerbahçes Trainer, sagt, Eingewöhnungsprobleme seien das, nicht mehr, Mensch, in drei, vier Wochen sehe die Welt ganz anders aus. Doch Enke hat seine Entscheidung schon getroffen. Am nächsten Tag verlässt er Istanbul, im vollen Bewusstsein, dass das Geld futsch ist und die Karriere im schlimmsten Fall auch. Er weiß, er wird wegen der Frist für Vereinswechsel mindestens ein halbes Jahr arbeitslos sein und es danach nicht leicht haben, wieder im großen Fußball unterzukommen.

In der Welt des Fußballs ist das eine mutige und eine einsame Entscheidung. Ein Fußballprofi tut so etwas nicht. Das sagt ja wohl schon das Wort: Profi. Professionell sein heißt ja immer auch, Gefühle zu verdrängen, weiterzumachen. Und wenn es auf dem Fußballplatz nicht läuft, sich halt auf die Ersatzbank zu setzen, heimlich zu beginnen, nach einem neuen Verein zu suchen, und in der Zwischenzeit still das Gehalt abzukassieren. »Viele haben gesagt, der Enke hat sie nicht mehr alle, und klar, wenn man es nüchtern betrachtet, kann man es so sehen«, sagt er. »Aber«, er deutet mit einem Kopfnicken auf das Zeitungsfoto, das er auf den Wohnzimmertisch gelegt hat, »ich war dort so unglücklich. Ich hätte in Istanbul nie gut gespielt.«

Acht Monate sind seit seiner Flucht vergangen. Jetzt sitzt er in einem Vier-Zimmer-Apartment im Zentrum von Santa Cruz auf Teneriffa, das einiges über den Stand der Dinge im Leben von Robert Enke erzählt: Er hat die Wohnung möbliert gemietet, sie ist komplett eingerichtet und wirkt doch leer. Außer einer unausgepackt auf dem Boden liegenden Satellitenschüssel hat er keine persönlichen Gegenstände mitgebracht, er hat nichts verändert, auch die Gemälde, Stillleben von Orangen und Bananen, an der Wand hängen lassen. Er weiß ja nicht, wie lange er bleiben wird auf Teneriffa, ob es lohnt, sich einzurichten – es ist ein vorläufiges Leben, das er seit Istanbul führt, erst sechs Monate arbeitslos, seit Januar nun als Torwart mit Halbjahresvertrag bei CD Teneriffa. Zweite Liga in Spanien.

Es ist eingetreten, was zu befürchten war. Als in der Winterpause die Wechselphase wieder eröffnet wird, ruft keiner der bekannten Vereine nach ihm. Der Markt für Torhüter ist klein, jede Mannschaft braucht doch nur zwei, und er, als Ersatztorhüter in die deutsche Nationalelf berufen mit 22 beim Konföderationen-Pokal 1999, Kapitän schon mit 23 beim portugiesischen Rekordmeister Benfica Lissabon, mit 25 vom legendären FC Barcelona unter Vertrag genommen, gilt plötzlich als Risikofall: Wie kann man noch sicher sein, dass er nervlich stark genug ist, wenn er in Istanbul einfach wegrennt? Ancona, Tabellenletzter in Italien, der FC Kärnten, Tabellenletzter in Österreich, und ADO Den Haag, Vorletzter in Holland, sind die Erstligisten, die ihn wollen. Angesichts dieser Auswahl entscheidet er sich für Teneriffa, zweite Liga, aber Spanien, ein bedeutender Fußballmarkt. Dort hofft er, die richtige Mischung aus Ruhe und Aufmerksamkeit für das Comeback zu finden. Für das Publikum ist klar: Das ist der Tiefpunkt. Für ihn selbst ist es ein Hochgefühl. Sich wieder wie ein Fußballer zu fühlen.

Beim Training an diesem Morgen im Stadion von Teneriffa kommen erst Robert Enkes Schuhe auf den Platz, dann

Robert Enkes Handschuhe, schließlich Robert Enke selbst. Ein Paar seiner Schuhe trägt Adolfo Baines, der dritte Torwart, er läuft, als traue er ihnen noch nicht. Der zweite Torhüter, Álvaro Iglesias, hat Handschuhe an, auf deren Klettverschlüssen dick »Robert Enke« steht. Er hat ihnen die Sportsachen geschenkt, er bekommt sie von seinem Sponsor, sie aber, Zweite-Liga-Torhüter ihr Leben lang, mussten sich ihre Ausrüstung bislang kaufen. Baines allerdings trägt weiterhin Handschuhe, die er für acht Euro gekauft hat, die von Enke sind ihm zu heilig, um sie im Training zu verschleißen.

Der Trainer ordnet ein kleines Spiel an, Angriff gegen Abwehr, Enke geht breitbeinig in die Knie, hält die Arme durchgestreckt nach unten, alle zehn Finger gespreizt, den Rücken kerzengerade, jeder Torhüter hat seine eigene Art, auf Schüsse zu warten. Er drückt sich vom Boden ab, seine Sprungkraft ist beachtlich, aber großartig ist seine Explosivität, blitzartig schnellt er nach oben. Als er einen Schuss noch erreicht, der schon im Tor schien, klatschen die paar Rentner auf der Tribüne. »Das hat mir am meisten gefehlt«, sagt er. »Diese Gefühl: Für irgendjemanden ist es wichtig, was du machst.« Er hat noch kein Spiel für Teneriffa absolviert, noch fehlt es ihm an Fitness, aber vor allem an Sicherheit. Er weiß, schon bald wird er wieder spielen, und dann muss er frei sein von den Monaten, die hinter ihm liegen. Die Erinnerung ist der größte Gegner des Torwarts. Jeder Torhüter hat Fehler gemacht, hat schlechte Tage hinter sich, »kein Torwart kann seine schlechten Momente vergessen. Du musst versuchen zu verdrängen.«

Lange ist es in seiner Karriere immer nur bergauf gegangen. Abitur in Jena, mit 19 debütiert er bei Borussia Mönchengladbach in der Bundesliga. Gladbach steigt mit 79 Gegentoren ab, ein grausamer Rekord, und er schafft es, dabei gut auszusehen. Er wird Juniorennationaltorhüter, 1860 München lockt ihn, der Mönchengladbacher Jupp Heynckes wird Trainer bei Benfica Lissabon und will Enke unbedingt verpflichten. »Die Leute haben gesagt, der Enke ist geldgierig, weil ich nach Lissabon statt zu 1860 bin, und natürlich hatte der Wechsel viel mit Geld zu tun. Damals habe ich gemacht, was alle im Fußball machen: das beste Angebot genommen.«

Er ist niemand, der schon immer gerne im Ausland leben wollte. Er gerät da so rein. Traurig bemerkt er, wie sein Status im Ausland steigt, er über ein Dutzend Angebote von englischen, spanischen und italienischen Klubs bekommt, unter anderem von AS Rom und Manchester United, der deutsche Fußball ihm aber jegliche Anerkennung verweigert. Er schaut noch immer Bundesliga im Satellitenfernsehen, die Heimat jedoch scheint ihn zu vergessen. »Manchmal, bloß manchmal, wünsche ich mir schon, noch einmal in der Bundesliga zu spielen, um den Leuten zu zeigen, dass ich im Süden nicht nur in der Sonne gelegen habe.« Einmal, da ist er noch in Lissabon, bekundet der 1. FC Kaiserslautern sein Interesse. Nur um dann doch abzusagen. An dem Tag geht er mit seiner Frau Teresa an den Strand von Estoril, um sich abzulenken. »Und prompt hat es angefangen zu regnen. Da war die Depression komplett.« Die Geschichte scheint nicht mehr als eine kuriose Anekdote, als ihn wenig später, im Juni 2002, einer der zehn größten Klubs der Welt anheuert. Er ist, 22 Jahre nach Bernd Schuster, der zweite Deutsche, der für Barcelona spielen darf. Drei Wochen nach seiner Ankunft sitzt er mit Teresa in einem Straßencafé in der Altstadt und spürt: »Ich bin erst kurz hier, aber ich habe schon das Gefühl: Hier möchte ich lange bleiben.« Heute Abend spielt Barcelona wieder. Ein UEFA-Cup-Spiel, er wird es sich im Fernsehen anschauen. Das Training ist vorüber, er ist müde, hängt selig auf einem Plastikstuhl in einem Café unten am Hafen von Santa Cruz. Er ist nachmittags oft hier und schaut sich die Menschen an. »Wie gut gelaunt sie sind.« Teresa ist in Barcelona wohnen geblieben, wegen der Hunde, sie wollten sie nicht bis nach Teneriffa transportieren, wenn er vielleicht im Juli schon wieder weg ist. Acht sind es mittlerweile. Er wird wach, als er von ihnen erzählt.

Etwas hat sich verändert in den letzten Jahren. Er ist immer noch ruhig, sachlich, höflich: liebenswert. Bloß der engstirnige Ehrgeiz der Jugend ist verschwunden. Dieser Hunger junger Sportler, ihre absolute, euphorische Fokussierung darauf, der Beste zu werden, hat Platz gemacht für eine Gelassenheit. Oft fragt er sich, wie es wäre, wenn er mit Scheuklappen durchs Leben liefe, absolut überzeugt von sich und seiner Arbeit. Manchmal glaubt er, er wäre dann ein besserer Torwart.

Es ist vermutlich ein Trugschluss. Auch einer, der Zuspruch und Bestätigung braucht, kann ein Klassetorwart sein. Er selbst hat das bewiesen. Aber nun sitzt er in der Bar des Luxushotels Mencey, schaut Barças UEFA-Cup-Spiel und sieht Víctor Valdés. Da kommen einem solche Gedanken, ein Torwart müsse skrupellos sein. Valdés ist 22. Er hat sich den Platz geholt, von dem Enke dachte, es würde seiner werden. Valdés, ganz in Schwarz, der Farbe großer Torhüter, lenkt spektakulär einen Schuss über die Latte. »Der Víctor kennt keine Selbstzweifel«, sagt er. Es klingt bewundernd, es klingt irritiert. Barça führt 2:0, es wird langweilig, er fixiert sich auf den Mann vor ihm, der unaufhörlich in der Nase bohrt. »Ist das ekelhaft, guck doch mal!« Was fühlt er, wenn er Barça nun im Fernsehen sieht? »Gar nichts. Ich hatte doch nie das Gefühl, dazuzugehören.«

Er bekommt eine Chance bei Barça. Valdés macht die ersten Partien, aber im Pokalspiel gegen Novelda, einen Drittligisten, darf er ran. Barça verliert 2:3, ein Aufschrei der Empörung geht durch die Stadt, eine Boulevardzeitung schreibt: »Enke schaufelt sich sein eigenes Grab.« Das dritte Tor resultiert aus einem Missverständnis zwischen ihm und Verteidiger Frank de Boer, de Boer stellt ihn öffentlich an den Pranger. Es ist September 2002, der zweite Monat seines Drei-Jahres-Vertrags, und er fühlt, »ich bin schon gestorben«. Er wird nur noch in zwei bedeutungslosen Spielen aufgestellt. Im folgenden Sommer darf er nicht mehr mit auf die Saisonvorbereitungstournee in die USA. Niemand sagt ihm etwas, er steht einfach nicht mehr auf der Liste. Er ist nicht doof, er weiß, was das bedeutet.

Fenerbahçe ist ein Ausweg. Er hat sich immer gesagt, in der Türkei spiele er nicht, diese überdrehte Leidenschaft, diese Brutalität gegenüber Verlierern, die Unzuverlässigkeit bei der Bezahlung. Er hat keine Alternativen. In Bitburg trifft er Fenerbahçes Trainer Daum, sie leeren eine Flasche Wein, »ich hab's mir schöngeredet: deutsches Trainerteam, gutes Geld, probier's halt mal«. Die türkischen Zeitungen schlagen auf ihn ein, ehe er das erste Spiel gemacht hat: Was wolle ein Ersatztorwart bei Fener? Er kann die Zeitungen nicht lesen, aber er weiß von der Antipathie, die sich mit seinem eigenen Widerstreben mischt: Die wollen mich nicht, ich will sie nicht, was mache ich hier?

Sie spielen zum Test gegen Kocaelispor, 30 Minuten vor Anpfiff wird ein Schaf auf dem Platz geopfert, er denkt, »ein Glück ist Teresa noch nicht da« mit ihrer Tierliebe. Er lacht. Aber der Gedanke kommt immer wieder zurück: Ich will hier nicht sein. Im ersten Saisonspiel geht es gegen einen Aufsteiger, er hält nicht schlecht, aber nervös, irgendwann ein langer Ball, er rennt raus, kommt zu spät, wird überlupft. Am Ende steht es 0:3. Münzen, Feuerzeuge, Flaschen fliegen ihm um die Ohren. Er weiß: Hinter seinem Tor stehen die eigenen Fans. »Eigentlich habe ich die Entscheidung schon während des Spiels getroffen: Das ist es nicht wert.«

Gezweifelt hat er danach oft an seiner Entscheidung. Er geht zurück nach Barcelona, er darf nachmittags, wenn die Profis weg sind, mit zwei anderen ausgemusterten Spielern auf der Vereinsanlage trainieren. Er hält es nicht aus. So nah und doch weiter weg denn je von Barça zu sein, vom großen Glück. Sein Agent, der auch ein Freund ist, nimmt ihn in Köln auf. Er steht früh auf, er will sich nicht gehen lassen. »Aber keiner wartet auf dich. Keiner braucht dich.« Er rackert im Fitnessstudio und verliert trotzdem Muskelmasse. Er weiß nicht, welche spezifischen Übungen er machen müsste. Außer ihm sind Hausfrauen und ein paar Soapstars da. Er hat genug gespart, »aber dieses Gefühl ist beängstigend«, er zögert, »man traut es sich ja als Fußballer nicht auszusprechen, weil es andere viel härter trifft, aber das Gefühl, arbeitslos zu sein, ist für einen Profi nicht weniger schlimm als für einen Elektriker. Du fühlst dich wertlos.«

Die Gedanken kehren natürlich zurück: Wärst du damals bloß bei Benfica geblieben, was macht einer wie du in der zweiten Liga? »Und dann denke ich mir: Es wird schon seinen Sinn haben, dass der Enke mal einen auf den Deckel gekriegt hat.« Er hat das Dach seines Cabrios aufgemacht, der Himmel über Teneriffa ist milchig, dunstig, Südwind bringt Sand von Afrika. Er hat den Sinn schon entdeckt: Sein Absturz hat ihm die Freude an den einfachen Dingen des Fußballs zurückgegeben. »Wieder zu einer Mannschaft zu gehören, wieder zu wissen: zehn Uhr Training. Wieder gebraucht zu werden.«

Einige Wochen später macht Robert Enke sein erstes Spiel für Teneriffa. Die Erinnerung an Istanbul, Barcelona und die letzten Monate ist noch präsent, er riskiert beim Herauslaufen nicht so viel wie ein Torwart auf der Höhe seines Selbstbewusstseins. Die Reflexe jedoch, die Explosivität, all das ist noch da. Vermutlich wird er nicht mehr Nationaltorwart werden, vielleicht wird er nie mehr bei so einem großen Verein wie Barça spielen. Aber er ist erst 26, noch immer ein außergewöhnlicher Torwart. Wenn er in ein, zwei Jahren wieder irgendwo in einer guten ersten Liga spielt, wird er zufrieden sein mit seiner Karriere, seinem Weg. Teneriffa gewinnt 2:1, er macht zwei spektakuläre Paraden, spielt sicher. Niemand im Publikum merkt ihm etwas an.

IIII 27. Mai 2004 IIII

Los Clásicos

Das ewige Duell mit Real Madrid

Spät in der Nacht ging es im Mannschaftsbus von Real Madrid dann noch um Leben und Tod. Im Buch *The Keys to Hell,* einem Thriller von Jack Higgins, das Mittelfeldspieler Steve McManaman als Reiselektüre dabeihatte. Der Engländer ging noch mit Superspion Paul Chavasse auf gefährliche Mission in Albanien. Die restlichen 100 000, Spieler wie Zuschauer, die sich auf den Nachhauseweg machten, hatten genug der Spannung und Aufregung an diesem Dienstagabend. Es hat größere Fußballspiele gegeben, aber wenige intensivere als den ersten Vergleich unter europäischem Motto seit 42 Jahren zwischen den ewig eifersüchtigen Rivalen FC Barcelona und Real Madrid. Getragen von der Besonderheit der Nacht, gestützt von 100 000 Fanatikern in seinem Stadion Camp Nou, rannte Barça an, energisch, fauchend – und wurde, wie so oft in seiner Geschichte, von Real nüchtern, zynisch auf seinen Platz verwiesen.

Zwei Wochen lang war dieses Halbfinale der Champions

League in endlosen Medienberichten aufgebauscht worden. »Duell des Jahrhunderts«, schrie etwa das Sportblatt *El Mundo Deportivo* auf täglich zwölf bis 20 Seiten. Und dann nahm Madrid mit eisig präzisem Konterfußball schlagartig die Hitze aus dem Vergleich. Nach ihrem 2:0-Sieg im Hinspiel, durch zwei Kontertore von Zinedine Zidane und McManaman, scheint schon alles vorbei, wo es doch erst richtig losgehen sollte. Das Rückspiel in Madrid dürfte nur noch ein schnödes Abwicklungsgeschäft werden. Real kann Glasgow schon sehen, die Finalteilnahme in der schottischen Hauptstadt steht praktisch schon fest.

Doch bevor spät in der Dienstagnacht die Ernüchterung kam und Barcelona in einer Schockstarre zurückließ, offenbarte der Europapokal noch einmal seine Faszination im Camp Nou. Barça glaubte, es könnte in 90 Minuten eine ganze vermurkste Saison vergessen machen, seinen enttäuschenden fünften Platz, auf dem es derzeit in der Landesmeisterschaft herumhängt, all die wechselhaften Auftritte. Sie spielten den Ball immer wieder steil in die Tiefe des Raums, Thiago Motta, ein 19-jähriger Junge, der erst vor drei Monaten aus der Reserve aufgerückt ist, und der nur ein Jahr ältere Fábio Rochemback waren in Abwesenheit des verletzten Spielmachers Rivaldo die überraschenden Antreiber. »Wenn du Fische willst, musst du dir den Hintern nass machen«, sagte Trainer Carles Rexach zu Barças wuchtigem Einsatz. Doch ihre Angreifer, der überschätzte und wieder einmal zu verträumte Javier Saviola und der merkwürdig lethargische Patrick Kluivert, verloren sich im weißen Irrgarten, den Real aufbaute: Wo Barça glaubte, es sei ein Weg, fand es doch immer nur eine Wand aus Madrider Verteidigern.

Real Madrid war Bayern München an diesem Abend. Das war die Ironie des Spiels – und natürlich wollte sie kein Madrilene erkennen. Achtmal in den vergangenen drei Jahren spielte Real gegen Bayern, jedes Mal blickten sie herab auf den Münchener Hang zur Defensive, »Bayern verteidigt nur, das ist primitiver Fußball«, sagte etwa Abwehrspieler Francisco Pavón, als sich vor zwei Wochen im Viertelfinale die Wege kreuzten.

Am Dienstag spielte Real mit fünf Verteidigern und begnügte sich mit vereinzelten, dann aber hinreißend schönen Kontern: Genauso wie der FC Bayern, als er vergangenes Jahr im Halbfinale 1:0 in Madrid gewann. »Noooooo!«, rief Sportdirektor Jorge Valdano geradezu erschrocken über den Vergleich. »Bayern hatte damals eine einzige Torchance«, sagte er und streckte den Zeigefinger geradezu anklagend aus, »wir hatten heute sieben«, er streckte fünf Finger aus, weil er die andere Hand offenbar nicht benutzen wollte.

Dabei war es doch als Kompliment gemeint: Dass Real Madrid schönen Angriffsfußball spielen kann, ist bekannt; mit ihrem Verteidigungsakt in Barcelona bewiesen sie, dass sie eine rundum starke Elf sind. Aber es war unmöglich, ihnen das an diesem Abend zu sagen. »No, no«, sagte Steve McManaman hastig, »wir sind kein defensives Team. Das ist heute nur so passiert, dass wir defensiv wirkten, du weißt, was ich meine?« Nicht wirklich, war aber auch nicht so wichtig. Es standen in dieser Nacht schließlich noch ganz andere Probleme an: Superspion Paul Chavasse wurde in Albanien enttarnt, ob er da heil rauskommt? Steve McManaman wird es beim nächsten Mal wissen. 25. April 2002

Wenn Liebe zu Hass wird: Eskalation um Luís Figo beim 0:0 zwischen Barça und Real

Es regnet selten in Barcelona, außer wenn Luís Figo zurückkommt. Dann hagelt es Plastikflaschen, Mobiltelefone, Äpfel. Sogar eine Flasche Whiskey aus schwerem Glas und von edlerer Qualität – natürlich leer getrunken – sowie ein Schweinskopf kamen in der Samstagnacht vom Himmel, als Figo hinauslief in die äußersten Winkel des Stadions Camp Nou, um die Eckbälle für Real Madrid zu treten. In diesen Momenten waren die 100 000 Zuschauer nicht mehr als einzelne Menschen zu erkennen, sondern nur noch eine Hass speiende Masse. Als Schiedsrichter Luis Medina den ewig jungen Klassiker der spanischen Fußballmeisterschaft zwischen dem 16-maligen Landesmeister FC Barcelona und dem 28-maligen Titelgewinner aus der Hauptstadt in der 75. Spielminute unterbrach und die Spieler in die Umkleidekabinen schickte, weil er angesichts der frei fliegenden Wurfgeschosse um Figos Leben fürchtete, blieb auf dem nun leeren, aber noch immer strahlend beleuchteten Rasen die schreckliche Erkenntnis zurück, was ausgerechnet das schönste Gefühl anrichten kann: die Liebe. Sie haben Figo zu sehr geliebt in Barcelona, deshalb hassen sie ihn jetzt so.

Fünf Jahre lang war der elegante portugiesische Angriffsfußballer das Gesicht des FC Barcelona; dass er 1999 zu Real überlief, wollen ihm die Massen nicht vergeben. Die mutige Entscheidung des Referee, die Partie für 16 Minuten auszusetzen, rettete zwar den Abend. Zwei Barça-Spieler, Xavi

Hernández und Carles Puyol, engagierten sich als Müllmänner, um den Unrat vom Rasen zu entfernen, Figo trat die Eckbälle fortan unter Schutz von acht Polizisten, und das enttäuschende Match zwischen den in der Liga mit fünf (Real) beziehungsweise sieben Punkten (Barça) Rückstand hinter der Spitze herhinkenden Favoriten ging genauso beliebig weiter und schließlich mit 0:0 zu Ende. Doch die brennende Frage hat die Nacht nicht geklärt, sondern nur neu entflammt: Durfte Luís Figo zu Real Madrid wechseln?

Es ist eine moralische Frage, und der erste Reflex ist: Selbstverständlich soll ein Fußballer für den Verein spielen dürfen, der ihm das meiste Geld zahlt, den er sportlich für die beste Wahl hält. Das ist die rationale Sichtweise. Aber Fußball – man kann sagen: primitiverweise oder Gott sei Dank – ist im Kern noch immer kein professionelles Geschäft, sondern ein emotionales Vergnügen. Solch ein ästhetischer Genuss es auch ist, großen Spielern wie Figo zuzusehen, egal, welches Trikot sie tragen, die größte Faszination des Fußballs ist noch immer, sich mit einem Team, mit seinen Spielern zu identifizieren. Fünf Jahre lang gab Figo den Fans in Barcelona das Gefühl, er spiele für sie, sie gaben ihm dafür ihre bedingungslose Zuneigung – er hätte wissen müssen, dass er sich damit auch eine kleine ethische Verpflichtung auflud: nicht auf dem Zenit seines Schaffens zu dem Rivalen zu desertieren, der über die sportliche Konkurrenz hinaus für die Katalanen – zu Recht oder zu Unrecht – die jahrzehntelange politische Unterdrückung durch Franco symbolisiert.

Mit seinem Vereinstausch überschritt Figo die Grenzen des erträglichen Söldnerwesens im Profifußball – aber natürlich rechtfertigt dies in keiner Weise, mit Whiskeyflaschen auf ihn zu zielen. Die Auftritte von Barcelonas Vereinspräsident Joan Gaspart und Trainer Louis van Gaal, die übereinstimmend verkündeten, Figo habe »die Ausschreitungen der Fans provoziert, weil er so langsam zu den Ecken ging«, waren nichts anderes als peinlich; törichtes Gequatsche ist man von den beiden, vor allem von Gaspart, allerdings auch schon gewohnt. »Ich habe meine Ruhe nicht verloren«, sagte Figo nach der Partie, und in der Tat war es bewundernswert, wie er mit professioneller Kälte seinem Job nachging. Gerade seine Eckbälle – welche Ironie – waren fantastisch.

Bloß Mitleid konnte man so schwer mit ihm haben, vor allem wenn man sich an ein Spiel vor sieben Monaten erinnerte: Im Champions-League-Viertelfinale gegen Real wurde Bayern Münchens Stefan Effenberg bei jedem Eckball wild von Madrider Fans beworfen, und als er, von einem vollen Getränkebecher am Hinterkopf getroffen, zu Boden ging, rannte ein Madrider zum Schiedsrichter, um wild gestikulierend Zeitspiel des Münchners zu reklamieren, was im Anbetracht von Effenbergs Schmerzen nicht nur widerlich, sondern geradezu pervers war. Es war Luís Figo. »Figo, Figo, bleib nicht stehen«, sangen Barças Zuschauer immer, damals, als sie noch sein Publikum waren. Am Samstag rannte Figo auch ohne die Anfeuerungsrufe – nach Schlusspfiff in den Schutz der Katakomben. ||||| 25. November 2002 |||||

Vibrationsalarm auf dem Schulhof: Messi, ein Geschenk des Himmels

Die Herzen von 100 000 Zuschauern rannten, der Verstand der Mitspieler raste. Nur Juliano Belletti ging. Wenn das Camp Nou, das größte Stadion Europas, vor Freude schreit, gibt es kein Entkommen, der Jubel reißt einen fort in eine Welt, in der das Glück pocht. Juliano Belletti jedoch war die Ruhe im Rausch. Gemächlich schritt er nach dem 3:3-Ausgleich seines FC Barcelona in allerletzter Minute des ewig jungen Urduells gegen Real Madrid von seinem Abwehrposten zum Tor. Er nahm Leo Messi, langsam, bedächtig, und hob ihn in den Himmel. Denn von dort muss Messi herkommen.

Das Camp Nou hat mehr großartige Fußballer gesehen, als die Erinnerung rekapitulieren kann, Cruyff, Maradona, Schuster, Ronaldinho, wo anfangen, wo enden. Niemand weiß, ob Leo Messi einmal Platz neben ihnen finden wird. Doch es gibt Fußballer, die muss man nur einmal sehen und wird sie nie vergessen. Leo Messi, 19 Jahre, aus Argentinien, der schon Barças erste zwei Tore erzielt hat, Leo Messi, der Körper, die piepsige Stimme und die Apfelwangen eines kleinen Jungen, wie er in der letzten Minute den direkten Weg zum Tor sucht, einen Madrider Verteidiger nach dem anderen ins Leere grätschen lässt, so schnell, den Ball so sicher am Fuß. In solchen Augenblicken begreift man, was Einzigartigkeit ist. »Auf dem Rasen«, sagte Leo Messi, »denke ich nicht. Ich spiele.«

Es war der passende Schlusspunkt, der Irrsinn in seiner absoluten Schönheit, zu einem Spiel, das eine einzige Reizüberflutung war. Man kann Fußball ohne Fachkenntnis genießen, sich einfach ergreifen lassen von Tempo, Dramatik, Eleganz, und wer das schaffte, sah am Samstag beim 3:3 im Clásico ein überwältigendes Spiel. 1:2 führte Real nach 13 Minuten, 5:2 hätte Barça nach einer halben Stunde vorne liegen müssen, und so ging es weiter, Tore, Tempo, Traumpässe, viel zu viel von allem. Wer aber das Spiel kalt analysierte, erschrak. Es war Schulhoffußball, sorglos, letztendlich: unreif. In einer Woche, in der Barça gegen Liverpool und Real gegen Bayern München im Champions-League-Achtelfinale ausschieden, verstärkte die Partie den Verdacht: Obwohl sie beide weiterhin zur Spitzengruppe der Primera División gehören – Barça fünf Punkte vor Real –, wird der spanische Meister im Juni vielleicht Sevilla heißen, sehr wahrscheinlich Valencia, nur im Fall einer Überraschung Barça und sicher nicht Madrid.

Die Verzweiflung ist selten ein guter Berater, aber selbst ein rationaler Trainer wie Barças Frank Rijkaard hört auf sie, seit die diesjährige körperliche Schwäche seiner Elf gegen Liverpool schreiend offensichtlich wurde. Er fuschte an der Taktik herum, nachdem das 4-3-3-System ihm zwei spanische Meisterschaften und den Champions-League-Sieg 2006 garantiert hatte. Gegen Madrid spielte er mit drei Verteidigern, das funktioniert nur, wenn zwei schnelle Außen im Mittelfeld der Abwehr helfen. Barça spielte ganz ohne Außen im Mittelfeld. Eine deutlichere Einladung, sie doch bitte auszukontern, kann man nicht schreiben. Madrids erste zwei Tore durch Ruud van Nistelrooy waren das Resultat, genauso wie die

Rote Karte für den in der dünn besetzten Abwehr überforderten Oleguer. Das Erschütternde war, dass Real auch diese Einladung zur Wiederauferstehung ausschlug.

Reals Verfall lässt sich logisch nachzeichnen und bleibt doch unglaublich. Seit vier Jahren kommen und gehen die tollsten Trainer und Spieler, und dieser Verein schafft es, jeden Einzelnen, den Größten von ihnen klein zu machen. Nun ist es nur noch eine Selbstquälgruppe der manischen Depressiven. Aus Fabio Capello, der einmal ein geradliniger, um nicht zu sagen brutaler Trainer war, ist ein Mann ohne Richtung geworden. Sie warten nur noch: Capello auf seine Entlassung, seine tief in der Defensive stehenden Spieler darauf, dass der Nebenmann etwas macht. Van Nistelrooy, dessen Toren Sergio Ramos das dritte hinzufügte, war der eine überragende Spieler in Biedermanns Elf. Selbst zu zehnt enthielt Barça Real den Ball weitgehend vor. Nach guten Nachrichten muss Real lange suchen – erst in Rumänien findet sich eine. Dort steht der Agrarminister einem Privatprojekt von Reals Präsidenten Ramón Calderón aufgeschlossen gegenüber: eine gigantische Schweinezucht zu eröffnen.

Doch in der Nacht des rasenden Verstands mochten die wenigsten einsehen, dass Real nur den passiven Part gab. Barça, endlich wieder angeführt von Ronaldinho, spielte in Übergeschwindigkeit, in Wirklichkeit viel zu schnell für sich selbst. Und so vibrierte alles. Dass man mit solch taktischer Unordnung nichts gewinnen kann, wissen sie selbst. Doch es wurde deutlich: Die Einzigartigkeit ist noch immer in ihnen. Wenn Barça nächstes Jahr, anders als diesmal, eine richtige Saisonvorbereitung absolviert, wird es wieder leuchten. Juliano Belletti hielt Leo Messi noch immer hoch, eine kleine

Ewigkeit schon, und Barça, das einmalige Barça, erkannte endlich seine Richtung wieder: zum Himmel!

12. März 2007

Piquenbauer wird Schwarzenqué: Barça, Bürge des eleganten Spiels, feiert den Malocherfußball

364 Tage im Jahr gelingt es den Barcelonistas, sich vorzumachen, sie würden Fußball nur als künstlerisches Vergnügen lieben. Am 365. Tag kommt Real Madrid zum ewigen Duell in die Stadt, und dann ist Barcelona auch nur Offenbach, Herne, Kaiserslautern; dann wird Fußball auch in der Hauptstadt des anmutigen Spiels vor allem als Kampf verstanden. 100 000 Zuschauer, durchtränkt vom sintflutartigen Regen, Fäuste in der Luft, feierten am Sonntag ekstatisch die alte Heldenfigur des Malocherfußballs: den Verteidiger, der bereits am Boden liegt und doch noch die Rettung bringt.

Dreimal konnte man das Tor für Real Madrid schon fühlen. Dreimal schlitterte Barças Kapitän Carles Puyol, der mit seinen wilden Haaren auch mit 31 Jahren aussieht, als hätte er Angst vor dem Friseur, über den wasserschweren Rasen und blockte, am Boden liegend, jedes Mal in letzter Sekunde den Schuss ab. Der Champions-League-Sieger Barça, Bürge des schönen Spiels, berief sich auf Wucht, Vehemenz und Intensität, um in einem spielerisch nicht hochklassigen, aber elektrischen Clásico einen 1:0-Sieg durch ein Tor von Zlatan Ibrahimović zu erkämpfen und Real als Tabellenführer der Primera División abzulösen; das Bild, das bleibt, war Puyol siegreich am Boden. Ach, sagte Puyol, halb so wild. »Hinter mir hätte doch noch Víctor Valdés im Tor gestanden, der hätte die Schüsse sowieso gehalten.«

Wer kurz zurückdenkt, welche Versprechungen dieser Clásico vor Saisonbeginn weckte, kommt nun beim Fazit um ein Lächeln nicht umhin. Oder wer hätte im Juli gedacht, dass Real Madrid nach einem 0:1 beim argen Rivalen bescheinigt bekäme, jetzt seien sie auf einem guten Weg? Mit all diesen neuen Megaspielern von Cristiano Ronaldo bis Kaká schlich sich im Sommer die Erwartung ein, sie müssten aber sofort auch megamäßig spielen. Bis zum Clásico gewannen sie fast alles, etwa neun von elf Ligaspielen, doch ihr eigenes Publikum buhte, selbst die Real-hörige Presse geiferte, das Präsidium kochte. Diesen Fußball, der nach Arbeit statt Grandezza roch, hatte man nicht bestellt! In Barcelona spielte Real im Prinzip nicht anders, aber weil alle diese erfolgreiche Elf wochenlang schlechtgemacht hatten, war jeder auf einmal angenehm überrascht, wie gut Real gegen die attraktivste Elf der Welt aussah. Den »Geschmack eines Sieges« kostete das Sportblatt *Marca* in der 0:1-Niederlage.

Die Leute schreien, Real habe keinen Spielstil, nur weil Madrid nicht so graziös spielt wie Barça. Am Sonntag endlich sahen auch die Letzten, dass Reals Trainer Manuel Pellegrini sehr wohl einen klar definierten Stil entwickelt, einen Überfallfußball in einem ungewöhnlichen System mit vier zentralen Mittelfeldspielern, nur einer davon, Kaká, offensiv orientiert. Sie gaben Barça keinen Raum. Bei Ballbesitz durchbrach Xabi Alonso mit seinen Mittelstreckenpässen sofort Barças Pressing, und die Stürmer flogen. Allein Cristiano Ronaldo, der nach zweimonatiger Verletzungspause zum ersten

Mal wieder in der Startelf stand, suchte noch die Sicherheit vor dem Tor. Erst als sie nach 55 Minuten 0:1 in Rückstand gerieten, als Barça nach einem Platzverweis für Sergio Busquets nur noch zu zehnt verweilte; als Real sein Spiel aktiver, passreicher hätte gestalten müssen, sah man, dass sie das kaum können.

Dass Reals Schnellfußball, das Pendant zum Fast Food, keinen guten Ruf genießt, ist eine andere Sache. Aber für die Spieler, die man Pellegrini gab, ist es das passende Konzept. Wenn Real Barça sein wollte, hätte Präsident Florentino Pérez kleine Ballspieler wie Valencias David Villa und David Silva statt Cristiano und Karim Benzema kaufen müssen. Aber ob Pérez das versteht?

Selbst der Regen hatte schließlich aufgegeben, als Carles Puyol mit einem riesigen Luftsprung den Schlusspfiff feierte. Einiges hatte an diesem Abend bei Barça nicht funktioniert, etwa die Idee, das Spiel ohne fixen Mittelstürmer zu bestreiten. Leo Messi, der an diesem Dienstag als Europas Fußballer des Jahres geehrt wird, verlief sich genauso wie Andrés Iniesta ein ums andere Mal. Doch Barça, für das die Schönheit Alltag ist, genoss umso mehr diesen einen erschufteten Sieg. Piquenbauer rufen sie Puyols Partner in der Abwehr, Gerard Piqué, weil er in seiner Eleganz oft an den großen Beckenbauer erinnert. Am Sonntag, als der große Regen kam, das Heldenwetter in der Klimakunde des Fußballs, grätschte sogar Piqué einmal so atemberaubend, so gestrig schön, dass man glaubte, Piquenbauer sei nun Schwarzenqué; in Erinnerung an Beckenbauers Drecksarbeiter Katsche Schwarzenbeck.

1. Dezember 2009

Zum Tor sind es über 50 Meter, als Leo Messi im kalten Nieselregen mit dem Fuß ausholt und sein Publikum noch einmal daran erinnert, dass die Perfektion existiert. Messi dreht den Körper in der Hüfte, als wolle er den Fuß an den Ball schmiegen. Und der Ball fliegt. Mit einem einzigen effektvollen 40-Meter-Pass hat er eine gesamte Abwehr ausgehebelt, David Villa nimmt das Zuspiel auf, es wird das vierte Tor des FC Barcelona. Am Ende strecken Barças Spieler fünf Finger in die Luft. *Una manita*, ein Händchen, heißt in Spanien ein Sieg mit so vielen Toren wie Fingern einer Hand.

Barças 5:0-Sieg am Montag im Clásico, dem historischen Duell gegen Real Madrid, erinnerte den Profifußball daran, worum es wirklich geht in diesem Sport: Dieser Fußball war so überwältigend schön, dass nur über Fußball geredet werden kann. Längst scheint in der Öffentlichkeit alles wichtiger als das Spiel selbst, ein Sportdirektor lästert über seinen Trainer, ein Verein hat so und so viele Schulden, und ein Torwart nimmt einem Fan die Brille weg, die Aufgeregtheiten regieren. Barças leichtfüßiger Vortrag brachte die Illusion zurück, dass Fußball wirklich nur ein Spiel ist.

Es war der Sieg des Wie: »Heute hat die Welt gesehen, wie wir gewinnen«, sagte Barças Trainer Pep Guardiola. Kein anderer Verein nimmt das Wie – seine Art zu spielen – so ernst wie der Klub aus Katalonien, wo es immer darum geht, sich mit einer eigenen Identität gegen Spanien abzugrenzen. Gegen Real, bis Montag nicht weniger als die weltbeste Mannschaft dieser Saison, gab Barça, die Nationalelf Kataloniens, seinem legendären endlosen Passspiel ein wahnwitziges Tempo, es spielte öfter und früher als gewohnt steil in den freien Raum. All die Tore von Xavi, Pedro, zweimal Villa und Jeffren hatten eines gemeinsam: Ihre Entstehung, die Pässe, war noch schöner als der Torschuss. Xavi schlug 120 Pässe. 115 kamen an. Leo Messi, der beste Stürmer der Welt, agierte als improvisierter Co-Spielmacher mit Pässen, die Fußballer tödlich nennen. Wie sehr sich Barça als Passspielfundamentalist empfindet, zeigte sich, als der Ball ruhte. Reals Cristiano Ronaldo schubste vor einem Einwurf Barças Trainer Guardiola rüde weg. Und im Nu waren fünf Barça-Spieler da, um ihren Trainer, den Hohepriester ihres Spiels, handfest zu verteidigen. Welche andere Mannschaft ist bereit, sich für ihren Trainer zu prügeln?

Unbeweglich wie eine Wachsfigur saß unterdessen Reals Trainer José Mourinho auf der Ersatzbank. Sich selbst zu kontrollieren blieb die einzige Aufgabe, die Mourinho noch bewältigen konnte. Real rannte nur hinterher, seine deutschen Nationalspieler Mesut Özil und Sami Khedira waren zwei beliebige Einzelschicksale in einem ohnmächtigen Verbund. Özil, der als Mann für die plötzliche Kreativaktion verloren war in einem Spiel, in dem Real nie den Ball hatte, wurde zur Halbzeit aus taktischen Gründen für einen dritten defensiven Mittelfeldspieler ausgewechselt. Khedira jagte Schatten.

In seinen ersten vier Monaten in Madrid hat Mourinho die Elf mit dem besten Zeitgeistfußball geschaffen; blitzartig auf Angriff umschalten ist das Elixier der Zeit, im Grunde ist es Konterfußball, aber wenn er so technisch sauber wie bis

Montag bei Real vorgetragen wird, wirkt er geradezu elegant. In 19 Pflichtspielen war Real ungeschlagen geblieben, sie haben weiterhin die Klasse, diese Saison jede Trophäe zu gewinnen, nun zwei Punkte hinter Tabellenführer Barça in der spanischen Liga. Doch das 0:5 wird eine grundsätzliche Niederlage bleiben. Real musste erkennen, dass sein ewiger Rivale über etwas verfügt, was es auch mit allen Siegen diese Saison nicht gewinnen wird: Einzigartigkeit.

»Barças Stil ist der schlechteste der Welt«, sagt der einst auch einmal bei Hannover 96 aktive Sportdirektor von Deportivo La Coruña, Ricardo Moar. Es ist das größte Kompliment: Praktisch keine Mannschaft der Welt könnte mit diesem ewigen Passspiel, mit dieser extrem offensiven Taktik Erfolg haben. Nur Barça selbst. Sie bilden dafür ihre Fußballer selbst aus, acht der elf Spieler gegen Real wurden in Barças Jugendschule groß, das gibt es sonst nirgendwo mehr. Diese Elf zeigte unzählig viele besondere Spiele, 6:2 in Madrid, 4:0 gegen Bayern München, 8:0 in Almería, und doch war das 5:0 vom Montag etwas Neues; etwas, von dem man dachte, es existiere nicht. Das perfekte Spiel. Perfektion ist ein Zustand, der sich nicht verbessern lässt.

IIII 30. November 2010 IIII

Mehr als ein Klub: Einige Besonderheiten des FC Barcelona

Doktor Culé hat eigentlich nur montagmorgens Sprechstunde. Dann verwandelt sich Sergi Pàmies, 44, einer der angesehensten Schriftsteller Barcelonas, jede Woche wieder in den Nervenarzt Culé und diagnostiziert unter diesem Pseudonym in *El País* für alle *culés,* wie die Fans des FC Barcelona genannt werden, den Gemützustand des Fútbol Club. Er beginnt immer mit demselben Satz: »Es spricht zu Ihnen der Anrufbeantworter von Doktor Culé.« An diesem Dienstag aber gewährt Doktor Culé an seinem Küchentisch eine Privatsprechstunde, um eines der kuriosesten Phänomene des Profifußballs zu erklären: wie der FC Barcelona die beste niederländische Elf wurde.

In 13 der vergangenen 16 Jahre hatte Barça einen niederländischen Trainer. Allein aus der Mannschaft von Ajax Amsterdam, die 1995 die Champions League gewann, wechselten seitdem neun Spieler zum 16-maligen spanischen Meister. Und wenn an diesem Donnerstag das wiedergeborene Barça, das nach vier mageren Jahren gerade neun Ligaspiele in Serie gewonnen hat und sich als Tabellendritter zurückmeldet, zum Schlager des UEFA-Cup-Achtelfinales vor 100 000 Zuschauern gegen den Vorjahresfinalisten Celtic Glasgow antritt, wird die Elf des niederländischen Trainers Frank Rijkaard zur Hälfte von Niederländern bestückt; fünf Nationalspieler (Davids, Kluivert, Overmars, Reiziger, Cocu) sowie Giovanni van Bronckhorst sind im Kader.

Der Anrufbeantworter von Doktor Culé weiß, wie es dazu kam: »Armand Carabén, damals Barça-Geschäftsführer, nahm Anfang der Siebzigerjahre ein holländisches Mädchen beim Autostopp mit«, sagt Pàmies. Wenig später heiratete Carabén die Tramperin, fuhr öfters zu den Schwiegereltern nach Holland und schaffte es dort 1973, Johan Cruyff für Barça zu gewinnen.

Cruyff war eine Erscheinung für Katalonien. Pàmies reduziert die Stimme auf ein Flüstern: »Damit wir uns verstehen: In Spanien herrschte die Franco-Diktatur, und da kam dieser langhaarige Junge, machte Werbung für Unterhosen – und spielte Fußball, wie es noch niemand gesehen hatte.« Cruyff schenkte Barça die beiden größten Siege seiner Geschichte, als Spieler 1973 ein 5:0 über Real Madrid, als Trainer 1992 das 1:0 über Sampdoria Genua im Europacup-Finale, Barças einziger Triumph in diesem Wettbewerb. 1974 tauften Cruyff und seine Frau ihren Sohn nach dem katalanischen Nationalheiligen Jordi. Ihnen gefiel der Name, die Katalanen sahen es als politisches Zeichen: Katalanisch war unter Franco verboten. In der Bewunderung für Cruyff vereinten sich Barcelona und Holland.

»Ich erinnere mich«, sagt der ehemalige Torwart Ruud Hesp, einer der vielen Niederländer, die für Barça spielten, »wie wir als Kinder in den Siebzigern im Urlaub herumkickten und ich immer der Barça-Torhüter sein wollte.« Die Katalanen, sagt Pàmies, begannen »ein Doppelleben: Holland wurde unser zweites Lieblingsteam«.

Mehr der besten Holländer kamen, Johan Neeskens, Ronald Koeman; 1999 war es so weit, dass nur noch zwei Katalanen im Team standen, aber acht Niederländer. »Ich war nicht sehr erfreut, dass auf einmal so viele Holländer da waren«, sagt der Holländer Hesp. So geballt erschienen sie nicht mehr wie geliebte Gäste, sondern als Eindringlinge, die den Verein zu übernehmen drohten. »Wir vereinbarten, in der Umkleide kein Holländisch zu sprechen, aber klar, die Schlagzeilen vom Holländerclan hat das nicht verhindert.« Es war ein Exzess, der wenig mit der holländischen Tradition zu tun hatte – mehr damit, dass der damalige Trainer Louis van Gaal sich nur auf dem Transfermarkt seiner Heimat auskannte.

Heute sind es nicht wirklich weniger Niederländer bei Barça, doch sie besetzen nur noch Nebenrollen. Die Protagonisten des neuen Barça sind auf dem Spielfeld der Brasilianer Ronaldinho und in der Vereinspolitik der katalanische Präsident Joan Laporta. Cocu und Davids sind wichtige Teile im Spielsystem, die anderen Holländer, vor allem Kluivert und Overmars, nicht mehr als Übriggebliebene der exzessiven Jahre.

Was bleiben wird, ist die besondere Verbindung. »Ein Holländer, der Angebote von Barça und Inter Mailand hat, wird immer Barça wählen«, glaubt Hesp. »Wenn Rijkaard mal entlassen werden sollte, wird der Präsident Cruyff fragen: ›Johan, was hältst du von Koeman als neuem Trainer?‹«, denkt Pàmies. Wobei der Anrufbeantworter von Doktor Culé natürlich den wirklichen Grund für die vielen Niederländer bei Barça kennt: »Die gute Flugverbindung Amsterdam–Barcelona mit acht Direktflügen täglich.« 25. März 2004

Viel Lärm um einen Köder: Der kuriose Präsidentenwahlkampf beim FC Barcelona

David Beckham ist immer überall. Gerade weilt er im Urlaub in Los Angeles, aber nirgendwo ist er an diesem Dienstagabend präsenter als im vollgepackten Konferenzsaal in der Barceloner Lokalredaktion von *El País*. Spaniens beste Tageszeitung hat die sechs Kandidaten für das Präsidentenamt des FC Barcelona zu einer Podiumsdiskussion eingeladen, und je nachdem, wer von den sechsen spricht, ist Beckham mal schon hier, in Barcelona, mal ganz weit weg, oder, Gott verhüte es, auf dem Weg zum ewigen Rivalen Real Madrid.

Kurz vor Beginn der Diskussion gab Beckhams Klub, der englische Meister Manchester United, bekannt, man habe ein Angebot von Joan Laporta, einem der Präsidentschaftskandidaten des FC Barcelona, für den berühmtesten Fußballer auf Erden akzeptiert. Die Nachricht versetzte die Sportwelt in Aufregung, »zu einer Uhrzeit, zu der die Engländer eigentlich ruhig ihren Tee trinken wollen«, bedauert die in Barcelona ansässige Sportzeitung *El Mundo Deportivo*. Die zwei Zusätze in Uniteds Communiqué wurden dabei gerne übersehen. United lasse Beckham – gegen eine geschätzte Ablöse von 45 Millionen Euro – ziehen, falls Laporta die Wahl bei Barça gewinnt und falls er sich mit dem Spieler über einen Vereinswechsel einigt. Das eine ist so unwahrscheinlich wie das andere.

Doch eines haben sie beim FC Barcelona schon immer besser als anderswo gemacht: viel Lärm um nichts. In diesen

Tagen übertreffen sie sich darin selbst. »Joan, ich habe mit Beckhams Agent gesprochen, und ich sag dir noch mal: Ihr kriegt ihn nicht!«, ruft Kandidat Jaume Llauradó dem Rivalen Laporta auf der Podiumsdiskussion zu, und schon reden wieder alle Kandidaten durcheinander: »Ich will keinen Fußballer, der ständig in den Klatschspalten steht!« – »Wir begeben uns in eine gefährliche Dynamik!« – »Beckham fordert zwei Bodyguards – Tag und Nacht!«

Präsidentschaftswahlen in spanischen Fußballklubs sind einzigartig, sie werden wie politische Wahlkämpfe betrieben. Insgesamt rund sechs Millionen Euro investieren die ehemals neun, nun noch sechs Kandidaten in Barcelona für ihre Kampagnen, sie haben Hauptquartiere eingerichtet wie Parteizentralen, und überall in der Stadt kleben ihre Poster: »Zuerst: Barça. Joan Laporta« – »Wir gewinnen. Lluís Bassat.«

94339 Vereinsmitglieder entscheiden am Sonntag an den Urnen über den Nachfolger von Joan Gaspart, der in nur drei Jahren den 16-maligen spanischen Meister sportlich wie finanziell dem Ruin nahe brachte. Luís Bassat, 62 und Besitzer einer großen Werbeagentur, ist der übermächtige Favorit; das hat es ihm erlaubt, als Einziger die Vernunft zu bewahren in diesem Wahlkampf.

Die Anstrengungen der anderen haben zu den skurrilsten Aktionen geführt, nicht immer hatten sie Stil. Tausende Unterschriften, darunter die des Ministerpräsidenten von Andorra (und zwar gleich zweimal), wurden gefälscht, um die erste Hürde, die Empfehlung von 1529 Wahlberechtigten, zu erreichen. Kandidat Llauradó wurde antisemitisch ausfallend gegen Bassat. Laportas Abkommen mit United für einen Transfer Beckhams ist der vorläufige Höhepunkt des Fiebers.

So wie Florentino Pérez im Jahr 2000 die Präsidentschaft von Real Madrid gewann, indem er die Verpflichtung des damals weltbesten Spielers, Luís Figo, versprach, versuchen die Kandidaten in Barcelona nun, die wählenden Fans damit zu ködern, sie würden ihnen den größten Star schenken.

Glaubt man alles, was die Kandidaten bislang erzählten, spielen in der kommenden Saison 143 Superstars in Barcelona, von van Nistelrooy über Makaay bis eben zu Beckham. Nur Klaus Toppmöller, der derzeit beschäftigungslose rheinländische Trainer, band sich leider an den falschen Kandidaten. Jordi Medina präsentierte ihn als seinen Trainer – und schied am nächsten Tag aus, weil er die 1529 Empfehlungen nicht zusammenbrachte.

Wie Laporta den Beckham-Deal überhaupt finanzieren wollte, angesichts von 193 Millionen Euro Schulden des Vereins und einem jährlichen Defizit von 55 Millionen, konnte der Rechtsanwalt bislang nicht glaubwürdig erklären. Dass Beckham Lust hat, für Barça zu spielen, das sich als Tabellenachter zwei Spieltage vor Schluss der Liga kaum noch für den UEFA-Cup qualifizieren wird, darf bezweifelt werden. So ist das Interessanteste an der Meldung die Tatsache, dass United den Pakt mit Laporta offiziell verkündete. Es ist das bislang stärkste Anzeichen dafür, dass sie ihr Juwel tatsächlich verkaufen wollen. Für den Spieler selbst gibt es jedoch nur die Alternative: in Manchester bleiben oder zu Real Madrid wechseln.

Alldem zum Trotz wird die Beckham-Hysterie zumindest bis zur Wahl am Sonntag in Barcelona verweilen. Dann sollte sich das neu gewählte Präsidium aber vielleicht doch wieder den wirklichen Problemen zuwenden: Für Juli und August hat sich Barça für eine Schautournee in den USA verpflichtet, das Honorar braucht man dringend – und bemerkt jetzt, dass (dank des schlechtesten Tabellenplatzes in der Liga seit Menschengedenken) zur selben Zeit andere Verpflichtungen drohen: im drittklassigen UI-Cup zu spielen. Ob sich David Beckham mit dieser Aussicht nicht doch noch überzeugen lässt?

12. Juni 2003

Land der zwei Wahrheiten: Wie die Sportpresse Spanien teilt

In Spanien gibt es immer zwei Wahrheiten. Die eine kommt aus Madrid, die andere aus Barcelona, jeden Morgen liegen sie scheinbar einträchtig nebeneinander am Zeitungskiosk. Heute schreit die eine Wahrheit: »Rijkaard wütend auf Eto'o, der nicht gehorchte.« Und die andere Wahrheit sagt: »Eto'o spielte in Valencia genau so, wie Rijkaard es wollte.«

Die erste Schlagzeile kommt aus Madrid, gedruckt in der Sportzeitung *As*, die andere erscheint im Barceloner Konkurrenzblatt *El Mundo Deportivo*. Es geht darum, dass Samuel Eto'o, der Weltklassestürmer des spanischen Meisters FC Barcelona, sich bei der 0:1-Niederlage in Valencia auf einmal ins Mittelfeld zurückfallen ließ. Unklar blieb, ob dieser nicht sehr erfolgreiche Positionswechsel eine Idee von Trainer Frank Rijkaard war oder eine eigenhändige Entscheidung von Eto'o. Ein Detail nur, in anderen Ländern würde es irgendwo im dritten oder vierten Absatz der Zeitungsberichte Erwähnung finden und dann vergessen werden – in Spanien aber ziehen die Sportzeitungen aus solchen Nuancen Material für tagelange Hysterie.

Es ist noch immer ein gespaltenes Land. Die zwei Spanien, die sich im Bürgerkrieg vor 70 Jahren bekämpften, leben in unzähligen Konflikten fort. Spanien 2006 ist: rechts gegen links, Regionen wie Katalonien oder das Baskenland gegen die Zentralmacht, Real Madrid gegen FC Barcelona – Madrider Sportpresse gegen Barceloner Sportpresse. 4,7 Millionen Leser erreichen die vier täglich erscheinenden Sportblätter nach offiziellen Erhebungen, keine der allgemeinen Tageszeitungen des Landes wird so viel gelesen wie die größte Sportzeitung *Marca*. Es sind erstaunliche Erfolgszahlen. Dabei haben sich die Sportzeitungen unverfroren dem Lokalpatriotismus verschrieben: Bei *Marca* und *As* gehören in der Regel die ersten zwölf Seiten Real Madrid, bei *Sport* und *El Mundo Deportivo* kommt erst einmal Barça, dann Barça, Barça, Barça und irgendwann der Rest.

Natürlich geht es auch Spaniens Sportpresse um die Wahrheit – aber sie muss, bitte schön, schon ins eigene Weltbild passen. »Die objektive Wahrheit?«, fragt Eduardo Palacios. »Na, die kann ich natürlich nicht schreiben.« Palacios hat den lustigsten Job im Journalismus – wenn man sich die Fähigkeit erhält, darüber lachen zu können: Er ist Barcelonas Mann in Madrid, *El Mundo Deportivos* Korrespondent für Real Madrid. Seine Aufgabe ist es, jeden Tag das Schlimmste bei Real zu finden. Im Moment macht ihm Reals Elf die Arbeit recht leicht, mit einem Reinfall nach dem anderen, und nun jammert Reals Star Ronaldo auch noch öffentlich.

Aber da beginnen für Palacios schon wieder die Probleme: Es ist zu viel Negatives! »Ronaldo schimpft, Reals Fans würden ihn nicht mögen. Was sollen wir damit bei *Mundo Deportivo* machen? Ronaldo war jahrelang das große Feindbild, weil er Barça verließ und nun für Real spielt. Nun stellt er sich plötzlich gegen Real. Sollen wir jetzt deshalb wieder auf seine Seite schwenken? Oder ihn verdammen – aber würden wir damit nicht Real als Klub verteidigen?« *Mundo Deportivo* löst es, indem es sich einfach in der Polemik suhlt. »Ronaldo leert sein Arsenal gegen die eigenen Fans ... die Elf ist enorm verstimmt über den Stürmer ... Präsident Pérez macht die PR-Abteilung runter, dass man Ronaldo reden ließ«, so steigert sich der Text, um schließlich den Barceloner Orgasmus zu erreichen: »Ronaldos Tage sind gezählt.«

Das Unangenehme für Palacios muss nur sein, dass er am nächsten Tag wieder hinmuss – zu Real Madrid. Er hat es auf clevere Weise gelöst: Niemand bei Real weiß, dass er Eduardo Palacios ist, der Mann Barcelonas. Eduardo Palacios ist ein Pseudonym. Im richtigen Leben ist der böse Mann aus Barcelona ein angesehener Reporter bei einer der großen allgemeinen Tageszeitungen, der unter anderem sehr ausgewogen und sehr sachlich über Real Madrid schreibt. Selbstverständlich verpflichteten wir uns, seinen wahren Namen nicht preiszugeben.

Es gibt einiges, was in den spanischen Sportblättern herausragt: die brillanten Kommentare und Analysen der Chefredakteure Santi Nolla *(Mundo Deportivo)* und Alfredo Relaño *(As)*, die exzellente und umfassende Auslandsberichterstattung in *Mundo Deportivo*, die donnerstags besser über die Mittwochsspiele der Bundesliga informiert als viele deutsche Zeitungen. Doch das alles wird übertüncht von der Besessenheit, nur die eigene Wahrheit darstellen zu wollen.

Dabei bekämpfen sich die zwei Madrider und zwei Barceloner Sportblätter längst auch jeweils untereinander mit ihren Wahrheiten. Wenn *As* am Dienstag meldet: Real will Lukas Podolski, steht im anderen Madrider Sportblatt *Marca* am Mittwoch garantiert: Podolski nicht zu Real. Wenn *Sport* Exklusivinterviews mit Barças Präsidenten Joan Laporta bekommt, fährt *Mundo Deportivo* sofort eine, zumindest unterschwellige, präsidentenkritische Linie. »Unsere Sportblätter sind rettungslos verloren«, sagt Carlos Carbajosa, einer der führenden Fußballreporter der allgemeinen spanischen Tagespresse.

Am nächsten Tag gibt dann Iker Casillas, der Torwart von Real, bekannt, er verlängere »zu 70 Prozent« seinen Vertrag in Madrid. Über Eduardo Palacios' Bericht in *Mundo Deportivo* steht: »Casillas: ›Zu 30 Prozent verlasse ich Real.‹«

Mai 2006

Spaniens Liebe zur langen Nacht: Ein Meisterschaftsspiel um 00.05 Uhr

Niemand würde kommen, aus Angst vor den Frauen. Gegen 22, 23 Uhr zu Hause aufbrechen, sich verabschieden mit den Worten »Ich gehe zum Fußball« – Javier Irureta, der Trainer von Deportivo La Coruña, war sich sicher, dass das keiner bringt: »Was erzählt dir denn dann deine Frau? Um Mitternacht ins Fußballstadion. Bah! Da ist sie sich doch sicher: ›Du betrügst mich!‹«

Irureta war in La Coruña vermutlich schon im Bett, als am

Mittwoch um 00.05 Uhr die Profis des FC Barcelona zum ersten Heimspiel der Saison gegen den FC Sevilla ins Stadion Camp Nou einliefen und von einem Jubel begrüßt wurden, mit dem die Fans nicht nur die Spieler feierten, sondern auch sich selbst. Wir sind hier!, sagte der Jubel. Sie hatten ihre Frauen einfach mitgebracht. 80 200 Barça-Fans bei der ersten Spätvorstellung des internationalen Fußballs. 80 000. Viele von ihnen ohne eine Ahnung, wie sie nach der Partie um halb drei nachts nach Hause kommen würden. Aber keiner von ihnen wollte den Moment verpassen, in dem ein neues Barça, mit neuem Präsidenten, Joan Laporta, neuem Trainer, Frank Rijkaard, und neuem Idol, Ronaldinho, aufbricht. Zurück in die gute Zeit.

In einem Land, in dessen Restaurants um 22.00 Uhr zu Abend gegessen wird, wo der Nachbar um zwei die Stereoanlage aufdreht und zu Modern Talking singt und am nächsten Morgen um halb acht alle munter aus dem Haus marschieren, ist es unter Ausländern längst eine chronisch diskutierte Frage: Brauchen Spanier keinen Schlaf? Doch selbst wer um die spanische Liebe zur langen Nacht wusste, wurde vom Anblick des vollen Camp Nou um Mitternacht überwältigt. Seit vier Jahren hat Barça, das 16 Mal Meister war, keine Trophäe mehr gewonnen – so ausgehungert sind die Fans, dass der im Juni gewählte Laporta, ein 41-jähriger Rechtsanwalt, nicht mehr tun musste, als Elan und Hoffnung auszustrahlen, um den Klub in einen Zustand permanenten Überschwangs zu versetzen. Eingenebelt von ihrer Aufbruchsstimmung, feierten 80 000 das 1:1 gegen Sevilla, Zehnter der vergangenen Saison, wie den Tag des Herrn. Gefangene ihrer Glut, unterstützen sie Laportas Entscheidungen bedingungslos, mögen sie auch so zweifelhaft sein wie jene, ein Fußballmatch zu einer Zeit anzupfeifen, zu der man anderes tun sollte.

Der Präsident hatte mit der nächtlichen Anstoßzeit die Statuten des Fußball-Weltverbands FIFA umgehen wollen: Barça weiß neun ausländische Auswahlspieler unter Vertrag, die am kommenden Wochenende bei Länderspielen im Einsatz sind und daher von ihren Nationaltrainern spätestens am Mittwoch in den Trainingscamps erwartet wurden. Also wollte Laporta das vom spanischen Verband unverständlicherweise für Mittwoch festgesetzte Ligaspiel um einen Tag vorverlegen. Doch jeder Elf stehen laut spanischem Fußballrecht mindestens 48 Stunden Pause zwischen zwei Partien zu – und Sevilla spielte erst vergangenen Sonntag gegen Atlético Madrid. Nachdem sich sein Kollege in Sevilla, José del Nido, trotz Laportas Bitten geweigert hatte, das Atlético-Spiel einen Tag früher anzusetzen, schlug Laporta zurück: Gut, dann werde halt am Mittwoch gespielt – aber um Mitternacht, also faktisch am Dienstag. »Das ist ein Rückfall ins Spanien der Gitarre und des Tamburins, wo jeder Trick legitim war«, beklagte Sevillas Teamkapitän Pablo Alfaro, doch je wütender sich der Gegner beschwerte, desto toller fanden sie in Barcelona ihre Idee.

Laporta rief den »Fußball der Schlaflosen« aus, Teamdoktor Lluís Til tüftelte eine raffinierte Vor-dem-Spiel-Diät für das Team aus: »Kohlenhydrate am Nachmittag, Proteine am Abend«, Koffeintabletten dazu. Vor dem Stadion gab es Essen umsonst für alle, aber selbst daran hatte Sevillas Trainer Joaquín Caparrós etwas zu monieren: »So spät Gazpacho! Das kommt den Leuten doch hoch.« Dass der ursprüngliche Sinn des späten Anpfiffs – alle Nationalspieler noch zur

Verfügung zu haben – verfehlt wurde, nahm in Barcelona kaum einer mehr war. Die fünf niederländischen Internationalen mussten schon am Dienstag abreisen, genauso wie der Argentinier Saviola, sodass Trainer Rijkaard ohne Mittelstürmer und linken Verteidiger dastand; zwei aus dem Juniorenteam füllten die Elf auf.

Es war einiges zu sehen, das skeptisch machte, ob dieses Barça tatsächlich Trophäen gewinnen kann; die Defensivschwäche des Mittelfelds zuallererst. Aber die Leute sahen nur eines: Ronaldinhos 1:1. Ein Tor, wie man es einmal im Leben erlebt. Ronaldinho läuft in der eigenen Hälfte mit dem Ball los; läuft 20 Meter, 30, an einem Gegner vorbei, am nächsten, und haut den Ball aus 25 Metern an die Unterkante der Latte, ins Tor. Morgens um halb acht waren sie schon wieder überall in den Cafés der Stadt: 80 000, die von diesem Tor erzählten, die brüllten vor Begeisterung, ohne Rücksicht auf schlaftrunkene Nordeuropäer. IIII 4. September 2003 IIII

Barça macht Schule: Die Nationalelf kopiert Barcelonas Stil

In Las Rozas, wo die Madrider Vorstadt nur noch ein Meer von ewig gleichen Backsteinhäusern ist, hatte die spanische Nationalelf in ihrem Trainingslager Besuch von alten Männern. Die Mannschaft von 1964 war erschienen, Spaniens einzige Fußball-Europameister, damit ihre Nachfahren kurz vor der Abreise zur EM 2008 nach Österreich einmal sahen, doch, das gibt es tatsächlich: spanische Sieger. Nationaltrainer Luis Aragonés, der selbst fast 70 ist und mit vielen der alten Sieger vier Jahrzehnte zuvor in Spaniens Vereinsfußball gespielt hatte, sah sich um, und für einen kurzen Moment war er sich sicher, sie seien für höhere Aufgaben gerüstet. »Mit so einer Mütze kommen wir nach Hollywood!«, rief Aragonés. Marcelino, der Siegestorschütze beim 2:1 im Finale über die Sowjetunion vor 44 Jahren, trug nun mit 68 eine topmodische Baseballkappe aus schwarzem Samt.

Rund einen Monat später war dann Hollywood nach Österreich gekommen. Wie eine Elf aus der Traumfabrik erschien Aragonés' Spanien bei der Europameisterschaft 2008. Sie spielten Fußball gegen den Zeitgeist, mit ewigen Passkombinationen und permanenten Tempowechseln, schnell, langsam, schnell und dann wieder langsam; anmutig. In einer Zeit, in der stabiles Verteidigen und schnelles, direktes Umschalten von Abwehr auf Angriff der letzte Schrei waren, erschien der spanische Kombinationsfußball wie ein letztes Tribut an die Romantik.

Als Spanien, das doch immer tragisch scheiterte, dann Deutschland im Finale geschlagen und 44 Jahre danach wieder triumphiert hatte, konnte es niemand mehr verkennen: Im Fußball, der so sehr für seine vermeintliche Unberechenbarkeit geliebt wird, gewinnt in Wahrheit meistens einfach der Beste.

Lange hatte Trainer Aragonés das Publikum verführt, Spaniens Außergewöhnlichkeit zu übersehen. Seine kauzigen Auftritte beanspruchten alle Aufmerksamkeit, da ging der Blick dafür verloren, was für eine Mannschaft er zum Leben erweckt hatte. Auch während der EM war Aragonés wieder – und zwar mehr denn je – der Große Luis, der es auf seine Art machte und redete. Kein Trainer brachte sich mit seinem knorrigen, leichtfertigen Gerede so oft in Schwierigkeiten, bis hin zum Rassisten erschien er fälschlicherweise schon wegen seiner unorthodoxen Redensart. Oft unterhielt er in Österreich die Öffentlichkeit allerdings auch auf leichtere Weise: Als ihm etwa ein Reporter ein Foto hinhielt, das seinen Verteidiger Sergio Ramos mitten im Turnier in einer Diskothek zeigte, sagte er: »Schön. Beim nächsten Mal erwischen die Paparazzi vielleicht dann Ramos und mich zusammen in der Disco.«

Oft wurde geschrieben, es sei erstaunlich, wie Spanien trotz dieses Starrkopfs solchen Erfolg habe. Es war grundfalsch. Solch eine Mannschaft, so gut, so anders als alle anderen, konnte nur ein Kauz erschaffen.

Aragonés, der jahrzehntelang vom FC Barcelona bis Atlético Madrid spanische Erstligisten trainiert hatte, übernahm die Selección nach der EM 2004. Er sah, dass der spanische Fußball im Überfluss über einen Spielertyp verfügte, der sich vom Rest der Welt abhob: kleine, feine Ballspieler. Er machte sie zum Mittelpunkt seines Spiels. Er hatte gleich große Teile der Öffentlichkeit gegen sich, die nicht verstanden, wie Xavi und Andrés Iniesta den Mittelpunkt der Elf bilden konnten, wenn sie beim FC Barcelona nur Nebenrollen besetzten. Doch falls öffentliche Kritik bei Aragonés irgendetwas bewirkt, dann allenfalls, dass er noch sturer auf seinen Ideen beharrt.

Die Wahrheit allerdings ist, dass Aragonés am Anfang nur noch schneller dem in 44 Jahren üblich gewordenen spanischen Scheitern entgegenzulaufen schien. Spanien war längst ein ständiger Neuanfang und kam doch nie irgendwo an.

Während etwa der deutsche Bundestrainer Joachim Löw sich nach klaren Vorstellungen seine Spieler suchte und an ihnen festhielt, auch wenn sie wie Christoph Metzelder oder Jens Lehmann im Verein längst nicht mehr wie Nationalspieler aussahen, machte Aragonés zunächst das exakte Gegenteil: Er ließ immer die spielen, die gerade am besten in Form waren. So blieb sein Spanien bis zur WM 2006 ein ständiges Experiment. Zudem versuchte Aragonés zunächst, das Spiel des FC Barcelona, dem letzten Reservat des schönen Passspiels, eins zu eins zu kopieren, weshalb Spanien mit spielenden Flügelstürmern agierte; ein Torjäger wie David Villa fand sich dabei weit draußen, weit weg vom Tor wieder. So war Spanien in Aragonés' ersten zwei Jahren nicht schlecht, aber doch vor allem das ewige Spanien: ein gut aussehendes Team, dem immer irgendetwas fehlte. Bei der WM 2006 scheiterten sie im Achtelfinale an Frankreich, im Herbst danach verloren sie in der EM-Qualifikation nacheinander in Nordirland und Schweden. Diese Niederlagen waren alles, was Aragonés gebraucht hatte.

Sie schärften seinen Blick für die Missstände, sie zwangen ihn, zu suchen. Er fand das Glück. Nach dem 2:3 in Belfast sprach er den berühmten Satz: »Heute habe ich gesehen, wer im Boot sitzt und wer nicht.« Raúl und Michel Salgado, spanische Legenden, die mit ihren Ansprüchen das Team belasteten, hatten ihr letztes Länderspiel gespielt. Die Flügelstürmer schaffte Aragonés ab, um dafür nun mit drei oder teilweise gar vier offensiven, puren Ballspielern im Mittelfeld den Kurzpassfußball zu stärken. Von da an bis zum EM-Finale verloren sie in 21 Monaten, in 21 Spielen kein einziges Mal mehr.

»Wir haben in den vier Jahren unter Luis gute, schlechte und sehr schlechte Momente erlebt«, sagte Mittelfeldspieler Xabi Alonso, »aber die Basis unseres Spiels blieb immer dieselbe: Wir wollen den Ball, immer, in jedem Moment des Spiels. Was wir in den zwei Jahren vor der EM gelernt haben, ist, das Spiel im Detail zu variieren.« Sie offenbarten es in Österreich: In ihrem Auftaktspiel gegen Russland erzielten sie, die den Ball die ganze Zeit im Mittelfeld hin und her laufen ließen, alle vier Tore nach eiskalten Kontern. Ihr Spiel hatte nun mehrere Dimensionen.

Sie waren die beste Defensive der EM, obwohl sie doch ständig angriffen. »Ballbesitz ist die beste Verteidigung«, erklärte Iniesta, »solange du den Ball hast, kann dir niemand etwas tun.« Sie bauten selbst in Konter, bei denen doch Schnelligkeit alles sein muss, ein paar Passkombinationen ein, die den Konter langsam – aber trotzdem erfolgreich – machten. Im Fußballsport, der doch angeblich ausgereizt war, war dies eine echte Erfindung: der spanische Kombinationskonter. Das Tor zum 2:0 durch Daniel Güiza beim Wiedersehen mit den Russen im Halbfinale war das schönste Beispiel: Francesc Fàbregas startete einen blitzschnellen Konter mit einem ansatzlosen 25-Meter-Pass von der Mittellinie auf Güiza rechts außen. Aber statt sofort diagonal aufs Tor zu ziehen, kombinierte Güiza mit Sergio Ramos; zweimal stoppen und passen, wo doch für Stoppen im modernen Spiel keine Zeit mehr sein soll. Das aber gab Fàbregas Gelegenheit, nachzurücken. Ramos spielte ihn an, und mit einem atemberaubenden Außenristpass machte Fàbregas den Konter abrupt wieder schnell. Güiza war in den Strafraum gerannt und verwandelte den Pass in das Tor. Es ließ einen ahnen, wie Perfektion aussehen könnte.

Sie brachten keinen Überstar bei dieser EM heraus, das zeigte am besten, wie außergewöhnlich Spanien war: Sie waren einfach durchgehend gut, vom sprunggewaltigen Torwart Iker Casillas über die Passmeister Xavi, Fàbregas und David Silva bis zu den elektrisierenden Stürmern David Villa und Fernando Torres. Als sie ihr EM-Quartier im Stubaital verließen, beschlich einen trotz all der Begeisterung, die sie kreiert hatten, schon die Melancholie: Trainer Aragonés würde nach dem Endspiel abtreten, Vicente del Bosque, ein ganz und gar nicht kauziger Trainer, würde übernehmen, und die Wahrscheinlichkeit war hoch, dass dieses Spanien nach und nach seinen Zauber verlöre.

So eine Elf würde es nie mehr geben. Zu gewagt, zu schwierig war ihr Spiel, um Nachahmer zu finden. Das Spanien von Luis Aragonés war nicht die Zukunft des Fußballs, sondern bloß eine Sehnsucht, die sich einmal auf wundersame Art erfüllt hatte. Sanft wie ein Hauch würde sie entgleiten und man sich fragen: War es wirklich wahr gewesen?

IIII Juli 2008 IIII

Die Blütezeit 2007 bis 2012

Pep Guardiola und Barça geben dem Fußball eine neue Dimension

Als der FC Barcelona anderthalb Jahre danach endlich wieder als Tabellenführer der spanischen Primera División geführt wird, ist niemand da, der applaudieren könnte. Also ordnet Verteidiger Gerard Piqué an, sich selbst Beifall zu spenden. Die Nachricht von der Niederlage des bisherigen Ersten FC Valencia gegen Santander, die Barça auf Rang eins katapultiert, erreicht die Mannschaft am Samstag just vor dem Abflug nach ihrem 4:1-Sieg beim FC Málaga, und Piqué startet im Flugzeug La Ola, die Jubelwelle. Die meisten Spieler machen mit. Bloß Thierry Henry, der französische Welt- und Europameister, bleibt regungslos und sieht aus wie so rätselhaft oft in Barças Spiel: als verstehe er nicht, was vor sich geht.

Selten hinterließ das Alltagsglück, irgendwann im Herbst einmal Erster zu sein, beim mit Pokalen gemästeten FC Barcelona solch eine tiefe Befriedigung. Der gefallene Champions-League-Sieger von 2006 nimmt es gierig als Beweis, dass es ein Leben nach Ronaldinho gibt. Etwas Einmaliges ging zu Ende, als Trainer Frank Rijkaard und die Embleme seiner Elf, Ronaldinho und Deco, den Verein im Sommer verlassen mussten; ihr anmutiges Spiel von 2006 war, ohne dass sie begriffen wie, der Dekadenz verfallen.

Doch dieser Verein besitzt, mehr als alle anderen, eine Identität, auf die er unabhängig von einzelnen Personen immer zurückgreifen kann: Moden kommen, Moden gehen, aber Barça beharrt auf seinem Stil vom Schönen und Guten, vom ewigen offensiven Passspiel; der Vorstand berief einen Trainer, Pep Guardiola, der mit 37 ein einziges Jahr in der vierten Liga als Erfahrung aufwies, aber, als Fußballer bei Barça groß geworden, mehr als jeder andere für den Stil steht. Im globalen Sport machte Guardiola Barça endgültig zum lokalen Team; in jedem Spiel stehen fünf bis sieben Spieler in seiner Elf, die in Barças Jugendzentrum mit dem einzigartigen Stil aufwuchsen. Zwei von ihnen, Xavi, der offiziell beste Spieler der EM 2008, und Andrés Iniesta, den Guardiola zum Außenstürmer umformte, Komparsen bislang, haben nun Hauptrollen. Barça, das seine Sehnsucht nach Aufbruch am heutigen Dienstag in der Champions League gegen den FC Basel ausleben will, fühlt sich neu geboren: Die jüngsten elf Spiele gewannen sie alle, meistens 6:1, 5:0 oder 4:1. »Wir leben in der Unwirklichkeit«, sagt Guardiola angesichts der nicht mehr aufhörenden Tore.

Nur in diesem Verein konnte einer wie er zum Idol werden. Guardiola war für einen Spitzenfußballer langsam, körperlich schwach – er triumphierte als Mittelfeldspieler mit den Werten Barças: schneller denken, sauberer passen. Guardiola beschäftigt sich besessen mit Fußball. Er ist der Protagonist der nächsten Trainergeneration, die taktisch und trainingsmethodisch den Fußball endlich auf das Niveau anderer Sportarten heben wird. Jede Woche entdeckt man bei Guardiola neue Details: Einmal suchte er – erfolgreich – den Sieg in der letzten halben Stunde mit einem ungesehenen 3-3-4-Spielsystem, mit zwei Flügel- und zwei zentralen Stürmern. Er ließ das Team am Morgen eines Spieltags trainieren, schickte sie dann nach Hause, weil ihnen der Tag im Hotel zu lang werden würde, und traf sie abends zum Match wieder. Er gibt keine Einzelinterviews, um sich nicht mit zu vielen öffentlichen Auftritten zu verschleißen. Er rotiert die Spieler rücksichtslos, da bleibt auch einmal Weltmeister Henry für Frischling Pedro Ledesma Ersatz. Dabei wirkt es manchmal durchaus, als wolle Guardiola mit seinen außergewöhnlichen Details zu gewollt genial sein. Aber dass er das Neue oft zu angestrengt sucht, sollte man einem jungen Trainer zugestehen.

Das Traurige an Barças wiedergewonnener Schönheit ist, dass die Fußballszene in ihrem beschränkten Denken das Neue nicht preisen kann, ohne das Alte schlechtzumachen. Längst geht das Zerrbild um, Guardiola hätte eine unter Rijkaard verwahrloste Truppe in Himmelsstürmer verwandelt. Die Wahrheit ist, dass wohl niemand und auch nicht Guardiola so eine besondere Elf schaffen wird wie Rijkaard, die 2006 einmal 18 Siege aneinanderreihte. Noch hat sich das neue Barça mit keinem der wirklich Mächtigen wie Chelsea vergleichen müssen. Es hat nur die Illusion geweckt, dass wieder alles möglich ist. Gerard Piqué, der Teamclown, schaffte es sogar, dass unlängst für ihn allein nachts um eins nach einem Europacupspiel in Donezk der Duty-free-Shop geöffnet wurde. Piqué fand, sein Team verdiene eine erste Belohnung. Auf dem Rückflug verteilte er an jeden Mitspieler eine Praline.

IIII Oktober 2007 IIII

Die wunderbare Pep-Krankheit: Guardiolas Leidenschaft steckt alle an

Ein paar Minuten bevor es losgeht, hat das Training im Körper von Pep Guardiola bereits begonnen. Mit federnden Schritten, der Körper auch mit 38 der eines Asketen, eilt der Trainer an diesem Morgen in der Sportstadt des FC Barcelona über den Fußballplatz. Es gibt noch nichts zu korrigieren, noch nichts anzuweisen, doch Guardiola redet und redet schon mit der Intensität des Wettkampfsports auf alle ein, er nimmt Stürmer Samuel Eto'o in den Schwitzkasten; spielerisch, versteht sich. »Pep ist ein Kranker«, erklärte Spielmacher Xavi Hernández fröhlich die Leidenschaft seines Trainers für das Spiel: Der denke abends im Bett vermutlich noch immer über jeden Pass nach.

Längst hat die wunderbare Pep-Krankheit den FC Barcelona angesteckt. Mit der knisternden Intensität, die ihr Trainer aussendet, trägt Barça dieses Jahr wieder seine legendäre Kurzpasskunst vor. Zwei Jahre kämpfte der Champions-League-Sieger von 2006 vergeblich gegen die Dekadenz, heute, vor dem Champions-League-Viertelfinale gegen Bayern München an diesem Mittwoch, wird Barça wieder als das größte Spektakel betrachtet. Ihnen fehlt die Unumstößlichkeit des 2006er-Jahrgangs um Ronaldinho, aber sie schlagen die Gegner mit Herrlichkeit, ständig 6:1 oder 5:2, und bringen es auf schwindelerregende 125 Saisontore. Guardiola, der im vergangenen Sommer mit der Erfahrung von einem einzigen Trainerjahr in der vierten Liga die Elf übernahm, gilt als Initiator dieser Erholung, und unzweifelhaft offenbart er viele Begabungen eines besonderen Trainers. Doch viel mehr als der Erfolg eines Einzelnen ist die Rückkehr des schönen Barças ein Lehrbeispiel dafür, wie weit ein Klub mit unbeirrbarem Wagemut und konsequentem Konzept kommen kann.

Hartnäckiger als jeder andere Verein hält Barça an einem Stil fest, auch wenn sich sonst niemand so zu spielen traut, im endlosen Kurzpass, im ewigen Angriff. Konsequenter als jeder andere bildet er die Fußballer dafür selbst aus. Elf der 24 Profis der aktuellen Mannschaft stammen aus der eigenen Schule, eine einmalige Quote. In diesem Klub galt die Berufung von Guardiola, dem Unerfahrenen, nicht als Irrsinn, sondern logisch. Er ist ein Sohn Barças. Von 13 bis 30 spielte er für den Klub, da fanden sie ihn nach nur einem Trainerjahr nicht grün, sondern weise: Er weiß alles über Barças Ideologie vom permanenten Ballbesitz, über das Spielsystem mit fünf Offensiven, das einzigartig ballorientierte Training. »Für mich existiert nur eine Weise, Fußball zu verstehen«, sagt er, »die Art Barças: vorwärts!«

Guardiola erschien in einem – auch in diesem Verein – seltenen Moment, als alle Protagonisten verinnerlicht hatten: »Der Spielstil ist unsere Kraft«, wie Musterspieler Andrés Iniesta sagt. Hier gibt es keinen Sportdirektor, der vor allem seinen eigenen Einfluss durchsetzen will, hier trifft ein Trainer auf Stars wie Leo Messi oder Thierry Henry, die akzeptieren, dass sie nur ein Teil einer größeren Idee sind. Überall werden dieser Tage etwa Bayerns und Barças hinreißende Dribbler Franck Ribéry und Messi verglichen – doch wer sie auf eine Höhe stellt, hat Messi nie erkannt. Ribéry dribbelt ergreifend, übersieht dabei Mitspieler, hinterlässt defensive Löcher; Messi dribbelt einzigartig und ist eine fixe Station in Barças Passspiel, ein unglaublich zweikampfstarker Block im Pressing; er folgt den automatisierten Bewegungen Barças. Es war eine erschlaffte Weltklasse-Elf, die Guardiola vorfand, aber noch immer eine Elf, in der alles eingespielt war: das Team, die Taktik, die Trainingsmethoden, die Idee. Was es brauchte, war ein neuer Stimulus. Sie fanden Guardiola. Den Impulsator.

»Zum Geburtstag schenke ich ihm einen Lautsprecher«, scherzt Barças Torwarttrainer Juan Carlos Unzué: »Er redet und redet, in jedem Training, in jedem Spiel. Mit einem Lautsprecher würden ihn wenigstens alle hören.« Die Intensität, verkörpert durch das energische Pressing in der Spielhälfte des Gegners, ist ein Markenzeichen von Guardiolas Barça. »Wenn er Popp sagt, gibt es kein Stopp«, sagt Verteidiger Gerard Piqué. Wie viele Frischlinge, die noch keine Gelegenheit hatten, desillusioniert zu werden, glaubt Guardiola unabdingbar daran, dass in diesem Spiel jede Kleinigkeit entscheidend sei; wie die besten Neulinge hat er viele originelle kleine Ideen, im Spiel wie danach. Seinem Stürmer Leo Messi, der noch nie ein Buch gelesen hat, schenkte er den Roman von David Trueba: *Saber Perder* – Verstehen zu verlieren. Gelegentlich wirken die Einfälle sehr gewollt, wie etwa zu Saisonbeginn Pedrito aus dem B-Team statt Thierry Henry stürmen zu lassen. Doch bei einem Trainer, der geradlinig, authentisch und weitgehend kompetent seinen Weg geht, erscheinen missglückte Manöver plötzlich nicht wie falsche, sondern wie mutige Entscheidungen. »Wenn ich wiedergeboren werde«, sagt Barças Präsident Joan Laporta, »möchte ich Guardiola sein.«

8. April 2009

Die Fundamentalisten der Anmut: Ein Champions-League-Sieg als Abschluss eines außergewöhnlichen Jahres

Aus der Distanz von zehn Metern sahen auch drei Polizisten den Diebstahl und lachten zustimmend. Europapokalgewinner dürfen stehlen. In heller Nacht, vom Flutlicht des römischen Olympiastadions bestens in Szene gesetzt, entwand Gerard Piqué, der Verteidiger des FC Barcelona, nach dem Spiel seelenruhig ein Tornetz. Beladen wie ein zwanghafter Souvenirsammler, schritt Piqué später aus dem Stadion, Spielball und Trikots in einer Hand, Siegermedaille um den Hals, das riesige Tornetz auf den Schultern.

Profifußballer sind auch nicht anders als Pauschaltouristen, sie klammern sich an die kuriosesten Erinnerungsstücke. In dieser Welt voller vergeblicher Sehnsucht, die besonderen Augenblicke festzuhalten, schaffte Barça mit seinem 2:0-Sieg über Manchester United im Champions-League-Finale das Schwierigste: Diese Elf wird in Erinnerung bleiben.

Der Sport hat nur für die wenigsten Mannschaften Platz in seinem Gedächtnis, das ist sein Wesen, er produziert permanent neue Sieger, und schon verbleichen die alten Gewinner, wer gewann noch mal 2000 die Champions League, wie endete das Finale 1996? Barça eroberte alle drei großen Trophäen des Jahres, zu nationaler Liga und Pokal nun den Europacup; das war zuvor nur Celtic Glasgow, Ajax Amsterdam, PSV Eindhoven und Manchester United gelungen. Und auch wenn sich angesichts des nur wider alle Logik überstandenen Halbfinales gegen Chelsea bezweifeln lässt, ob diese Elf überhaupt so gut ist wie ihr Vorgänger, Barças Champions-League-Sieger von 2006, so wird das mit Siegern überladene Gedächtnis doch immer diese Elf bevorzugen: Radikaler als je zuvor verschrieb sich Barça seinem überwältigenden Kurzpassfußball.

Der Europapokal humpelte, von Stürmer Thierry Henry nur noch erschöpft über den Rasen geschleift, als sich Trainer Pep Guardiola vom Jubel abwandte, um hinter den Händen vor seinem Gesicht einen Moment Ruhe zu finden. »Das war's mit meiner Karriere«, scherzte er, »alles schon gewonnen.« Er ist, mit 38, im ersten Jahr Profitrainer. Er schuf eine Elf nach seinem Abbild: schonungslos offen, geradeheraus. Er zeigt seinen Spielern immer, was er denkt, was er fühlt, ohne zu überlegen, wie ein Trainer wirken sollte. Als Andrés Iniestas Tor sie in letzter Minute im Halbfinale erlöste, rannte Guardiola wie vom Wahnsinn getroffen die Seitenlinie entlang, Ersatzspieler Silvinho musste ihm hinterher, um Guardiola zu erinnern, dass er der Trainer ist: »Pep, wir müssen auswechseln, hörst du nicht: auswechseln!«, um Chelseas wertvolle Spielzeit zu verschwenden. Mehr als einmal dachten sich seine Spieler, was für ein Vogel: Guardiola beorderte die Elf just eine Woche vor dem Finale gemeinsam zum Essen, was auf seine Initiative eher in Trinken ausartete, er schenkte

Leo Messi, der nie liest, einen Roman von seinem Freund, dem Schriftsteller David Trueba. Aber fast immer schüttelten die Spieler voller Zuneigung den Kopf über ihn. Denn sie verstehen, er ist einfach – für einen Trainer ist das ein großes, seltenes Wort – authentisch. Seine enorme Fachkenntnis, aber auch seine oft überschwappende Begeisterung aktivierten diese Elf. »Wir sind Sklaven seines Glaubens«, sagt Leo Messi.

Es gibt im Fußball keinen strikteren Glaubensorden als Barça. Sie sind die Fundamentalisten der Anmut. Fußball dürfe nur offensiv, mit ewigen Pässen gespielt werden, glauben sie seit 20 Jahren. Aber seit 1994 gaben sie sich dem Stil nicht mehr so exzessiv hin wie unter Guardiola, der als Spieler ein Sohn Barças war. Er bestückte die Startelf von Rom mit sieben Fußballern aus Barças Jugendschule, und wie so oft dieses Jahr ragten die Musterschüler des Stils, die Zwerge Iniesta und Xavi, heraus.

Es war ein prächtiges Finale, und die Wahrheit ist, dass es vor allem an United lag: Als erster von über 50 Gegnern dieses Jahr wollten sie gegen Barça nicht bloß verteidigen, sondern spielen – nur um Opfer ihres Muts zu werden. Uniteds Elf brach schnell in der Mitte in zwei Teile, ihr Mittelfeld ging in Barças Passstrudel unter. Das 1:0 durch Samuel Eto'o offenbarte eines der einzigartigen Barça-Gebote: Bei ihnen sind Außenstürmer nicht wie gewöhnlich Flankenläufer, sondern getarnte Zusatzmittelstürmer, Eto'o zog von rechts diagonal vor das Tor, und United spürte sein Ende schon. Das 2:0 durch Messi war nur noch ein Vergnügen: ein Kopfballtor eines 1,69 Meter kleinen Mannes.

Ihre Einzigartigkeit allerdings wird sie kaum vor dem banalen Schicksal aller Sieger schützen: Seit 1990 hat niemand den Champions-League-Sieg im folgenden Jahr wiederholen können. Der moderne Fußball verschleißt, und schon bald werden die meisten, die Guardiola nun für seinen Mut preisen, beim kleinsten Misserfolg über ihn herfallen und diese Courage Wahnsinn nennen; vermutlich auch einige seiner Spieler. Seinem Vorgänger Frank Rijkaard ging es genauso. Denn der Fußball hat kein Gedächtnis. Pep Guardiola glaubt, er könne nichts dagegen tun, als einfach weiterzumachen. Und so wird er an diesem Freitagmorgen um Viertel vor acht wie jeden Tag in Barcelona seine Kinder zur Schule bringen. |||| 28. Mai 2009 ||||

Eine Hochzeit von Strategie und Instinkt: Barça gewinnt zum dritten Mal in sechs Jahren die Champions League

Für einen Moment war der Europapokal auch nichts anderes als eine Rolle Tapeverband oder ein Koffer mit Ersatztrikots. Die Fußballer des FC Barcelona ließen ihn in der Umkleidekabine stehen, und ihr Betreuer Carlos Nadal trug den Pokal wie einen beliebigen Gebrauchsgegenstand aus dem Stadion, einhändig, die andere Hand benötigte er für irgendwelche Mappen. Der Jubel war verstummt, nachts um halb eins, in einem Betongang des Wembley-Stadions, doch es war in jenem, dem alltäglichsten Augenblick, als die ganze Größe dieser Mannschaft deutlich wurde.

Barças Torwart Víctor Valdés sah dem Europacup mit

einem Lächeln hinterher und erzählte plötzlich von seinem grünen Torwarttrikot. Wie sehr er davon geträumt hatte, in Wembley, im Champions-League-Finale, grün zu tragen. Es war seine Hommage an Andoni Zubizarreta, den Torwart in Grün, als Barça vor 19 Jahren in London zum ersten Mal den Europacup gewann. Große Mannschaften zeigen sich in kleinen Gesten wie dieser. Valdés ist längst erfolgreicher, als es Zubizarreta je war, aber Bescheidenheit und Demut vor der Geschichte verbieten es ihm, sich auf einer Ebene mit dem Vorbild zu sehen.

Der Fußball hat viele großartige Sieger hervorgebracht und einige ganz wenige Mannschaften, die für mehr als für ihre Siege stehen. Der FC Barcelona dieser Jahre gelangte am Samstag beim 3:1-Sieg im Endspiel über Manchester United, mit seinem dritten Champions-League-Sieg in sechs Jahren, endgültig in jene, die höchste Kategorie der Fußballgeschichte. Denn während von vielen anderen Finals nur der trockene Fakt überdauert, wer gewann, so wird dieses Endspiel für den Fußball in Erinnerung bleiben, den Barça spielte. Aus ihrem Passspiel sprachen Fantasie, Lebenslust und der Wille, die eigene Person hintanzustellen. Und dann kam Leo Messi an den Ball. Das Gefühl, etwas zu sehen, von dem sich bis zum Ende des Lebens erzählen lässt, ergriff das Publikum bei seinen Dribblings. »In meiner Zeit als Trainer habe ich keine bessere Elf gesehen«, sagte Uniteds Alex Ferguson, der seit 1974 an der Seitenlinie steht. »So wie heute ist mein Team noch von keiner Elf verdroschen worden. Barça hypnotisierte uns mit seinen Pässen.«

Sechs Minuten lang hatte United hübsch ausgesehen. Die ersten sechs Spielminuten, in denen die Nervosität Barças

Pässe fehlsteuerte. Sie passten umso intensiver weiter, Pässe waren ihr Beruhigungsmittel, und einmal im Rhythmus, liefen lauter große und kleine Dreiecke über den Platz. Mit dem unglaublichen Automatismus, der die Elf charakterisiert, bewegte sich Barça immer so, dass der ballführende Spieler zwei Anspielstationen schräg vor sich hatte, zu dritt bildeten sie ein Dreieck. Denn Barça passt nie geradeaus nach vorne, sondern immer diagonal, damit der Gegner nicht die Passlinien zustellen kann.

Innerhalb dieser klaren Spielregeln bewegen sie sich mit Freigeist. Es ist die Hochzeit von Strategie und Instinkt. Sie wechseln ständig die Positionen, halten aber trotzdem immer alle besetzt. Leo Messi ist ein Mittelstürmer, der mehr im Mittelfeld wohnt, um dann schlagartig hervorzustechen. Und auf der defensiven Mittelfeldposition, wo bei anderen die Spielzerstörer leben, agiert bei ihnen Sergio Busquets als menschliche Drehscheibe. Bei ihm kommt der Ball aus allen Richtungen an, und er leitet ihn sofort um, weiter, er ist drei Spieler in einem, Hilfsverteidiger, Wellenbrecher, Richtungsgeber. An Abenden wie diesem, wenn Messi und Busquets die Besten sind, werden Klasseteams wie United hilflos. Versperrte der englische Meister Barça an einer Stelle den Spielraum, tat er sich anderswo schon auf. So kam Barça zu Toren durch Pedro, Messi und David Villa. Uniteds 1:1 durch Wayne Rooney blieb eine Fata Morgana.

»Aber ob ihre Zeit lange anhalten wird«, Alex Ferguson, der Meister des langfristigen Erfolgs, ließ seine Gedankenströme fließen, »irgendwann werden sie das Team erneuern müssen.« Vorsichtige Hinweise auf seine Vergänglichkeit hat Barça sogar in dieser überwältigenden Saison erhalten, Xavi

Hernández, ihr Passmeister, wurde in fast der Hälfte der Partien wegen seiner Achillessehnenbeschwerden ausgewechselt. Vielleicht schon bald werden wieder andere Vereine siegen. Aber dieses Barça wird dann noch immer da sein – als Maßstab, wie gut die neuen Sieger wirklich sind.

Sie nahmen Aufstellung zur Siegerehrung. Der Kapitän bekommt traditionell den Pokal überreicht, doch Barças Mannschaftsführer Carles Puyol streifte seine Kapitänsbinde plötzlich ab. Er zog sie Eric Abidal an. Dem Verteidiger war vor zwei Monaten ein Tumor aus der Niere entfernt worden. Er sollte diesen Pokal empfangen, hatte die Elf entschieden. Abidal nahm den Europapokal, und Victor Valdés, der Torwart im grünen Trikot, rief ihm ins Ohr: »Halte ihn, so hoch du kannst, Abi, halte ihn ganz hoch!« |||| 28. Mai 2011 ||||

Von der eigenen Intensität erschöpft: Pep Guardiola tritt nach vier Jahren und 13 Titeln ab

Eines seiner Lieblingslieder ist »Amor particular«, besondere Liebe, von Lluís Llach. Pep Guardiola war sich immer bewusst, dass es zwischen dem FC Barcelona und ihm so enden wird wie die letzte Strophe des Songs. »Die Jahre werden vergehen/unser Abschied wird kommen/so muss es sein«, singt Llach, »und ich frage mich, ob ich dann die richtige Geste finden werde.«

Fußballtrainer werden heute in schwindelerregendem Tempo gefeuert, und es war Pep Guardiolas letzte große Besessenheit als Barças Trainer, auch da anders zu sein. Er wollte den

Zeitpunkt seines Abschieds kontrollieren, er wollte die richtige Geste finden. So versammelte er am Freitagmorgen die Mannschaft, die er zur besten dieser Zeit gemacht hat, und erklärte ihr, er höre nach vier Jahren zum Saisonende auf, obwohl ihm Barças Präsident Sandro Rosell einen Blankovertrag bot. Das Gefühl, es sei Zeit, reifte schon seit Monaten, lange bevor Barça diese Woche gegen Real Madrid die spanische Meisterschaft und gegen Chelsea das Champions-League-Halbfinale verlor. »Vier Jahre sind eine Ewigkeit als Trainer, die Zeit verschleißt«, sagte er. »Ich fühle mich leer.« Er ließ offen, wann und wo er wieder eine Elf trainieren wird. »Ich habe nicht die Kraft, jetzt daran zu denken. Das Leben ist nicht nur Fußball.«

Kaum hatte er seinen Abschied verkündet, merkte man, was von ihm bleibt: Präsident Rosell gab zur allgemeinen Überraschung bekannt, dass Guardiolas Assistent Tito Vilanova Barças neuer Trainer wird. Der einzige Klub, den Vilanova mit 41 bislang als Cheftrainer trainiert hat, heißt FC Palafrugell. Das war in der vierten Liga. Aber Guardiola hat die Idee zu Barças Doktrin erhoben, erst einmal im eigenen Haus nach begabten Lehrlingen zu schauen. So wurde unter ihm aus einem Nachwuchsspieler wie Pedro Rodríguez, der eigentlich zum Viertligisten Gavà verkauft werden sollte, ein Weltmeister; so sieht Barça nun in Vilanova keinen blassen Mann der zweiten Reihe, sondern denjenigen, der Barças eigensinniges Verständnis vom Fußball am besten lehrt.

Wenn wir alle alt sind, werden wir die Kinder damit nerven, dass wir das Barça Guardiolas sahen, so, wie die Älteren heute von Arrigo Sacchis Milan der späten Achtziger schwärmen. Es waren die zwei Teams, die dem Fußball zuletzt eine neue Dimension gaben, Sacchis Milan mit seinem Konzept der permanenten Raumdeckung in allen Zonen des Spielfelds, Guardiola mit der Idee vom Perpetuum mobile des Passspiels. Das 5:0 über Real Madrid im November 2010, als Stars wie Wayne Rooney Fans wurden, war Barças Entwurf von Vollkommenheit. Aber schon damals stellte sich Guardiola immer wieder die Frage, ob er aufhören sollte. Weil er die Gedanken ans Spiel nicht mehr abstellen konnte.

Es ist seine Art, zu sein. Pep Guardiola redet im Schlaf vom Fußball, seinen Verteidiger Eric Abidal packte er einmal am Hemd und schrie ihn an, nur weil diesem im Training eine Nuance missraten war. Die Mitspieler mussten Abidal beruhigen: »Keine Angst, der meint das nicht böse. Der ist immer so.« So voller Anspannung, dass die eigene Intensität ihn am Ende selbst erschöpfte.

Pep Guardiola hinterlässt 619 Tore, 13 Titel und so viele Momente. Auf seinen Pressekonferenzen sprach er oft mit solcher Intensität und Liebe über den Fußball, dass man als Sportreporter nicht mehr wusste, wer man war. Man wollte sofort auf den Fußballplatz, losspielen. |||| 27. April 2012 ||||

Etwas endet, etwas beginnt: Guardiola nimmt den schönen Fußball einfach mit zu Bayern München

Der neue Klang der Stille

Der FC Barcelona spielt Fußball ohne Worte. Nur ihre Füße sprechen auf dem Rasenplatz, ihre tausend Pässe sind das einzige Kommunikationsmittel zwischen den Spielern. Oft kam Gegnern in den Partien gegen Barça irgendetwas unheimlich vor, und erst später rekapitulierten die vertrimmten Rivalen, was: Sie reden nicht! In einer andächtigen Ruhe zelebrierte Barça sein Spiel vom schönen Fußball. Und plötzlich hat die Stille einen anderen Klang.

Barças Spieler stehen festgefroren auf dem Rasen der Münchner Arena, unabgesprochen alle mit derselben schweigenden Geste, die Arme in die Hüften gestemmt. Es bleiben noch acht Minuten im Halbfinalhinspiel der Champions

League, aber nach dem Tor zum 4:0 für Bayern München hinterlässt die beste Fußballelf des 21. Jahrhunderts ein Bild der Machtlosigkeit.

5:0-Siege und 0:4-Niederlagen haben eine mythische Bedeutung in der Geschichte Barças. Das 5:0 über Real Madrid 1974, als das lange Haar von Stürmer Johan Cruyff wie nie wehte, gilt als Gründungsereignis von Barças totalem Passspiel, das 5:0 über Real von 2010 als höchste Fußballdemonstration. Das 0:4 im Champions-League-Finale 1994 gegen den AC Mailand markierte das Ende des Traumteams von Trainer Cruyff, es folgte ein Jahrzehnt der Leiden. Das 0:4 von München am Dienstag wirkte wie der Schlusspunkt eines großen Teams, so grundsätzlich war Barça den schnelleren, stärkeren, gewiefteren Bayern unterlegen. »Sie haben uns eine Lektion erteilt«, sagte Barças Gerard Piqué.

Imperien bestehen im Fußball stets nur ein paar Jahre, und das Barça von Messi, Xavi und Iniesta, das in nahezu unveränderter Besetzung 14 Titel in vier Jahren gewann, das sechsmal in Folge im Champions-League-Halbfinale stand, dominierte länger als die meisten. So hat sein Sturz etwas Natürliches. Es war Zeit. Und doch ist es kein echtes Ende. Anders als 1994, als nach dem finalen 0:4 das Team postwendend zerfiel, anders als 2008, als das Barça des Lächelns mit dem Weggang von Ronaldinho und Deco entkernt wurde, soll diese Elf nach dem Willen des Vereins in ihrer Essenz noch einige Jahre weiterleben. Lionel Messi, Andrés Iniesta und, mit 33, auch noch Xavi werden Barças Spielideologen bleiben, an ihrer Seite werden nach und nach neue Gesichter erscheinen. In München begannen die Jahre des Übergangs. Wie gut werden sie in dieser Zeit noch sein?

Am Dienstag waren sie durchweg geistig und körperlich langsamer als die Münchner. Bei jedem überfallartigen Vorstoß der Bayern war ihre Abwehr in Not. Ohne Tempo wirkte ihr Weltklasse-Passspiel wie ein maschinelles, sinnloses Unterfangen: Bayerns Trainer Jupp Heynckes befahl zur Verteidigung alle zehn Feldspieler in eine extrem enge Zone, in die 25 Meter hinter der Mittellinie, dort verendeten fast alle Pässe Barças. Sie redeten wie immer mit den Füßen, aber daraus entstand keine gemeinsame Sprache, Iniesta und Xavi blieben im Zentrum isoliert, ihre Pässen fanden Dani Alves, Alexis und Pedro nicht auf den Flügeln, auf den Lebenslinien ihres Spiels, sie kreierten keine einzige Torchance. Lionel Messi, dem besten Fußballer der Welt, spitzelten die Bayern den Ball einfach so vom Fuß, als sei nichts leichter. Messi war nach einer wochenlangen Oberschenkelverletzung sichtbar nicht in Form, er hätte nicht spielen dürfen oder zumindest früh ausgetauscht werden müssen. Aber ihn darf man offensichtlich nicht auswechseln.

»Die Bayern waren besser, und Punkt. Glückwünsche an sie, sie haben ein großes Spiel gemacht«, sagte am Stadionausgang Xavi. Eine Mannschaft, die so oft schweigend schön gespielt hat, bewies ihre Eleganz diesmal nur mit Worten.

23. April 2013

Der Traumerfüller: Pep Guardiola kommt nach Deutschland

In einem schmucken Haus in Barcelona steht eine vollbusige Schaufensterpuppe im bayerischen Dirndl. Xavier Sala i Martín klopft ihr auf die Schulter. »Die habe ich aus einem der Kasinos in Las Vegas entführt.« Nun empfängt sie die Gäste hinter der Eingangstür in seinem Heimbüro. Sala i Martín, einer der bedeutendsten Wirtschaftsforscher unserer Zeit, von den Medien mehr als einmal als Kandidat für den Wirtschafts-Nobelpreis genannt, macht gleich deutlich, dass er die Dinge gerne unkonventionell angeht; ob bei der Büroeinrichtung oder bei seinen Theorien.

So nimmt er auf der Terrasse Platz, um über seinen Freund, den umschwärmtesten Fußballtrainer der Welt, Pep Guardiola, zu sprechen. Und Xavier Sala i Martín redet nicht über Tore und Pokale. Das Phänomen Guardiola erkläre man am besten an einer deutschen Fußgängerzone, findet er. Rechts haben wir also Zara. Und links H&M. Beide haben oberflächlich betrachtet dieselbe Strategie, sie bieten modische Kleidung günstig an. Dafür produziert H&M so billig wie möglich, eine halbe Millionen gelbe Hosen auf einen Schlag. Zara produziert in kleinen Mengen, vielleicht 20000 gelbe Hosen, in Orten nahe an ihren Geschäften, die Herstellung ist teurer. Aber so wechselt in Zaras Läden die Kollektion jede Woche. Wenn Madonna in einem Konzert eine lilafarbene Hose trägt, hängen nächste Woche lilafarbene Hosen in Zaras Läden. Bei H&M sind die Hosen weiter gelb. Der durchschnittliche Kunde besuche einen H&M-Laden in einer Saison dreimal und ein Zara-Geschäft 17-mal, sagt Sala i Martín und macht eine feierliche Pause. Pep Guardiola, sagt er dann, ist Zara. »Jedes Spiel wieder überrascht er den Gegner mit kleinen Änderungen in der Taktik. Aus der Sicht des Ökonomen: Das ist die Einführung der Flexibilität. Pep ist die ständige Innovation!«

Ab kommendem Mittwoch wird Pep Guardiola versuchen, permanent und unbemerkt ein Team zu erneuern, von dem alle anderen denken, es müsse nur so weiterspielen. Er tritt als Trainer beim FC Bayern München an, der gerade alle drei wichtigen Trophäen gewann.

Natürlich wird von seinem Arbeitsbeginn auch die *Tagesschau* berichten, und in den Buchläden, wo Fußballbücher vor zehn Jahren noch eine Rarität waren, liegen auf einen Schlag fünf Guardiola-Biografien. Eine davon hat es schon unter die zehn meistverkauften Sachbücher geschafft.

Der Fußballsport hat im 21. Jahrhundert die gesellschaftliche Überrelevanz erreicht, die schon immer irgendeiner Unterhaltungsbranche zufiel. Gladiatoren waren die Stars im alten Rom, die Helden des 16. Jahrhunderts hießen Tizian und Tintoretto und malten Kunstwerke, in den 1960ern wurde Rockmusikern eine Bedeutung beigemessen, als könnten ihre Melodien nicht nur Liebe schaffen, sondern auch Kriege stoppen.

Heute besuchen über 1,5 Millionen Menschen im Jahr das Fußballmuseum von Guardiolas bisherigem Klub FC Barcelona, deutlich mehr als die Museen von Picasso, Dalí oder Miró in Katalonien. Heute sehen 21 Millionen Deutsche das Champions-League-Finale zwischen Bayern München und

Borussia Dortmund, und man fragt sich, wo die 60 Millionen Deutschen sind, die das Spiel nicht sahen, weil man nie einen von ihnen trifft. Es ist nichts Schlimmes dabei, dass nun dem Fußball solch eine übersteigerte Bedeutung zukommt, denn noch immer verbringen mehr Menschen mehr Zeit mit ernsten Themen, Forschung, Wirtschaft, Politik, es wird bloß nicht wahrgenommen. Es ist allenfalls ein bisschen befremdend, wenn wir realisieren, dass wir als Masse nicht selbstständig über unsere Interessen entscheiden, sondern das annehmen, was man uns vorsetzt: Das Privatfernsehen blies Fußball mit kommerzieller Verve seit Anfang der Neunziger zum Ereignis für die ganze Gesellschaft auf. »Fußball ist unser Rammbock«, sagte Medienmogul Rupert Murdoch. Gut 25 Jahre später hat er die Tür von Leuten durchbrochen, die sich gar nicht für Fußball interessieren, nun aber trotzdem Fußball schauen, als menschliches Drama des Triumphierens und Leidens.

In diesem Spiel ist Pep Guardiola der Träumeerfüller. Mit dem FC Barcelona, den er von 2008 bis 2012 trainierte, ließ er eine Fantasie lebendig werden: Schönheit kann siegen. Barça passte den Ball, der Gegner kam nicht heran, und eine Melodie entstand, jeder Pass eine Strophe. Mit Schönheit gewann Guardiola 14 Titel in vier Jahren, zweimal die Champions League, die beste Elf, die wir je sahen, sagten die Zuschauer, und natürlich erwarten nun alle, dass er die gleiche Pracht zu Bayern München bringt. Sala i Martín schaut kurz entrüstet auf und erinnert an Zara: »Niemand sollte denken, dass Bayern unter Pep genauso wie Barça spielt.« Der Professor trägt gerne pinkfarbene oder bienengelbe, auf jeden Fall stets knallfarbige Sakkos. Ein Ökonom, findet Sala i Martín, sollte erprobte Wirtschaftstheorien durchaus auch an sich selbst anwenden, und so hofft er, mit den Jacketts seinen »unique selling point« zu erhöhen. Guardiola und er kennen sich seit sechs Jahren, Sala i Martín diente Barça damals als Schatzmeister. Als Guardiola vor anderthalb Jahren müde von den eigenen Gedanken war, die selbst im Schlaf um den Fußball kreisten, rief er Sala i Martín an. »Ich denke daran, ein Jahr Pause vom Fußball zu machen, aber dann möchte ich in der absoluten Isolation verschwinden.« Da, entgegnete ihm Sala i Martín, gebe es nur zwei Fluchtorte auf der Erde: Amerika und Australien. Der Rest der Welt ist vom Fußball erobert, man würde Guardiola 388-mal am Tag fragen, wo er in der nächsten Saison trainiere. Sala i Martín lehrt an der Universität von Columbia in New York. Guardiola erschien mit seiner Frau und seiner ältesten Tochter. Sala i Martín sollte ihnen von New York erzählen. Zwei Wochen später sagte Guardiola zu ihm: »Wir ziehen für ein Jahr nach New York. Ach, würde es dir etwas ausmachen, wenn ich dann deine Vorlesungen besuche?«

Es war der Fußball, der in den letzten 20 Jahren stärker als die Mode oder das Kino das Männerbild veränderte: Männer wurden weicher, sanfter, David Beckham war der Vorreiter. Trainer widerstanden etwas länger dem Trend, sie trugen Spitznamen wie »Der General«. Aber nun fuhr der populärste Trainer der Welt mit 41 Jahren als Gaststudent mit dem Fahrrad an die Uni, und alle schmolzen: Das ist ein Mann! Einmal winkte Guardiola in dem Hörsaal mit 400 Studenten vehement aus der letzten Reihe Sala i Martín zu, »so wild, wie er auch immer an der Seitenlinie herumfuchtelt«, sagt der Professor. Pep Guardiola wollte Sala i Martín nur netterweise darauf aufmerksam machen, dass eine Studentin da hinten neben ihm schon lange vergeblich um das Wort bat.

Zu Hause in Barcelona, wo er seine Sommerferien verbringt, führte Sala i Martín den Fußballtrainer mit dem Koch Ferran Adrià zu einem Abendessen zusammen, sie mussten sich doch verstehen, katalanische Innovatoren unter sich. Adrià hat Gerichte wie Spargelschaum oder Seeanemonen mit Kaninchenhirn kreiert. »Du musst ein Buch über deine Arbeitsweise schreiben, viele Leute könnten von dir lernen«, sagte Adrià. »Nimm mich nicht auf dem Arm!«, entgegnete Guardiola. »Alles, was ich mache, ist, ein Video vom Gegner anzuschauen und dann die Taktik meines Teams auf dessen Schwachpunkt auszurichten.« Bis es ihm Sala i Martín und Adrià sagten, war er sich nicht bewusst, dass er ein Innovator ist. Er hat auch nicht die sprachliche Fähigkeit, seine Arbeitsweise abstrakt als allgemeingültige Unternehmensstrategie darzustellen. Er ist, nach seinem eigenen Verständnis, einfach unstillbar neugierig.

Mit 14 kam er in Barças Fußballinternat, der Sohn eines Maurers aus dem katalanischen Hinterland, die Eltern wollten ihn nicht gehen lassen, so weit weg von zu Hause, über 50 Kilometer. Er wurde ein schlaksiger Weltklassespieler. Wenn er einen Volleyballtrainer im Fernsehen sah, dessen Art, Taktik zu erklären, ihn fesselte, rief er ihn an, ob sie sich mal treffen könnten. Fußballspieler machen so etwas nicht. Fußballprofis, gerade damals in den Neunzigern, machten, was ihnen der Trainer vorgab und der Instinkt ihnen riet, aber sie verschwendeten keine Gedanken an das große Ganze des Spiels. Als Pep Guardiola 2006 mit 35 seine Spielerkarriere beendete, fuhr er mit einem Freund nach Argentinien in den Urlaub. Guardiola wollte, im Urlaub, César Luis Menotti und Marcelo Bielsa besuchen, zwei Trainer, die er bewunderte. Er hoffte, von ihnen zu lernen, bevor er selbst Trainer wurde.

Er hatte aber noch ein Treffen in Buenos Aires vereinbart. Er saß mit seinem Reisegefährten, dem Filmregisseur David Trueba, beim Frühstück im Hotel, als er zu Trueba sagte: »Übrigens, gleich kommt so ein Kerl, der mir immer lange E-Mails schreibt. Ich kenne ihn nicht. Falls er nervt, machen wir uns ein Zeichen und sagen, wir müssten los.« Es erschien ein schüchterner Student mit langen blonden Haaren, 22 Jahre alt. Matías Manna hatte eine Webseite namens »Paradigma Guardiola« gegründet, auf der er seine Begeisterung über *El toque*, Barças und Guardiolas Spielart, kundtat. »Lieber Guardiola, ist es so weit?«, begann er einen Brief an ihn, in dem er ihn anflehte, schleunigst Trainer zu werden, um das schöne Spiel zu retten, denn der defensiv orientierte Realpolitikfußball regierte, Griechenland Europameister, Italien Weltmeister. Pep Guardiola erkannte in Mannas langen E-Mails, dass er hier keinen schmachtenden Fan vor sich hatte, sondern einen Jungen, der Fußball analysieren konnte. Deshalb traf er den Amateurspieler aus einem kleinen argentinischen Dorf so, wie er die Maestros Menotti und Bielsa traf. In seiner Neugierde ist Guardiola offen und unprätentiös geblieben.

Ein wenig nervös erschien Manna im Hotel. Offensichtlich nervte er nicht. Sie unterhielten sich angeregt ein ausgiebiges Frühstück lang. Guardiola trug ein rosafarbenes T-Shirt mit einem gezeichneten Affenkopf auf der Brust und fragte Manna aus, über den argentinischen Fußball, über das Land, die politische Lage. Als Geschenk hatte Manna zwei Bücher mitgebracht, »Operation Massaker« von Rodolfo Walsh und »Genügend verrückt«, die Biografie des Trainers Marcelo Bielsa, den Guardiola just am nächsten Tag treffen würde. Guardiola begann die Biografie schon zu lesen, als er sie im Aufzug kurz auf sein Zimmer brachte.

Anderthalb Jahre später gab Guardiola seine Einstandspressekonferenz als Barças Trainer, und dem Reporter Luis Martín von der Zeitung *El País* fiel etwas auf: Peps Sätze klangen nicht nur wie Glaubensbekenntnisse, sie ähnelten auch frappierend den Überzeugungen, die Bielsa in seiner Biografie äußerte. »Ja, was glaubst denn du«, antwortete Guardiola, als ihn Luis Martín unter vier Augen freundlich darauf ansprach, »dass ich schon bei meiner Geburt wusste, wie man lehrt?« Es ist für Guardiola selbstverständlich, dass er sich Dinge abschaut, kopiert, dass er alles aufsaugt. Seine Kunst ist, aus all dem ein eigenes Konzept zu basteln, das auf dem Spielfeld alle anderen übertrifft.

Viele Berühmte suchen reflexartig die Nähe von gleichfalls Berühmten. Er zählt einen Filmregisseur und eine Wirtschaftskoryphäe zu seinen engsten Freunden, weil er auch als erfolgreichster Trainer noch diese Bewunderung eines wissbegierigen Jungen für jene hegt, die mehr wissen als er und die zu erzählen verstehen. Wenn er mit Trueba ins Kino geht, sagt er danach vorsichtig, »nun, mir hat es gefallen, aber ich weiß nicht, was die dazu sagen, die wirklich etwas davon verstehen«. Er ruft Sala i Martín an, um zu fragen, was das bedeute, was er in der Zeitung gelesen habe, Angela Merkel wolle die Direkthilfe für die spanischen Banken durch den Eurorettungsring erlauben. Sowohl Trueba wie auch Sala i Martín fällt dabei auf, wie oft Guardiola versucht, das Erlernte vom Feld des Films oder der Wirtschaft auf den Fußball zu übertragen.

Heute allerdings möchte David Trueba nicht mehr öffentlich über Guardiola reden. Er wolle nicht nur als »der beste Freund Peps« existieren, schreibt er in einer E-Mail. Über Truebas Filme wird mittlerweile weniger berichtet als über den Fakt, dass er Guardiola kennt. Einmal veröffentlichte Trueba auch einen Roman, »Die Kunst des Verlierens«, das Buch wurde mit dem prestigeträchtigen Premio de la Crítica ausgezeichnet. Aber bekannt geworden ist es als das Buch, das Guardiola dem besten Fußballer der Welt, Leo Messi, schenkte. Schriftsteller erfuhren vor Jahrhunderten angeblich auch einmal die Überrelevanz der Unterhaltungsstars. Heute finden sie in Deutschland leichter Aufmerksamkeit, wenn sie als Autoren-Nationalelf Fußball spielen, als mit ihren Romanen.

Die Journalisten, die glauben, Personen mit einem Schlagwort einfangen zu müssen, haben Pep Guardiola zum Intellektuellen hochgejazzt, weil er Poesie zu lesen versucht. Sieht er nicht schon so klug aus? Er ist mit dem Glück reifer Männer gesegnet, die nach dem Haarausfall kahl rasiert mit Anfang 40 markanter und attraktiver als mit 25 aussehen. In seinem Büro beim FC Barcelona stapelten sich die Bücher. Verlage und Autoren hatten sie ihm ungefragt zugeschickt, in der Hoffnung, er möge ihr Werk einmal öffentlich erwähnen. Er kam sich bei dem Anblick der Bücher immer wie ein Hochstapler vor: »Für wen halten mich die Leute?«

Doch die unvermeidbare Überhöhung produziert auch wunderschöne Absurditäten. Weil alles über Guardiola interessiert, sitzt Matías Manna, der nette, schüchterne Amateurfußballer vom Dorf, der Guardiola E-Mails schrieb, mit 29 in Argentinien nun öfter zur Spielanalyse im Fernsehstudio. »Der Mann, der Guardiola am besten kennt«, wird unter seinem Gesicht eingeblendet. Profitrainer und nationale Fußballverbände beauftragen Manna, für sie Gegner zu analysieren, nachdem sie seine exquisiten Videoanalysen über Guardiolas Barça auf der Webseite »Paradigma Guardiola« entdeckt. Im Moment schneidet er für die Juniorennationalelf von El Salvador die Dossiers über ihre WM-Gegner zusammen. Als Pep Guardiola diesen Frühling nach sieben Jahren nach Buenos Aires zurückkehrte, besuchte ihn Matías Manna wieder im Hotel. Diesmal sprach er nur eine Minute mit ihm. Er musste ihn mit Hunderten Fans teilen.

Die Leute pilgern heute so auf Fanmeilen, wie sie in den Sechzigern auf Rockfestivals geströmt sind. Sie glauben, sie stünden zum Fußballschauen vor dem Großbildschirm. Tatsächlich wollen sie den Rausch der gemeinsamen Gefühle spüren. Mit der Masse vereint, kommt ihnen das vom Fußball ausgelöste Freud und Leid tiefer vor. Pep Guardiola würde nie in der Masse Fußball schauen. Da kann man sich doch gar nicht auf das Spiel konzentrieren.

Die Deutschen wollten es nicht glauben, dass dieser Trainer zu ihnen kommt. Dabei gibt es derzeit kein besseres Team als Bayern München. Aber bis der FC Bayern in diesem Frühling alles gewann, hatten die Deutschen in einem langen Jahrzehnt ohne internationale Pokale gelernt, auf ihren Fußball herabzuschauen. England, Spanien, boah, das waren Ligen, sagten die Deutschen. Aus katalanischer Sicht gab es für Guardiola keine logischere Wahl als Bayern München.

»Bayern ist ein Klub mit einer ernsthaften Struktur, der von ernsthaften Leuten ernsthaft geführt wird«, sagt Joan Laporta und verwendet das Wort »ernsthaft« noch fünf weitere Male in seiner Wertschätzung für Bayern. Laporta war der Präsident des FC Barcelona, der Guardiola zum Trainer machte, obwohl dieser noch keinerlei Erfahrung in dem Beruf hatte. Er war »der katalanische J. F. Kennedy«, ein Mann mit angeborenem Charme. Geblieben sind davon Laportas einnehmende Art zu erzählen und seine Kunst, Leute durch Anfassen für sich zu gewinnen, mit einem kräftigen Griff auf die Schulter oder den Unterarm. Ansonsten hat er einige Kilo zugelegt. Aus seiner glorreichen Amtszeit bei Barça kommen nun unappetitliche Details ans Tageslicht. Sein Präsidium ließ die eigenen Spieler von Privatdetektiven ausspionieren. Laporta arbeitet wieder als Anwalt, zudem tritt er als Landtagsabgeordneter für die Unabhängigkeit Kataloniens ein. Kurz: Er versucht, aus seiner Popularität aus Barça-Zeiten Kapital zu schlagen.

Ein Russe im Haiwaiihemd ist gerade in seiner Kanzlei zu Gast, deshalb verzögert sich das Interview um anderthalb Stunden. Die Russen gehen gerade vor in Spanien. Sie sind die Einzigen, bei denen das Geld noch locker sitzt. Laportas Pressesprecher entschuldigt sich ernsthaft geknickt für die Verzögerung, »wir versuchen, pünktlich zu sein«, sagt er, denn das muss doch das Schlimmste für einen Deutschen sein: Unpünktlichkeit. Das ist das Deutschlandbild, mit dem Pep Guardiola in Katalonien groß wurde.

»Die Deutschen sind für uns Katalanen ein Maßstab«, sagt Laporta. Leute, die früh aufstehen, um die Arbeiten zu verrichten, so sehen sich Katalanen als Nation selbst gerne, natürlich geht es dabei immer auch um die Abgrenzung von Spanien. Pep Guardiola, dem Respekt gegenüber anderen wichtig ist, ist nie laut für ein selbstständiges Katalonien eingetreten. »Aber er ist ein klarer Verfechter der Unabhängigkeit«, behauptet Sala i Martín.

In ihrer Suche nach Eigenständigkeit bilden sich viele Katalanen eine Verwandtschaft mit Bayern ein. »Die Bayern bewundern wir vielleicht noch ein bisschen mehr als die Deutschen«, fährt Laporta fort, denn pochen die Bayern nicht auch auf ihre eigene Identität? Die Bayern seien geradezu »Latino-Deutsche«, überlegt Laporta laut, mit ihren heftig krachenden Bierkrügen. »Für den FC Bayern hatten wir in Katalonien schon immer eine besondere Schwäche.«

Guardiola hatte kaum bei Barça angefangen, da dachte er 2009, 2010 schon darüber nach, wann er den Klub seines Herzens verlassen würde. Er meinte zu spüren, dass er nur ein Trainer für Etappen ist. Er verausgabt sich zu sehr. Im Herbst 2011 saß er im artigen blau-weiß karierten Hemd bei einem Podiumsgespräch im Musikpalast in Valencia und schien zu vergessen, dass ihm 1800 Gäste zuhörten. Als ob er laut mit sich selbst rede, sprach er: »Wo soll ich hin, wenn ich gehe?« Er nannte Deutschland als erste Alternative: »Mir gefällt die Bundesliga, die Atmosphäre in den Stadien. Mich faszinieren das Land und die Idee, Deutsch zu lernen.« Sechs Monate später spielte er mit Barça in Leverkusen. Am Vorabend besuchte ihn sein Fußballfreund Raúl im Hotel. Raúl war nicht wiederzukennen. In den letzten Jahren in Spanien hatte ihn der öffentliche Druck mürrisch werden lassen, nun spielte er im Herbst der Karriere bei Schalke. Wie er wieder blühte! Strahlend erzählte Raúl Guardiola vom Fußball in Deutschland und von der Freude des Schneeschippens auf dem Gehweg.

Derart für Deutschland voreingenommen, wog Guardiola die fachlichen Gründe ab. Der FC Bayern verfügt über eine exzellente Mannschaft, finanzielle Stärke, eine eingespielte Organisation und eine ernsthafte Nachwuchsschule. »Bayern ist kein Klub mit …«, Joan Laporta zögert einen Moment, er will die anderen Vereine nicht beschimpfen, die um Guardiola buhlten, FC Chelsea, AC Mailand, Paris Saint-Germain, »Bayern ist kein Klub mit einem Millionär als Besitzer, dessen Reichtum nicht aus dem Fußball stammt und der von einem Tag auf den anderen entscheiden kann: Ich gehe wieder mit meinem Geld.«

Guardiola wuchs im Glauben auf, dass ein Fußballverein »mès que un club«, mehr als ein Klub, sein sollte. Barça wurde während der Franco-Diktatur zum Hort des katalanischen Widerstands. Im Stadion, in der Masse der Hunderttausend, konnte das verbotene Katalanisch gesprochen und Real Madrid als vermeintlicher Vertreter der Staatsgewalt beschimpft und besiegt werden. »Barça ist die katalanische Armee ohne Waffen«, dichtete der Schriftsteller Manuel Vázquez Montalbán. Den Anspruch, durch einzigartig viele katalanische Spieler im Team oder auch durch ihre besondere Spielweise das Anderssein Kataloniens herauszustellen, hält Barça bis heute aufrecht.

Noch immer suchen die Fans im streng durchchoreografierten Spiel des 21. Jahrhunderts solch eine archaische Identifikation mit ihren Klubs.

Während in Barcelona die gesellschaftliche Bedeutung des Klubs eine authentische Basis hat, bemühen sich andernorts

Marketingexperten, die von »Markenbildung« oder »Branding« reden, solch eine urige Identität zu schaffen. Da wird bei Borussia Dortmund ständig an Treue, Liebe, Leidenschaft appelliert, die angeblich alten Werte des Ruhrpotts, und beim FC Bayern wird Guardiola das erste Testspiel zwangsweise in den Bayerischen Wald führen, denn das globale Unternehmen FC Bayern will noch immer *mir san mir* sein.

Guardiola wird in München als Trainer zum ersten Mal in einem fremden Klub arbeiten. In Barcelona wusste er den Präsidenten nicht über, sondern neben sich. Joan Laporta, der ein sehr passabler Amateurkicker war, sah sich ein Fußballspiel mit Pep Guardiola an, »der Ball war im gegnerischen Strafraum«, erzählt Laporta, »und Pep beschwerte sich über den Laufweg des rechten Außenverteidigers irgendwo weit hinten in der eigenen Spielhälfte. ›Hey, Pep!‹, dachte ich mir, ›du verpasst ja das Spiel!‹« Schnell begriff der Präsident, »dass wir, die Halbexperten, niemals so viel von Fußball verstehen werden wie die Profis, wie Pep«, sagt Laporta. Deshalb ließ er Guardiola bei allen sportlichen Entscheidungen die Richtung vorgeben. Es wurden in der Regel die Spieler und selbst die Physiotherapeuten verpflichtet und weggeschickt, wie es der Trainer wollte.

In München herrscht ein Präsident, dem wohl noch nicht so oft der Gedanke gekommen ist, ein Trainer verstehe mehr vom Fußball als er. Uli Hoeneß war selbst ein vorzüglicher Spieler. Auf einer Podiumsveranstaltung der Zeitschrift *Computerwoche* plauderte er aus, den brasilianischen Stürmer Neymar habe er Guardiola erst mal ausgeredet. Hoeneß wollte mit der Aussage nur einen Saal voller Computerfachleute glücklich machen: Die Gesichter von Männern glühen, wenn sie Interna vom FC Bayern erfahren. Aber in Barcelona fragen sich Peps Freunde irritiert, warum erzählt Hoeneß so etwas, will er Pep zeigen, wer der Chef ist, will er ihn demütigen?

In Barcelona durfte Guardiola davon ausgehen, dass sogar die Presse ihn uneingeschränkt toll fand. »Im Lauf seiner Karriere hat er eine Gruppe von devoten Bewunderern unter den Journalisten gefunden, die haben die anderen mitgerissen und ein günstiges Klima für ihn geschaffen«, sagt Santi Nolla mit der trockenen Sachlichkeit eines Mannes, der seit 40 Jahren im Fußball arbeitet. Die Aufregung um das Spiel regt ihn nicht mehr auf. Er ist 55, hoch aufgeschossen, seit 22 Jahren Chefredakteur der Sportzeitung *Mundo Deportivo*. In der Mitte des Redaktionsbüros stehen drei hohe Automaten für Zuckerdrinks und Schokoriegel, die schlechte Ernährung gehört zum hektischen Beruf. Aber in Nollas Büro hängt ein gutes Dutzend Krawatten an der Garderobe. Er will den Beruf nicht mit nach Hause nehmen.

363 Tage im Jahr widmet *Mundo Deportivo* die ersten 15 bis 20 Seiten Barça. An einem normalen Tag verkauft die Zeitung knapp 100 000 Exemplare, wenn Barça siegt, bis zu 300 000. »Auch wenn es viele Journalisten nicht glauben wollen: Gute Nachrichten verkaufen sich viel besser als schlechte«, sagt Nolla. Er würde wetten, dass seit sechs Jahren jeden Tag der Name Guardiola in seinem Blatt auftauchte. Dabei hat er ihnen die Arbeit schwerer gemacht. Er hat als erster Barça-Trainer in 100 Jahren die Journalisten grundsätzlich vom Training ausgeschlossen und kein einziges Interview gegeben. »Keiner hat dagegen rebelliert«, sagt Nolla. »Denn er hat verstanden, es nicht als Kriegserklärung an die

Presse darzustellen.« Guardiola besuchte die Redaktionen und erklärte seine Maßnahmen: Er fordere nur Ruhe für sich und seine Mannschaft. Er wusste, gab er einer Zeitung ein Interview, waren sieben andere eifersüchtig und entwickelten unterschwellig eine Abneigung gegen ihn. Als Ersatz bot er an, auf jeder Pressekonferenz jede Frage zu beantworten. Seine Pressekonferenzen dauerten bis zu anderthalb Stunden.

Selbst Nachrichten, dass bei Guardiola 2001 bei einem Dopingtest zu hohe Spuren Nandrolon in seinem Urin gefunden wurden oder dass sein Bruder Pere als Fußballagent etliche Spieler von Peps Barça berät, wurden zu Hause in Katalonien nie gegen ihn verwandt. Sie glauben, ihn besser zu kennen: Pep Guardiola, der Liebe für das Leben und die Mitmenschen ausstrahlt, der wie besessen arbeitet, der die Dinge gut machen will. Es wird ein Experiment, wenn er nun zum ersten Mal nicht als allseits geschützte und unterstützte nationale Ikone, sondern als Trainer in einem Verein arbeitet.

»Das größtes Problem wird die Sprache«, sagt Thomas Christiansen. Als er 18 war, spielte er mit Guardiola in Barças Reserveteam, er hat ihn als schüchternen jungen Mann in Erinnerung, dann verloren und kreuzten sich ihre Wege immer wieder, Christiansen, der Vater Däne, die Mutter Spanierin, wurde durch die Welt geschickt, das Schicksal eines Profis, zehn Vereine und vier Länder in 14 Jahren, bis er 2006 mit 33 seine Karriere beendete. Beim VfL Bochum wurde er 2003 einmal Torschützenkönig der Bundesliga. In den Sommerferien trafen Guardiola und er sich oft wieder, Nachbarn in Llavaneres, gut 30 Kilometer außerhalb von Barcelona am Meer, wo die Mittelschicht und die, die bescheiden bleiben wollen, ihre Sommerhäuser besitzen. Als Guardiola im Winter bei Bayern unterschrieb, rief Christiansen dessen Bruder Pere an und bot sich als Assistenztrainer und Bundesliga-Kulturführer an. Er besitzt die Erfahrung aus fünf Jahren im deutschen Fußball, er spricht Deutsch. Pep selbst anrufen wollte Christiansen nicht, es kam ihm zu anbiedernd vor, irgendwie.

»Einer wie ich hätte ihm als Vermittler gut dienen können«, sagt Christiansen frei von jeder Bitterkeit, einfach nur sachlich freundlich, beim Morgenkaffee im Can Domingo, nachdem er seine Kinder Hugo und Alejandra nebenan in die Amerikanische Schule von Barcelona gebracht hat, sein Leben ist immer noch international; Spanisch, seine Muttersprache, spricht er mit dänischem Akzent. Wie werde Guardiola den Spielern seine Empathie, eine seiner großen Stärken, vermitteln, fragt sich Christiansen laut, wenn Pep sich auf Deutsch nicht wie auf Spanisch ausdrücken könne? Selbst in Barcelona gab es am Anfang mit ausländischen Spielern Missverständnisse. Guardiola packte den Franzosen Éric Abidal vehement am Arm, um etwas zu korrigieren, die Katalanen im Team grinsten, Pep mal wieder in seinem liebenswerten Element, doch Abidal fauchte: Fass mich nicht so an!

Wer erklärt Guardiola in München, dass der Physiotherapeut ihm nicht feindselig gestimmt ist, sondern Bayern bloß gerne so schroff reden? Wer sagt ihm, dass der Sportdirektor in Deutschland nicht wie in Barcelona ein bloßer Zuarbeiter ist, sondern er ihn als Machtfigur neben sich auf der Trainerbank ertragen muss? »Von Barça kennt es Pep doch nur, der Chef zu sein«, sagt Christiansen. »Es gab einen Zeitpunkt, da war er größer als der Klub, das wird bei Bayern anders.« Es hat Christiansen dann aber nicht wirklich überrascht, dass Pep ihn nicht zurückrief. Er kennt ihn doch. Guardiola will in München keinen Fußballkulturassistenten an der Seite, er will auch das, wie alles, perfekt machen, Deutsch sprechen, zurechtkommen.

Thomas Christiansen ist als Assistenztrainer statt in München dann in Abu Dhabi gelandet. Dort gibt es auch so einige kulturelle Probleme. Die etablierten arabischen Spieler erscheinen öfter mal nicht zum Training, einfach so, warum sollten sie auch, sie verdienen doch so oder so Millionen. »Geld hat keinen Wert dort«, sagt Christiansen.

Es gab bereits einen fabelhaften ausländischen Trainer bei Bayern München, der an all diesen kleinen, normalen kulturellen Missverständnissen scheiterte. Der Italiener Giovanni Trapattoni saß am Ende alleine mit seiner Frau in der schicken Wohnung nahe der Oper und fragte sich, warum die Deutschen nicht einmal auf der Straße mit ihm redeten, wie man das doch in Italien machte. Das war 1995. Dass Spieler wie damals den Trainer nicht respektieren, weil sie seine Übungen nicht kennen und er die Verben durcheinanderwirft, scheint 2013 kaum möglich. Auch das wird durch Pep Guardiolas Wirken auf die Probe gestellt: Ist der deutsche Fußball, ist das Land tatsächlich so, wie es scheint, weltoffener geworden?

Auf der Terrasse vor seinem Haus in Barcelona, über sich die grünen Hänge des Collserola, springt Xavier Sala i Martín auf. Er sei gleich wieder da. Mit einer billigen weißen Pappmappe kehrt er aus dem Büro zurück. Er möchte sein neuestes Forschungsmaterial vorzeigen. »Unterrichtsstunde Pep Guardiola« steht in krakeliger Handschrift auf der

Mappe. Professor Sala i Martín war der Schüler bei jener Lektion. Er schlägt die Mappe auf. Mit den selbstvergessenen schnellen Schriftzügen eines Meisters, der nur sein Werk im Kopf hat, malte ihm Pep Guardiola Angriffszüge, Trainingsübungen, taktische Formationen auf.

Schon seit Monaten, lange vor dem ersten Arbeitstag, studiert Pep Guardiola Dutzende Videos von Bayern München, er lässt die Spiele aus der Vogelperspektive filmen, um die Bewegungen der Spieler, die Löcher in den Abwehrflanken genau zu erkennen. Er hat für seine neue Elf schon wieder Manöver im Kopf, an die noch niemand denkt.

Während in der Wirtschaft bei Unternehmen wie Zara oder H&M die Strategiewechsel meist nur mittelfristig sichtbar werden, ist im Fußball jedes Wochenende wieder Flexibilität notwendig. Eine Idee trifft auf eine Gegenidee, und die zerstörerische Gegenstrategie zwingt den begabten Trainer zur ständigen Innovation seiner Spielidee. Konstruktive Destruktion nenne man es in der Wirtschaft, sagt Sala i Martín. Er gehört neben Paul Krugman auch deshalb in die erste Reihe der Ökonomen, weil er komplexe Prozesse spannend und verständlich zu erzählen versteht. So sagt er: »Der Tag, als Pep Guardiola die Geschichte des Fußballs änderte, war der 1. Mai 2009«, und lässt den gemeißelten Satz in der Luft hängen, damit ich rate, was an jenem Tag geschah. Mai 2009: Das Champions-League-Finale kann es nicht gewesen sein, das ist immer Ende des Monats. Wahrscheinlich war es der legendäre Sieg in Madrid! Sala i Martín schüttelt den Kopf und lächelt triumphierend: »Am 1. Mai 2009 saß Pep wie immer am Tag vor einem Spiel alleine in seinem Büro und arbeitete, arbeitete wie besessen.«

Guardiolas Büro in Barcelona war ein kleiner Kellerraum im Stadion Camp Nou, ohne Fenster, nur ein Stuhl, ein Computer. In diesem Maulwurfsloch studierte er vor jedem Spiel stundenlang Videos vom Gegner, er notierte, welcher ihrer Verteidiger den Spielzug startete, in welcher Zone der Gegner presste. Am 1. Mai 2009 ist er ein Trainer in seiner ersten Erstligasaison, am nächsten Tag spielt er bei Real Madrid, verliert er, schrumpft Barças Vorsprung kurz vor Saisonende auf einen Punkt, jeder weiß, was das bedeutet, die Dynamik des guten Moments wäre auf Madrids Seite. Und auf einmal hat er es! Er hält das Video an, spult zurück, lässt es noch mal laufen. Da! Das ist es! Pep Guardiola sagt, das sei der beste Moment des Trainerlebens, jedes Mal wieder, allein im fensterlosen Maulwurfsloch, wenn er glaubt, die eine Schwäche des Gegners entdeckt zu haben, die seine Elf ausnutzen wird.

Am 1. Mai 2009 ruft er Leo Messi an, seinen kleinen Außenstürmer. »Komm sofort zu mir ins Stadion, ich muss dir etwas zeigen«, sagt Guardiola. Messi braucht 20 Minuten. Guardiola zeigt ihm das Video, und Messi sieht es sofort: Wenn Madrids Mittelfeldspieler den ballführenden Gegner angreifen, rücken Madrids Verteidiger Metzelder und Cannavaro nicht auf, zwischen Abwehr und Mittelfeld entsteht ein Loch von 25 Metern. »Wenn Messi, schnell und wendig, aus diesem Loch unbedrängt mit dem Ball startet«, sagt Sala i Martín, nun der beste Fußballkommentator, »wird er Metzelder und Cannavaro jedes Mal die Hüfte brechen.«

Guardiola und Messi erzählen niemandem von ihrem Plan. Am nächsten Tag beginnt Messi wie gewohnt das Spiel auf dem Flügel, um den Gegner zu täuschen. Nach zehn Minuten, so haben sie es vereinbart, wird er die Position tauschen und als hängender Mittelstürmer aus dem Loch hervorstoßen. So besiegt Barça den großen Rivalen 6:2, ein überragendes, ein historisches Ergebnis. Bedeutender ist die Entdeckung von Messi als Mittelstürmer, der aus der Tiefe kommt. Auf dieser Position wird er der Spieler, den die Welt noch nicht gesehen hat, mit bis zu 80 Toren pro Saison; Barça hat am 2. Mai 2009 die Spielweise gefunden, mit der es in neue Dimensionen vorstößt. Es war kein Geniestreich von Pep Guardiola, er hatte nur versucht, die beste Strategie für ein Spiel zu finden. »Pep erfindet nichts«, sagt Sala i Martín. »Die Idee des versteckten Mittelstürmers hatte schon die ungarische Nationalelf 50 Jahre zuvor entdeckt. Alles ist im Fußball schon erfunden, Fußball wird seit 2300 Jahren gespielt. Aber hier ist ein Mann, der es versteht, nach 2300 Jahren das Spiel jeden Samstag wieder zu erneuern. Pep zog Messi in die Tiefe des leeren Raums zurück und – zack!« Sala i Martín, dessen Bücher zu Wirtschaftsthemen in spanischen Buchläden neben Steven Jobs' Biografie ausgestellt werden, schreit jetzt fast vor Freude: »Madrids Trainer schob Pepe ins Mittelfeld, um Messi zu erledigen. Da rückte Guardiola Piqué aus der Abwehr vor – bamm! Eine Schlacht!«

Wenn man Xavier Sala i Martín zuhört, scheint es, als sollten wir alle noch viel mehr Fußball schauen. |||| 20. Juni 2013 ||||

Wiedersehen mit Pep: Zum ersten Mal trifft Barça auf seine Kopie – auf den FC Bayern Guardiolas

In seinem Haus in Gavà, an der katalanischen Küste, hat Luis Enrique ein paar Zettel an die Wand geklebt. 1620 steht auf einem der rechteckigen Blätter, 1557 auf dem darunter. Luis Enrique hat für Spanien bei Welt- und Europameisterschaften gespielt und trainiert derzeit eine der besten Fußballmannschaften der Welt, den FC Barcelona, aber was er zu Hause an sportlichen Erfolgen ausstellt, sind diese Nummern, 1620, 1557. Es sind seine Startnummern von Ironman-Rennen im Triathlon, die er in den letzten Jahren als Freizeitsportler in Nizza und Frankfurt absolvierte.

»Ich war schon immer ein komisches Viech«, sagt er, »bereits als Fußballprofi hatte ich die Idee, mal Marathons zu laufen und Triathlons zu bestreiten.« Er liebt es, beim Sport die Anstrengung zu spüren. So begann er nach dem Karriereende als Fußballer, mit Mitte dreißig, richtig viel zu trainieren, Laufen, Radfahren, Schwimmen. Es ist einer dieser wunderbaren Widersprüche des Lebens, dass Luis Enrique – Bestzeit 10:19 Stunden im Ironman, 2:57 Stunden im Marathon – nun als Trainer des FC Barcelona jenes Team verantwortet, das Fußball als scheinbar anstrengungsloses Spiel zelebriert.

Das Halbfinale der Champions League am 6. Mai 2015 zwischen Barça und dem FC Bayern München soll ein Fest dieses spielerisch leichten Fußballs werden, denn zum ersten Mal trifft Barça auf einen Gegner, der genauso spielt, der einem kultivierten Passspiel huldigt, der ständig mit fast allen Mann in Gegners Hälfte agiert. Zum ersten Mal trifft Barça quasi auf sich selbst; auf den FC Bayern von Trainer Pep Guardiola, dem nach München immigrierten Chefideologen der Barça-Schule. Was da passiert, wenn sich erstmals zwei Weltklasseteams mit der Idee vom absoluten Ballbesitz begegnen, ist eine aufregende Frage: Wird es ein nie gesehenes prächtiges Hin und Her, ein Stakkato aus eleganten Pässen? Oder stürzen sich beide Teams ins Chaos, weil keines von ihnen das gewohnte langatmige Passspiel aufziehen kann? Braucht es am Ende zwei Bälle, damit jede Mannschaft spielen kann?

Dass dabei auch verglichen wird, wer denn das wahre Maß des eleganten Ballspiels ist, der FC Bayern Pep Guardiolas oder die Elf von Luis Enrique, versteht sich; versteht selbstverständlich auch Enrique. »Ich weiß, bei dem Halbfinale geht euch einer ab«, sagte er in seiner nonchalanten Art zu den Sportreportern. »Pep zum ersten Mal gegen sein Barça, das ist etwas Besonderes. Und natürlich ist die Paarung auch für mich speziell, weil ich zum ersten Mal gegen ihn spielen werde.«

Große Teile ihrer Karriere haben sie Seite an Seite bestritten, angefangen vom Olympiasieg 1992, später waren sie bei Barça und in der Nationalelf Mittelfeldpartner. »Pep ist mein Freund«, sagt Enrique. Sie sind fast gleich alt, 44, und doch haben sie eine ganz unterschiedliche Sozialisation in Barças Denkschule erfahren. Pep Guardiola ist der Lieblingssohn Barças, der Junge aus dem katalanischen Hinterland, der mit 14 als Fußballinternatsschüler des Klubs ein dunkles Zimmer unter der Stadiontribüne bezog. Schmächtig und nicht besonders schnell, wurde Guardiola zum lebenden Beweis des Barça-Glaubens, dass die Ästhetik sogar im Sport über die rohe Körperlichkeit triumphieren könne: Mit flinkem Geist und strategischer Klasse setzte er sich auf dem Spielfeld durch. Fleißig und redlich, Buchleser und Kinobesucher, erscheint er den Katalanen so, wie sie sich selbst gerne sehen.

Luis Enrique dagegen ist der Adoptivsohn Barças. Er stammt aus Asturien im Nordwesten Spaniens, wo die Minen und Stahlwerke stehen, er hatte eine fünfjährige passable Karriere bei Barças Erzfeind Real Madrid hingelegt, ehe er 1996 nach Barcelona wechselte. In seiner Spielweise, in seinem Charakter zeigte sich, was niemand mit Barça verbindet: Lucho, wie sie ihn rufen, liebte es, zu laufen und zu kämpfen, er rieb sich an den Gegnern. In den *clásicos* gegen Real Madrid spielte er mit einer Verve und Wut für Barça, als ginge es gegen den Teufel. Er hatte eigentlich gar nichts gegen Real. Die Wettkampfatmosphäre der *clásicos* heizte ihn einfach so auf. Nach einem seiner Tore lief er zu den Real-Hooligans und streckte ihnen sein Barça-Wappen entgegen, wie er das liebte, wilde Leidenschaft. Irgendwann hatte er sich selbst überzeugt, dass Barça seine Herzensangelegenheit war. Irgendwann, recht bald, adoptierte das Barça-Publikum mit Überschwang diesen Spieler als ihren, obwohl und gerade weil er so anders war als der Fußball, den Barça predigte, ein heißes Herz im durchdachten, edlen Spiel.

Während Guardiola Barças Dream Team angehörte, den ersten Champions-League-Siegern des Klubs von 1992, spielte Luis Enrique vor allem in den verlorenen Jahren um 2000 für Barça, als der Klub, sprunghaft geführt, nichts gewann. Nach seinem Karriereende als Fußballspieler fuhr

Enrique nach Großbritannien, um als Fan auf der Tribüne zu sitzen, in Glasgow band er sich einen Celtic-Schal um, »ich wollte die Atmosphäre als Fan fühlen«, erzählte er dem englischen Autor Andy Mitten: »Ich liebe die britischen Stadien, das Konzept, fanatisch deinem Team zu folgen.« Die Leidenschaft, die er suchte, die er auslebte, steht in der Lehre des Fußballs als Gegensatz zu der Schönheit, die Barça huldigt. Es gilt als Weltanschauung: Siehst du Fußball als Kampf oder siehst du Fußball als Spiel? Aber Luis Enrique wurde als Trainer mit all seiner Leidenschaft ein Prediger von Barças schönem Spiel wie Barças Vorzeigesohn Pep Guardiola.

An einem Dienstag im April 2015, als Guardiolas Bayern gerade im DFB-Pokal gegen Dortmund wortwörtlich im Elfmeterschießen ausrutschten, saß Luis Enrique im dunklen Anzug in Barcelonas Stadion Camp Nou und versuchte, in seiner rauen Tom-Waits-Stimme nicht zu viel Euphorie erkennen zu lassen. Sein Barça hatte gerade das Ligaspiel gegen den FC Getafe 6:0 gewonnen, ein Tor atemberaubender als das andere. »Inspiriert wie nie«, fand Enrique sein Team. Während Guardiola mit Bayerns grotesker Verletzungsserie beschäftigt ist und hofft, in Barcelona immerhin Torjäger Robert Lewandowski trotz gebrochenen Kiefers mit einer Gesichtsmaske einzusetzen, hat Barça erstmals in den zehn Monaten unter Trainer Enrique zu seiner Hochform gefunden. Das bedeutet für den Vergleich am Mittwoch wenig; Partien zwischen Weltklasseteams werden weniger von Form und Taktik als von der Dynamik, von einzelnen Geschehnissen im Spiel bestimmt. Aber es bleibt bemerkenswert, dass Barça wieder so schwerelos spielt.

Enrique hatte im Sommer eine Mannschaft erhalten, die

nostalgisch auf ihre beste Zeit zurückblickte. Er bekam eine Sturmreihe mit drei famosen Spielern an die Hand, Lionel Messi, Neymar und Luis Suárez, die sich alle als gigantische Einzelstars sehen und die ein Trainer erst mal zum Zusammenspielen bringen muss. Oft existierte Barças Spiel in Enriques erstem Herbst nur in Einzelstücken. Sein Experiment mit zwei defensiven Mittelfeldspielern – ein Sakrileg im vorwärtsspielenden Barça! – missglückte, und die drei Stürmer schmollten einer nach dem anderen, als der Trainer es wagte, sie auszuwechseln. Enrique, der nicht nur verkündet, »in meinen Teams bin ich der Chef!«, sondern auch so auftritt, musste lernen, sich zurückzunehmen. Nun wechselt er die drei Neymar, Messi, Suárez praktisch gar nicht mehr aus, auch wenn es 6:0 gegen Getafe steht und ihnen Schonung guttäte. Dafür erhält er Zugeständnisse. Messi etwa ließ sich vom Sturmzentrum auf den rechten Flügel schieben, was, mit dem wuchtigeren Suárez in der Mitte, einen befreienden Effekt hatte. Nun kombinieren die drei sagen- und komplizenhaft, offensichtlich im Gefühl, zu machen, was ihnen gefällt. 102 Tore haben sie in der Saison bislang gemeinsam erzielt, Messi allein 49. Auch das muss ein Trainer können: den Spielern Freiheit schenken. Im gelungenen Fall erfüllen sie, wie derzeit Messi, Neymar und Suárez, dann die taktischen Aufgaben des Trainers nebenbei, ohne es selbst zu merken.

Natürlich ist Luis Enrique schon lange vor dem Spiel gegen Bayern mit Pep Guardiola verglichen worden, etwa im Umgang mit Messi. Als Messi im Januar wegen eines Intermezzos auf der Ersatzbank schmollte, schmollte Enrique in seiner kriegerischen Art erst einmal zurück. Ach, seufzte das Publikum, Guardiola habe in seinen großen Barça-Jahren Messi da immer in den Arm genommen. Doch Enrique ließ sein Verhältnis zu Messi ohne Kniefall, ohne Friedensgipfel einfach von der Zeit heilen. Fußballer arrangieren sich mit einem Trainer, wenn sie seine Fachkompetenz prinzipiell schätzen. Guardiola wiederum mag mit seiner empathischeren Art damals bei Barça Messis Loyalität gewonnen haben, aber mit derselben Art hat er Franck Ribéry bei Bayern nie wirklich erreicht. Noch kurz bevor Bayern-Präsident Uli Hoeneß im Juni 2014 ins Gefängnis musste, weinte sich Ribéry bei ihm aus, Guardiola schenke ihm nicht genug Zuneigung.

Auf sehr unterschiedliche Art sind Luis Enrique und Pep Guardiola beide übermäßig leidenschaftlich: der in Barcelona grimmig entschlossen, der in München sprunghaft emotional. Wenn es bei ihrem Duell eine taktische Überraschung gibt, dann wird sie von Guardiola kommen, der die Strategie des Spiels besessener und raffinierter bearbeitet. Aber auf ihre unterschiedliche Art sind beide in ihrer Essenz als Trainer gleich: Söhne Barças, die nur eine Art des Spielens kennen. Den Ball passen und weiterpassen, bis die Pässe zu einem Kunstwerk zusammenfließen. Auch das Training ist bei ihnen in der Struktur identisch, viele Kleinfeldspiele und selbstverständlich jede Übung mit Ball. Reines Lauftraining gibt es in der Schule Barças nie. An die Regel hält sich voller Überzeugung auch der fanatische Läufer Luis Enrique.

IIII 3. Mai 2015 IIII

Epilog

Ein Abschied, kein Ende

Der Himmel über dem Camp Nou färbt sich an diesem Abend rot-blau. 90 000 Zuschauer halten Pappkartons in die Luft, die der FC Barcelona auf ihren Sitzen bereitgelegt hat, und wie bei den besten Fußballteams, die in der Summe besser sind als ihre elf Einzelspieler, entsteht aus all den einzelnen, simplen Pappquadraten ein Kunstwerk: ein gigantisches rot-blau gestreiftes Trikot mit der Nummer 14 am Himmel. Es scheint: Die 90 000 tragen das Trikot mit der Nummer 14 in den Himmel hinein.

Johan Cruyff, der die 14 auf dem Rücken zu seinem Markenzeichen machte, ist drei Tage zuvor gestorben, mit 68, an Lungenkrebs. Der Spielplan – das nennt man wohl eher Bestimmung als Zufall – will es so, dass der FC Barcelona im ersten Spiel nach Cruyffs Ableben am 24. April 2016 den *clásico* bestreitet, das ewige Duell gegen Real Madrid. So wird Cruyffs Huldigung zur größtmöglichen Kundgebung.

Der König von Spanien drückt sein Beileid aus, Spaniens

Ministerpräsident würdigt Cruyff als »Mythos«. Auf der Ehrentribüne beim *clásico* vereinen sich ihm zu Ehren zum ersten Mal alle noch lebenden, heillos zerstrittenen Präsidenten des FC Barcelona.

Für die Menschen in Barcelona war Johan Cruyff vieles. Die einen erinnern sich zuvorderst an den schwebenden Fußballer, der 1973 aus Amsterdam einflog und Barça wachküsste. Mit ihm auf dem Flügel siegte Barça, das sich in der Franco-Diktatur als ständiger Zweiter hinter Real Madrid selbstbemitleidet hatte, auf einmal 5:0 gegen Real. Andere sehen in ihm in erster Linie den permanenten, geradezu zwanghaften Rebellen, der sich reflexartig mit jeglicher Obrigkeit anlegte, mit Klubdirektoren, aber eben auch mit der Diktatur, als er seinen Sohn nach dem katalanischen Schutzheiligen Jordi nannte, obwohl katalanische Namen im Spanien Francos untersagt waren. Die meisten wohl gedenken vor allem des Trainers Cruyff, der bei Barça acht Jahre lang, von 1988 bis 1996, das Siegen zur Gewohnheit machte, vier spanische Meisterschaften in Folge und 1992 im Wembleyfinale gegen Sampdoria Genua die erste Champions League des Klubs gewann. Nicht mehr als eine Handvoll Protagonisten in der Geschichte des Fußballs waren als Spieler und Trainer derart erfolgreich. Bei Johan Cruyff allerdings sind all seine Erfolge als Spieler und Trainer nur die eine Seite seines Ruhms. Er schuf etwas Größeres. Er erweckte die Idee.

Er war nicht der Erfinder des Stils *El toque,* dieser Ehrentitel steht, wenn, dann dem holländischen Trainer Rinus Michels zu, wie ich in den frühen Artikeln dieses Buchs darlegte. Ein spindeldürrer Junge namens Johan Cruyff, dessen Mutter die Umkleidekabinen bei Ajax Amsterdam putzte, war nur Michels' bester Schüler, im Ajax-Team, das Anfang der Siebziger in Serie den Europapokal gewann, genauso wie 1973 in Barcelona. Anders als Michels gelang es Cruyff aber als Trainer Ende der Achtziger, den Stil als höchste Doktrin in Barças Spiel zu etablieren.

Als Barça im April 2016 von der ersten Minute an gegen Real Madrid den Ball beansprucht und ein leichtfüßiges Passspiel aufzieht, erscheint uns das selbstverständlich, ganz normal; wir haben es ja schon tausendmal so gesehen. Doch Johan Cruyffs Tod erinnert uns daran, wie außergewöhnlich das ist: dass eine Mannschaft den schwierigsten Stil wählt. Dass der FC Barcelona 28 Jahre, nachdem Johan Cruyff verkündete, es gebe nur einen Weg: vorwärts, noch immer derselben Spielidee huldigt; damit noch immer außergewöhnlich erfolgreich ist.

Die Geschichte des Fußballs kennt einige prägende Teams, das Real Madrid Di Stéfanos in den Fünfzigern, ebendas Ajax Johan Cruyffs oder das wahrhaft revolutionäre Milan Arigo Sacchis. Sie alle, Gesetz des schnelllebigen Spiels, wurden von der Konkurrenz wieder eingefangen, als eine Spielergeneration oder ein prägender Trainer abtrat. »Wie lange werden wir als Hauptakt auf dem Plakat stehen?«, fragte der ehemalige spanische Nationaltrainer Iñaki Sáez am Anfang dieses Buchs, und da schwang die Ahnung mit, dass auch die spanische Idee vom schönen Fußball schon sehr bald überholt werden würde. Das Barça des Lächelns aber setzt nun schon seit über einem Jahrzehnt den Maßstab.

Es hat sich immer wieder erneuert. Als Ronaldinhos Trikot im Herbst 2006 am Bauch zu spannen begann, schien die Epoche Barças vorbei. Es kam Pep Guardiola, es offenbarte sich Leo Messi im vollen Glanz, und *el toque* wurde nur noch herrlicher. Es ging Guardiola, »Barça am Ende!«, schrien die Schlagzeilen. Und drei Jahre nach Guardiolas Abschied, in einer Mainacht 2015 in Berlin, gewann das Barça des irrwitzigen Sturmtrios Messi, Suárez, Neymar gegen Juventus Turin erneut die Champions League. Es war der vierte Champions-League-Triumph in neun Jahren. Barça hatte drei Umbrüche bewältigt und war dabei – mit den unvermeidbaren kurzen Einbrüchen des modernen Spitzenfußballs – unverändert erfolgreich geblieben. Den absoluten Erfolg gibt es nicht, die passendste Erinnerung daran folgte just nach dem Tod Johan Cruyffs: Barça verlor den *clásico* gegen Real und schied zehn Tage später im Viertelfinale der Champions League 2015/16 aus. An der historischen Einordnung ändert das nichts: Eine Mannschaft, die mit ihrem Spielstil dem Fußball etwas wirklich Neues gab und über einen derart langen Zeitraum höchst erfolgreich war, gibt es nur einmal.

Um die Gleichen zu bleiben, haben sie sich über ihr erfolgreiches Jahrzehnt stets stillschweigend verändern müssen: Seit 2013, nach zwei dürren Jahren, überbrückt Barça das Mittelfeld, seine Dauerpasszone, immer mal wieder überraschend flott. Im Sturm kombinieren Luis Suárez, Lionel Messi und Neymar dann mit einer Geschwindigkeit, die nicht nur gegnerische Verteidigungen, sondern bisweilen auch die Augen der Zuschauer überfordert. Die Schnelligkeit ist ein gleichberechtigter Partner der Genauigkeit geworden.

Die Lehre vom kurzen, flachen Pass wird nicht mehr ganz so dogmatisch betrieben wie zu Guardiolas oder gar Cruyffs Zeiten. Das Innerste aber ist geblieben, seit Cruyff 1988 den Verein und die Stadt zu seinen Gläubigen machte: Barça interpretiert Fußball als Spiel; als freudiges Ereignis. In seiner Herangehensweise hatte Johan Cruyff etwas geradezu Kindisches, seine Wahrheiten waren simpel: Wenn wir den Ball haben, kann uns der Gegner nicht wehtun. Wenn alle unsere Spieler nur fabelhafte Passspieler sind, werden wir den Ball kaum verlieren.

Im Grunde war Cruyff ein Besserwisser. Er ließ nur die eine, seine, Wahrheit vom Fußball gelten, nur eine Art, Fußball zu spielen. Er scherte sich nicht darum, Spanisch oder Englisch ordentlich zu lernen. Er wusste, die Leute hingen so an seinen Lippen, dass er immer verstanden würde. »Gallina de piel« ist eine seiner berühmtesten Wortkreationen. »Hautgänse« bedeutet das. »Piel de gallina«, Gänsehaut, wollte er sagen. Er spürte einen geradezu chronischen Reiz, seinem Gegenüber zu widersprechen – fast schien es: aus Langweile, weil vor ihm alle immer nur nickten. Große Ideen zum Leben erwecken nur die, die mit Arroganz daran glauben.

Als sich der Himmel über dem Camp Nou mit Pappkartons rot-blau färbte und das legendäre Trikot mit der 14 noch einmal vor aller Augen aufleuchtete, wurde schlagartig klar, dass es tatsächlich ein Leben nach dem Tod gibt: Johan Cruyff ging von uns, und seine Idee vom Fußball lebt weiter.

Die vorliegenden Texte erschienen in leicht veränderter Form zuerst an folgenden Stellen:

Der Moment, als alles begann: Liverpool, 2001 – Von Leberwürsten hergespielt. *Erschienen unter der Überschrift »Von Leberwürsten hergespielt. Der FC Barcelona begeistert beim 3:1 in Liverpool selbst die Gegner – und erhält gleichzeitig eine Lektion, wie man sich als guter Verlierer benimmt« in der Süddeutschen Zeitung, 22. November 2001.*

Die Realitätsverweigerer: Wie der FC Barcelona und die spanische Nationalelf zum Hort des anmutigen Spiels wurden. *Erschienen unter der Überschrift »Rotes Brasilien« in 11 Freunde, März 2011.*

Im Steinbruch: Die Ausbildung der besten Fußballer der Welt. *Erschienen unter der Überschrift »Im Steinbruch. Der*

FC Barcelona weiß nicht nur die besten Fußballer der Welt in seinem Team – er hat sie auch alle selbst ausgebildet« in der Schweizer Illustrierten, Mai 2008.

Fußball spielt man doch mit Ball! – Die Revolution der Trainingslehre beim FC Barcelona. *Erschienen unter der Überschrift »Niemals ohne Ball« in der Süddeutschen Zeitung, 17. Mai 2010.*

Weltfußballer des Jahres: Barça. *Erschienen unter der Überschrift »Weltfußballer des Jahres: Barça. Nicht ein Spieler, sondern ein Verein wird diesmal bei der Wahl des besten Fußballers gewinnen« in der Westdeutschen Allgemeinen Zeitung, 9. Januar 2011.*

Der Rauswurf des armen Bauern. *Erschienen unter der Überschrift »Rauswurf des armen Bauern. Der nächste Schachzug in einem selbstzerstörerischen Spiel: Barcelona entlässt Trainer van Gaal« in der Süddeutschen Zeitung, 29. Januar 2003.*

Das Erfolgsrezept des Anti-Copperfield. *Erschienen in Financial Times Deutschland, 20. Februar 2003.*

Das Ende der Flitterwochen. *Erschienen unter der Überschrift »Ende der Flitterwochen: Der FC Barcelona gefällt sich seit jeher in der Rolle des tragisch Leidenden – doch diesmal haben die Sorgen reale Hintergründe« in der Süddeutschen Zeitung, 11. März 2003.*

Die Spaßverderber sind zurück: Juventus konfrontiert Barcelona mit seiner Schwäche. *Erschienen unter der Überschrift »Die Spaßverderber sind zurück. Der K.o. gegen Juventus besiegelt für den FC Barcelona die ernüchterndste Saison seit langer Zeit« in der Süddeutschen Zeitung, 24. April 2003.*

Ronaldinho ist da, und alles wird gut. *Erschienen unter der Überschrift »Der Specht am Ball. Ronaldinho lässt seine Mitspieler beim FC Barcelona glänzen« in der Süddeutschen Zeitung, 9. April 2005.*

Ode an die Eleganz: Endlich wieder spanischer Fußballmeister. *Erschienen unter der Überschrift »Ode an die Eleganz. Nach sechsjährigem Warten wird der FC Barcelona endlich wieder spanischer Fußball-Meister. Zu verdanken hat er das auch dem Konzept des Erzfeindes aus Madrid, das er perfektioniert hat« in der taz, 17. Mai 2005.*

Vorstadtbuddha ohne Heiligtum: Frank Rijkaard schafft ein Spitzenteam. *Erschienen unter der Überschrift »Vorstadtbuddha ohne Heiligtum. Trainer Frank Rijkaard hat in Barcelona ein Spitzenteam geschaffen – auch weil er sich selbst nicht so wichtig nimmt« in der Berliner Zeitung, 23. Februar 2005.*

Auf nach Paris! – Ein Ziel wird zur Besessenheit: endlich wieder die Champions League gewinnen. *Erschienen unter der Überschrift »Auf nach Paris! Nur Mannschaften, die siegen und großartig spielen, bleiben in Erinnerung: Barça beginnt seine Mission, endlich mit seinem Passspiel die Champions*

League zu erobern« in der Süddeutschen Zeitung, 14. September 2005.

Der Raub der funkelnden Sterne: Der Grundsatzsieg über Chelsea. *Erschienen unter der Überschrift »Der Raub der funkelnden Sterne. Der FC Barcelona erzielt einen Grundsatzsieg über den FC Chelsea und Trainer Mourinho« in der Süddeutschen Zeitung, 9. März 2006.*

Auf Missionsreise: Der Kampf gegen Benfica im Viertelfinale. *Erschienen unter der Überschrift »Auf Missionsreise. Barça nähert sich dem Champions-League-Endspiel mit einem Sieg über Benfica im Viertelfinale« in der Süddeutschen Zeitung, 7. April 2006.*

Epochaler Machtwechsel: Barcelona übertrifft den AC Mailand. *Erschienen unter der Überschrift »Epochaler Machtwechsel. Der FC Barcelona beendet die Ära des AC Mailand und geht siegessicher in das Champions-League-Finale« in der Süddeutschen Zeitung, 28. April 2006.*

Vor dem singenden Berg: Der FC Barcelona holt sich den Champions-League-Pokal. *Erschienen unter der Überschrift »Vor dem singenden Berg. Es sah nach Aufbruch aus: Frischverliebt trägt der FC Barcelona den Champions-League-Pokal nach Hause« in der Süddeutschen Zeitung, 17. Mai 2006.*

Druck? Was ist das? – Ronaldinho spielt, als sei Fußball einfach nur Spaß. *Erschienen unter der Überschrift »Druck?*

Was ist das? Er spielt, als sei alles nur Spaß: Wie aus dem Brasilianer Ronaldinho der beste Fußballer dieser Tage wurde« in DIE ZEIT, 1. Juni 2006.

Das verlorene Lächeln. *Erschienen unter der Überschrift »Das verlorene Lächeln. Der FC Barcelona verschleißt seine Helden: der traurige Abgang Ronaldinhos« in der Süddeutschen Zeitung, 17. Oktober 2010.*

Die schüchterne Offenbarung: Lionel Messi erscheint auf der Bildfläche. *Erschienen unter der Überschrift »Die schüchterne Offenbarung. Früher dachten sie in Barcelona, Leo Messi sei stumm. Heute ist er der beste Fußballer der Welt« in 11 Freunde, 28. Mai 2009.*

Art Deco: Ein Mittelfeldspieler setzt Barças Rhythmus. *Erschienen unter der Überschrift »Art Deco. Einfachheit ist Klarheit ist Schönheit: Mittelfeldspieler Deco setzt Barças Rhythmus« in GQ Magazin Deutschland, Juni 2006.*

Der Engel schwebt: Iniesta, der Lieblingsfußballer vieler Fußballprofis. *Erschienen unter der Überschrift »Der Engel schwebt. Andrés Iniesta ist der Lieblingsfußballer vieler Fußballprofis« im Fußball-Magazin Rund, Oktober 2007.*

Iniestas große Frage. *Erschienen unter der Überschrift »Die Große Frage. Andrés Iniesta erlebt just im Moment des größten sportlichen Glücks ›den schlimmsten Sommer meines Lebens‹« in der Berliner Zeitung, 29. November 2009.*

Barças Perpetuum mobile: Passmeister Xavi Hernández. *Erschienen unter der Überschrift »Pim! Pam! Pum! Xavi Hernández verkörpert die Essenz von Barças Stil: den ständigen Pass« in Financial Times Deutschland, 28. April 2009.*

Der Torwart, der keiner sein wollte. *Erschienen unter der Überschrift »Der Torwart, der keiner sein wollte. Ein Jahrzehnt lang steht Victor Valdés im Tor des FC Barcelona, und dass dies nur wenige merken, ist ein Verdienst: Er fällt kaum durch Fehler auf« in der Schweizer Illustrierten, April 2011.*

Der Krieger geht nach Hause: Puyols Körper kann nicht mehr. *Erschienen unter der Überschrift »Der Krieger geht nach Hause. Barças unwahrscheinlichster Held, Carles Puyol, beendet seine Karriere wegen seines geschundenen Körpers« in der Schweizer Illustrierten, April 2014.*

Der Auserwählte, der aus dem Nichts auftauchte. *Erschienen unter der Überschrift »Einer der Auserwählten. Barça hat aus Ivan Rakitić einen Weltstar gemacht« in der Schweizer Illustrierten, Juli 2015.*

Die Schule des Genies: Messi, der Rekordjäger. *Erschienen unter der Überschrift »Die Schule des Genies. Lionel Messi jagt einen Rekord nach dem anderen. Und hat seine halbe Karriere womöglich noch vor sich« in der taz, 21. März 2012.*

Ein Torwart, der glücklich schien: Robert Enke vor seiner tödlichen Depression. *Erschienen unter der Überschrift »Vagabund aus Versehen. Robert Enke heuert beim FC Bar-*

celona an und sagt: ›Hier möchte ich lange bleiben‹« in der Süddeutschen Zeitung, 14. August 2002.

Enkes Reflexe: Wie einer der besten Torhüter Deutschlands in Spaniens zweiter Liga landet. *Erschienen unter der Überschrift »Enkes Reflexe. Robert Enke war einer von Deutschlands besten Torhütern. Nun spielt er in Spaniens zweiter Liga. Was ist passiert?« in DIE ZEIT, 27. Mai 2004.*

Das ewige Duell mit Real Madrid. *Erschienen unter der Überschrift »Die besseren Bayern. Real Madrid baut beim 2:0-Sieg in Barcelona eine weiße Wand auf und darf schon fürs Endspiel planen« in der Süddeutschen Zeitung, 25. April 2002.*

Wenn Liebe zu Hass wird: Eskalation um Luís Figo beim 0:0 zwischen Barça und Real. *Erschienen in der Süddeutschen Zeitung, 25. November 2002.*

Vibrationsalarm auf dem Schulhof: Messi, ein Geschenk des Himmels. *Erschienen unter der Überschrift »Vibrationsalarm auf dem Schulhof. Barcelonas Lionel Messi trägt mit drei Toren gegen Real Madrid zur totalen Reizüberflutung bei« in der Süddeutschen Zeitung, 12. März 2007.*

Piquenbauer wird Schwarzenqué: Barça, Bürge des eleganten Spiels, feiert den Malocherfußball. *Erschienen unter der Überschrift »Piquenbauer wird Schwarzenqué. Wie Barça, Bürge des eleganten Spiels, beim 1:0 gegen Real Madrid den Malocherfußball feiert« in der Berliner Zeitung, 1. Dezember 2009.*

Das perfekte Spiel: Die Schönheit siegt 5:0. *Erschienen unter der Überschrift »Das perfekte Spiel. Beim 5:0 über Real Madrid im clásico überwältigt Barça sein Publikum mit der Schönheit seiner Darbietung« in der Frankfurter Rundschau, 30. November 2010.*

Mehr als ein Klub: Einige Besonderheiten des FC Barcelona. *Erschienen unter der Überschrift »Die Holländer beim FC Barcelona. Abschied vom Exzess« in der Süddeutschen Zeitung, 25. März 2004.*

Viel Lärm um einen Köder: Der kuriose Präsidentenwahlkampf beim FC Barcelona. *Erschienen unter der Überschrift »Viel Lärm um einen Köder. Das Werben um Beckham ist der Höhepunkt des kuriosen Präsidentenwahlkampfes beim FC Barcelona« in der Süddeutschen Zeitung, 12. Juni 2003.*

Land der zwei Wahrheiten: Wie die Sportpresse Spanien teilt. *Erschienen im Player-Magazin, Mai 2006.*

Spaniens Liebe zur langen Nacht: Ein Meisterschaftsspiel um 00.05 Uhr. *Erschienen unter der Überschrift »Spaniens Liebe zur langen Nacht. Der FC Barcelona lockt 80 000 Zuschauer zu einem Meisterschaftsspiel nach Mitternacht« in der Süddeutschen Zeitung, 4. September 2003.*

Barça macht Schule: Die Nationalelf kopiert Barcelonas Stil. *Erschienen unter der Überschrift »Fußball gegen den Zeitgeist. Spanien gewinne nie etwas, hieß es. Dann kam Trainer Luis Aragonés und verändert den Stil und das Denken* *der Nationalelf« in der Bibliothek der Süddeutschen Zeitung: EM 2008. Die besten Bilder und Geschichten der Fußball-Europameisterschaft in Österreich und der Schweiz, Juli 2008.*

Pep Guardiola und Barça geben dem Fußball eine neue Dimension. *Erschienen unter der Überschrift »Es beginnt. Barça, zum ersten Mal nach 17 Monaten wieder Tabellenführer in Spanien, fängt an zu glauben, dass es Leben nach Ronaldinho gibt« in der taz, 4. November 2008.*

Die wunderbare Pep-Krankheit: Guardiolas Leidenschaft steckt alle an. *Erschienen unter der Überschrift »Die wunderbare Pep-Krankheit. Trainer Pep Guardiola gilt als Initiator der Rückkehr des großen Barças« in der Frankfurter Rundschau, 8. April 2009.*

Die Fundamentalisten der Anmut: Ein Champions-League-Sieg als Abschluss eines außergewöhnlichen Jahres. *Erschienen unter der Überschrift »Die Fundamentalisten der Anmut. Der FC Barcelona beschließt mit dem Champions League Sieg ein außergewöhnliches Jahr« in der Frankfurter Rundschau, 28. Mai 2009.*

Eine Hochzeit von Strategie und Instinkt: Barça gewinnt zum dritten Mal in sechs Jahren die Champions League. *Erschienen in der Frankfurter Rundschau, 28. Mai 2011.*

Von der eigenen Intensität erschöpft. Pep Guardiola tritt nach vier Jahren und 13 Titeln ab. *Erschienen im Tages-Anzeiger Zürich, 27. April 2012.*

Der neue Klang der Stille. *Erschienen unter der Überschrift »Der neue Klang der Stille. Die Niederlage in München erinnert den FC Barcelona daran, dass die größte Zeit dieser Elf langsam ihrem Ende entgegen geht« im Tages-Anzeiger Zürich, 23. April 2013.*

Der Traumerfüller: Pep Guardiola kommt nach Deutschland. *Erschienen unter der Überschrift »Der Oberbayer« in DIE ZEIT, 20. Juni 2013.*

Wiedersehen mit Pep: Zum ersten Mal trifft Barça auf seine Kopie – auf den FC Bayern Guardiolas. *Erschienen unter der Überschrift »Die Söhne Barças. München gegen Barcelona, Guardiola gegen Enrique: So unterschiedlich die beiden Trainer sind – beide sind Prediger des schönen Spiels« in der Frankfurter Allgemeinen Sonntagszeitung, 3. Mai 2015.*

Auf der Jagd nach dem perfekten Fußballspieler

*Cover- und Preisänderungen vorbehalten

Hier reinlesen!

Ronald Reng

Mroskos Talente

Das erstaunliche Leben eines Bundesliga-Scouts

Piper, 416 Seiten
€ 20,00 [D], € 20,60 [A]*
ISBN 978-3-492-05593-2

Mrosko wächst in Berlin-Neukölln auf, wo die Jungs auch nachts um zwei auf dem Bolzplatz Fußball spielen, bis die Nachbarn mit Flaschen nach ihnen werfen. Als Scout für Bayern München, St. Pauli und den VfL Wolfsburg erlebt er bald, wie es im Innersten des Profifußballs zugeht. Bestseller-Autor Ronald Reng erzählt die erstaunliche Lebensgeschichte eines Neuköllner Jungen in der Welt der Spielerberater, Manager und Bundesliga-Trainer. Ein kurioses, tragisches, unglaubliches Buch über Getriebenheit und die grenzenlose Liebe zum Fußball.

PIPER

Leseproben, E-Books und mehr unter www.piper.de